华为密码

以客户为中心

周锡冰　著

北京时代华文书局

图书在版编目（CIP）数据

华为密码 / 周锡冰著 . —北京 : 北京时代华文书局 , 2021.8
ISBN 978-7-5699-4228-6

Ⅰ . ①华… Ⅱ . ①周… Ⅲ . ①通信企业－企业管理－经验－深圳 Ⅳ . ① F632.765.3

中国版本图书馆 CIP 数据核字 (2021) 第 115534 号

华为密码
HUAWEI MIMA

著　　者 | 周锡冰

出 版 人 | 陈　涛
策划编辑 | 周　磊
责任编辑 | 周　磊
责任校对 | 刘晶晶
封面设计 | 私书坊 _ 刘俊　张俊香
版式设计 | 迟　稳
责任印制 | 訾　敬

出版发行 | 北京时代华文书局 http://www.bjsdsj.com.cn
　　　　　北京市东城区安定门外大街 138 号皇城国际大厦 A 座 8 楼
　　　　　邮编： 100011　电话： 010 - 64267955　64267677
印　　刷 | 河北京平诚乾印刷有限公司　0316-6170166
　　　　　（如发现印装质量问题，请与印刷厂联系调换）
开　　本 | 710mm×1000mm　1/16　　印　张 | 20.75　　字　数 | 328 千字
版　　次 | 2021 年 10 月第 1 版　　印　次 | 2021 年 10 月第 1 次印刷
书　　号 | ISBN 978-7-5699-4228-6
定　　价 | 78.00 元

自 序

2020年5月28日，华为发表声明称："我们对不列颠哥伦比亚省高等法院的判决表示失望。我们一直相信孟女士是清白的，我们也将继续支持孟女士寻求公正判决和自由。我们希望加拿大的司法体系最终能还孟女士清白。孟女士的律师团队将不懈努力，确保正义得到伸张。"

华为之所以发表如此声明，是因为加拿大不列颠哥伦比亚省高等法院公布了"孟晚舟引渡案"首个判决结果，认定华为创始人任正非之女——华为副董事长、首席财务官（CFO）孟晚舟符合"双重犯罪"标准，对孟晚舟的引渡案将继续审理。对此，中国驻加拿大大使馆在推特上发布声明回应称，中方对有关决定表示强烈不满以及坚决反对，并已向加方提出严正交涉。这则声明驳斥加方协助美国打压华为，敦促加方认真对待中方的严正立场以及关切，立即释放孟晚舟女士。

2020年5月26日，中国外交部发言人赵立坚在回答加拿大《环球邮报》（The Globe and Mail）记者关于加拿大的法院将于5月28日宣布对孟晚舟有关案件的裁决结果，中方有何期待的问题时，表示："中方在孟晚舟事件上的立场是一贯的、明确的。美加两国滥用其双边引渡条约，对中国公民任意采取强制措施，严重侵犯中国公民的合法权益，这是一起严重的政治事件。"

为什么"孟晚舟引渡案"能够让中国外交部频频发声，是因为在中华人民共和国改革开放后这段史诗般的历史中，华为是一颗耀眼而璀璨的果实。之所以给予如此高的评价，不仅因为华为在短短的三十多年时间内完成了一个从创业公司到世界领先企业的蜕变，还因为华为书写了中国企业走出国门，迈向国际化市场的一段可歌可泣、创业维艰、包含酸甜苦辣咸、展现中国人自强不息精神的篇章。可以这样说，华为国际化的历史其实就是一部中华人民共和国企业迈向国际化的管理史。这同时也让我们窥见当初华为创始人任正非的果敢和敢为天下先的自我思维进化、产品质量提升、组织转型的探索，以及打造世界领先企业的梦想和情怀。

时光荏苒，时钟悄然又到了2020年5月28日凌晨两点零四分，获知孟晚舟未被释放的消息，我思绪难平。我远望星空，心中五味杂陈，尚在困局中的孟晚舟，绝非我通常撰写企业案例研究中主人公的"千金"，绝非"两眼泪汪汪"的"老乡"，更似我挂牵的"亲人"，抑或是久未谋面的"朋友"。

两年多来，我一直在为撰写《华为密码》这本书做准备，同时也在梳理华为创始人任正非通过"以客户为中心"策略把华为做强、做大的诸多不为人知的细节。

老实说，本书的创作源于美国财经杂志《福布斯》（Forbes）记者对我的一次采访。记者问我："您的下一本关于华为的书将会讲华为的什么故事？"我就告知这名记者，我已经撰写了《华为国际化》《华为方法论：以奋斗者为本》《任正非谈华为创新管理》等书，所以下一本书打算从"以客户为中心"的故事角度来介绍任正非与华为。

在本书中，我将复盘任正非的人生低谷和创业维艰，尤其是任正非如何通过"以客户为中心"，一步一步地赢得客户的认可，最终战胜众多强大的竞争对手，同时也从多个角度介绍任正非以及华为"秘不示人"的"以客户为中心"的企业理念、经营策略、管理方略、企业文化、国际化突围办法等。

在撰写这些商业故事时，我也尽可能地化繁为简，但是有一个节点不得不提：2018年12月1日，加拿大应美国的要求抓扣了孟晚舟。这就是我为什么以"孟晚舟引渡案"作为本书开头的原因。这个节点不仅是中国企业在国际化市场拓展中遭遇的一个转折点，同时也是中华民族科技复兴的起点。

当孟晚舟被加拿大抓扣后，中国政府向加拿大政府、美国政府提出严正交涉，要求立即释放被扣押人员并对扣押理由做出澄清。

此事引发中国与加拿大之间犹如过江之鲫的、你来我往的制裁和反制裁。为了维护公民权益，保卫中国主权的"上甘岭"，中国政府不得已向加拿大"阵地"发送一定数量的"喀秋莎火箭弹"。

当加拿大遭遇中国的相关反制后，加拿大政府渐渐地放缓了跟随美国政府的脚步，同时也在释放自己的善意，甚至为自己鲁莽的行为推卸责任、"甩锅"。《环球邮报》甚至披露了美国抓扣孟晚舟的"内幕"，加拿大自由党领袖、第23任总理贾斯廷·特鲁多（Justin Trudeau）最亲密的顾问之一表示，加拿大政府内部认为，前白宫国家安全顾问约翰·博尔顿（John Bolton）是抓扣孟晚舟的幕后推手。虽然《环球邮报》无法与博尔顿确认情况是否属实，但是博尔顿曾公开称，他事先知晓"逮捕"孟晚舟一事。

美国的恶意昭然若揭，美国第45任总统唐纳德·特朗普（Donald Trump）甚至把对华为的打压当作中美贸易摩擦的谈判筹码。在美国政客的鼓噪下，向来以"美国利益优先"的美国政府由此歹毒地抓扣了"孟晚舟"，"孟晚舟厄运"由此产生。在如此背景下，孟晚舟归国自然不会顺利。

任何一个国家的企业家或者企业高管在他国过境时，只要他国政府找出一个莫须有的罪名拘捕企业家或者企业高管，与孟晚舟一样遭遇厄运，我把此类事件称为"孟晚舟厄运"。

就这样，"苦难"把孟晚舟的岁月拉长了。2019年12月2日，一篇名为《你们的温暖，是照亮我前行的灯塔》的公开信刊载在华为"心声社区"，署名作者就是孟晚舟。孟晚舟写道："这一年，我经历了恐惧和痛苦、失望和无奈、煎熬和挣扎。这一年，我学会了坚强承受、从容面对、不畏未知……"

回顾三十多年的市场拓展，华为始终走在崎岖不平的道路上，孟晚舟事件仅仅是诸多事件中被读者熟知的一个。从思科以知识产权为由起诉华为开始，美国政府不是以安全为由拒绝华为对美国企业的并购，就是以安全为由直接打压华为。

2019年5月16日，美国商务部的工业和安全局（the U.S. Commerce Department Bureau of Industry and Security, BIS）把华为列入其"实体清单"（Entity List）。

2020年5月16日，美国商务部发布声明称，全面限制华为购买采用美国软件和技术生产的半导体，包括那些处于美国以外，但被列为美国商务管制清单中的生产设备。半导体代工企业要为华为和海思生产代工前，都需要获得美国政府的许可证……

2020年5月18日，在华为第17届全球分析师大会上，华为轮值董事长郭平回应称："从去年（2019年）的5月16日算起，华为被列入'实体清单'已经满一年了。今天回首，我们最开始是手忙脚乱，和客户、伙伴进行了大量的澄清和沟通，努力地保持供应，应该说我们获得了大部分客户、伙伴的理解。当然，这个过程还在进行。上个月，我的同事也发布了2019年的年报，应该说公司整体实现营业收入达到8588亿元人民币，同时大家也看到了为了应对'实体清单'带来的影响，我们的研发投入有了巨幅增加。同时，我们的存货也大规模增加，给我们的经营和风险管理带来了巨大的压力。当然，好消息是，我们现在还活着。过去一年，我们的主题词是'补洞'，'补洞'成了我们的主旋律。根据不完全统计，我们在信息与通信（Information and Communications Technology, ICT）的业务连续性上投入了超过15000多人/年，重新开发了6000万行代码，重新设计了1800多块单板，采购还排查了16000多个编码，所有这些投入得以让我们在被列入'实体清单'以后活了下来。我们的业务没有中断，供应没有中断，伙伴合作没有中断，客户服务没有中断。在这里，我代表华为公司，真诚地感谢我们的客户、伙伴，感谢一直关心和支持华为的人。"

郭平提及的年报，就是华为2019年年报。根据这份年报的数据显示，华为2019年实现全球营业收入人民币8588亿元，同比增长19.1%；净利润人民币627亿元，同比增长5.6%；经营活动现金流人民币914亿元，同比增长22.4%。[①]

华为的营业收入主要分为四块：第一，消费者业务实现营业收入人民币4673.04亿元，占比54.4%，同比增长34.0%；第二，运营商业务实现营业收入人民币2966.89亿元，占比34.5%，同比增长3.8%；第三，企业业务实现营业收入人民币897.10亿元，占比10.4%，同比增长8.6%；第四，其他业务实现营业收入人民币

---

① 华为：《华为投资控股有限公司2019年年度报告》，华为官方网站，2020年3月31日， https://www.huawei.com/cn/annual-report/2019?ic_medium=hwdc&ic_source=corp_banner1_annualreport，访问日期：2021年6月10日。

51.7亿元，占比0.7%[①]，同比增长30.6%，见图0-1。

单位：百万元人民币

类型	2019 年	2018 年	同比变动
运营商业务	296689	285830	3.8%
企业业务	89710	82592	8.6%
消费者业务	467304	348852	34.0%
其他业务	5130	3928	30.6%
合计	858833	721202	19.1%

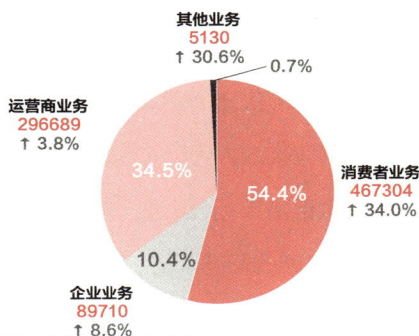

图0-1 华为2019年四大板块业务营业收入占比

2019年，在国际市场拓展方面，即使遭遇美国的围堵，甚至在被列入"实体清单"的情况下，华为的国际市场营业收入仍然占总营业收入的41%[②]，见图0-2。

单位：百万元人民币

区域	2019 年	2018 年	同比变动
中国	506733	372162	36.2%
欧洲、中东、非洲	206007	204536	0.7%
亚太	70533	81918	-13.9%
美洲	52478	47885	9.6%
其他	23082	14701	57.0%
总计	858833	721202	19.1%

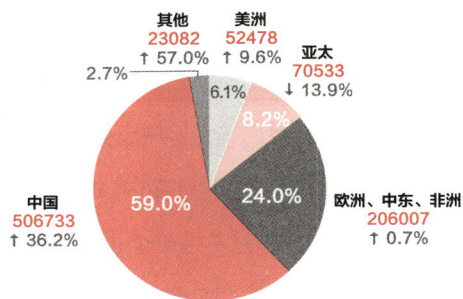

图0-2 华为2019年海外营业收入占比

① 华为：《华为投资控股有限公司2019年年度报告》，华为官方网站，2020年3月31日，https://www.huawei.com/cn/annual-report/2019?ic_medium=hwdc&ic_source=corp_banner1_annualreport，访问日期：2021年6月10日。
② 同上。

根据图0-2所示，在中国市场，"受益于第五代通信技术（5G）网络建设的开展，消费者业务手机销量持续增长、渠道下沉，以及企业业务抓住数字化与智能化转型机遇、提升场景化的解决方案能力"，华为实现营业收入人民币5067.33亿元，同比增长36.2%。

在欧洲、中东、非洲区域市场，"受益于5G网络建设和企业数字化转型加速"，华为实现营业收入人民币2060.07亿元，同比增长0.7%。

在亚太区域市场，遭遇一些国家运营商市场的投资周期波动、消费者业务不能使用GMS生态的影响，华为实现营业收入人民币705.33亿元，同比下滑13.9%。

在美洲区域市场，"受益于拉丁美洲企业数字化基础设施建设及消费者业务中端产品竞争力提升"，华为实现营业收入人民币524.78亿元，同比增长9.6%。[①]

这样的业绩说明华为整体经营继续保持稳健，同时也意味着华为经受住了美国"封杀"的考验。

当然，华为能够取得较好的业绩绝对不是偶然的，因为华为一直坚持"以客户为中心"。2005年4月28日，在"华为公司的核心价值观"的专题报告中，任正非毫不讳言地说道："从企业活下去的根本来看，企业要有利润，但利润只能从客户那里获取。华为的生存本身是靠满足客户需求，提供客户需要的产品和服务，并获得合理的回报来支撑的；员工是要工资的，股东是要回报的，天底下唯一给华为钱的只有客户。我们不为客户服务，还能为谁服务？客户是我们生存的唯一理由。既然决定企业生死存亡的是客户，提供企业生存价值的是客户，企业就必须为客户服务。现代企业竞争已不是单个企业与单个企业的竞争，而是一条供应链与另一条供应链的竞争。企业的供应链就是一条生态链，客户、合作者、供应商、制造商的命运在一条船上。只有加强合作，关注客户、合作者的利益，追求多赢，企业才能活得长久。

---

① 华为：《华为投资控股有限公司2019年年度报告》，华为官方网站，2020年3月31日，https://www.huawei.com/cn/annual-report/2019?ic_medium=hwdc&ic_source=corp_banner1_annualreport，访问日期：2021年6月10日。

因为，只有帮助客户实现他们的利益，华为才能在利益链条上找到自己的位置。只有真正了解客户需求，了解客户的压力与挑战，帮助其提升竞争力，为其提供满意的服务，客户才能与企业长期共同成长与合作，企业才能活得更久。所以，华为需要聚焦客户关注的挑战和压力，提供有竞争力的通信解决方案及服务。"[1]

客观地讲，华为十分强调"以客户为中心"，但这并不是任正非和华为的独家发明创造，而是一个较为普遍的世界商业价值观。在中国古代的商业思想中，经营者们"把顾客当作衣食父母"。例如，始创于1669年，至今已有300多年历史的同仁堂，就曾提出"以客户为中心"的商业训条："炮制虽繁必不敢省人工，品味虽贵必不敢减物力。"

古代的经营者们之所以把顾客当作衣食父母，是因为企业存在的意义就是赚取客户的钱，以此获得利润，一旦企业不能赚取客户的钱而得以生存和发展，那么这样的企业几乎就没有太大的价值。这些百年老店虽然经历了数百年的风风雨雨，依旧充满生命力。正因为如此，任正非才自始至终地把"以客户为中心"作为一切工作的重心，即使在《华为投资控股有限公司 2018年年度报告》中，"以客户为中心"依旧出现在重要位置——"过去30年，华为以宗教般的虔诚服务客户，与各国运营商一起把通信技术从'象牙塔'、实验室带到了各级城市及偏远地区，丰富人们的沟通和生活，消除数字鸿沟，服务了超过30亿人。30年的积累，使华为有能力抓住数字化、智能化的巨大机会，为客户、为社会创造更大价值。同时，华为也已经明确把网络安全和用户隐私保护作为华为公司的最高纲领，倡导并践行在创新中构筑安全，在合作中增进安全，共建可信的数字世界。"[2]

从这个角度来看，"以客户为中心"的战略思维一直都主导着华为的生存和发展。即使华为走过初期的艰难历程，华为 "以客户为中心"的做法并未因为自身规

---

① 任正非：《华为公司的核心价值观》，《中国企业家》2005年第18期。
② 华为：《华为投资控股有限公司2018年年度报告》，华为官方网站，2019年3月24日， https://www.huawei.com/cn/annual-report/2018?ic_medium=hwdc&ic_source=corp_banner1_annualreport，访问日期：2021年6月10日。

模的壮大而改变。任正非强调，华为只有把潜在的客户转化为自己的长期客户，然后再提升其忠诚度，华为才能在与对手的竞争中立于不败之地，并保证自己不断地在海外的缝隙市场开疆拓土。

任正非坚持"以客户为中心"，以及"为客户服务是华为存在的唯一理由"的观点，源于21世纪初他在法国考察时与阿尔卡特（Alcatel）前董事长兼首席执行官（CEO）瑟奇·谢瑞克（Serge Tchuruk）的一段愉快的谈话。

瑟奇·谢瑞克对任正非谈道："我一生投资了两个企业：一个是阿尔斯通；另一个是阿尔卡特。阿尔斯通是做核电的，核电企业的经营环境稳定，无非是煤、电、铀，技术变化不大，竞争也不激烈；阿尔卡特虽然在电信制造业上也有着一定地位，但说实话，这个行业太残酷了，你根本无法预测明天会发生什么、下个月会发生什么……"[1]

可能读者对阿尔斯通这个企业不太熟悉，但是该集团锅炉部全球负责人弗雷德里克·皮耶鲁齐（Frédéric Pierucci）因为揭露"美国陷阱"（我把此类事件称为"孟晚舟厄运"）而轰动世界。

弗雷德里克·皮耶鲁齐告诫各国企业家："不管谁当美国总统，无论他是民主党人还是共和党人，华盛顿都会维护少数工业巨头——波音、洛克希德·马丁、雷神、埃克森美孚、哈里伯顿、诺思罗普·格鲁曼、通用动力、通用电气、柏克德工程、联合技术，等等——的利益。"

2018年12月，当孟晚舟在加拿大温哥华机场被抓扣后，"美国陷进"被中国人所熟知。针对美国单方面的做法，华为回应说道：

近期，我们公司CFO孟晚舟女士在加拿大转机时，被加拿大当局代表美国政府暂时扣留，美国正在寻求对孟晚舟女士的引渡。她面临美国纽约东

---

[1] 田涛、吴春波：《下一个倒下的会不会是华为》，中信出版社，2012，第2—3页。

区未指明的指控。

关于具体指控，华为获得的信息非常少，华为并不知晓孟女士有任何不当行为。华为相信，加拿大和美国的法律体系最终会给出公正的结论。

华为遵守业务所在国的所有适用法律法规，包括联合国、美国和欧盟适用的出口管制和制裁法律法规。[①]

闻听此信息的弗雷德里克·皮耶鲁齐，在接受媒体采访时呼吁："昨天是阿尔斯通，今天是华为，那么明天又会是谁？现在是欧洲和中国做出回击的时候了。"

在之前，弗雷德里克·皮耶鲁齐更是揭露了美国肮脏丑陋、不为人知的暗箱操作。弗雷德里克·皮耶鲁齐说道："十几年来，美国在反腐败的伪装下，成功地瓦解了欧洲的许多大型跨国公司，特别是法国的跨国公司。美国司法部追诉这些跨国公司的高管，甚至会把他们送进监狱，强迫他们认罪，从而迫使他们的公司向美国支付巨额罚款。自2008年以来，被美国罚款超过1亿美元的企业达到26家，其中14家是欧洲企业（5家是法国企业），仅有5家是美国企业。迄今为止，欧洲企业支付的罚款总额即将超过60亿美元，比同期美国企业支付的罚款总额高3倍。其中，仅法国企业支付的罚款总额就近20亿美元，并有6名企业高管被美国司法部起诉。我就是其中一员。今天，我不再沉默。"[②]

弗雷德里克·皮耶鲁齐提出如此忠告，是因为自己的亲身经历。2013年4月14日，因公务出差美国的弗雷德里克·皮耶鲁齐，刚抵达美国纽约肯尼迪国际机场，还没有下飞机，就被美国联邦调查局的探员抓捕。

其后，弗雷德里克·皮耶鲁齐被美国司法部涉嫌违反《反腐败法》指控其商业贿赂罪，并对阿尔斯通处以7.72亿美元罚款，还将弗雷德里克·皮耶鲁齐关进监狱。

---

① 华为：《没有任何不当，相信法律体系最终给出公正结论》，中国日报网，2018年12月6日，http://www.chinadaily.com.cn/interface/zaker/1142822/2018-12-06/cd_37360014.html，访问日期：2021年6月10日。

② 弗雷德里克·皮耶鲁齐、马修·阿伦：《美国陷阱》，法意译，中信出版社，2019，序言。

直到2018年9月，弗雷德里克·皮耶鲁齐才被释放。

这家创建于1928年的公司之所以被美国打压，是因为该公司是欧洲不多的工业巨头之一。其主要从事工业、电气设备的生产和电力的供应输配，主要经营业务有能源、输配电、运输、工业设备、船舶设备和工程承包等。[①]

据弗雷德里克·皮耶鲁齐介绍，美国打压阿尔斯通的一个主要推手就是美国通用电气公司，该公司是阿尔斯通最大的竞争对手。在埃及、沙特阿拉伯、印度尼西亚、中国等市场，阿尔斯通直接抢走了美国通用电气的订单。不甘心就此落败的美国通用电气公司暗中雇用了包含大量美国司法部前官员的庞大的律师团，最终利用美国政府的力量肢解了阿尔斯通。

此外，美国通用电气公司把阿尔斯通最重要的电力和电网业务纳入囊中。公开信息披露，在并购期间，德国西门子公司和日本三菱重工曾以比美国通用电气高出几十亿美元的价格参与并购，耐人寻味的是，美国通用电气公司以极低的报价，却最终赢得并购标的。

从这个角度来分析，投资阿尔斯通的瑟奇·谢瑞克无疑备受世界企业家们的敬重。然而，对于未来的诸多不确定性，瑟奇·谢瑞克依旧充满疑惑。

与瑟奇·谢瑞克一样，面对企业经营中的诸多不确定的未来，加上当时的华为正处在艰难的攀登"喜马拉雅山脉"的爬坡关键阶段，任正非感同身受。返回深圳总部后，任正非在内部讲话中多次复述瑟奇·谢瑞克的观点告诫华为高层并提问道："华为的明天在哪里？华为的出路在哪里？华为的路径在哪里？"

其后，华为由此展开了一场声势浩大、前所未有的对未来命运的讨论。经过多轮讨论，最后把"以客户为中心"作为华为的立业根基。

当然，达成这样的共识，一个关键的原因是，华为能够取得当时的业绩，凭借的根本就是"以客户为中心"的战略思维，即使华为的未来，同样也只能依赖客户，只

---

① 王亦丁：《阿尔斯通的新征程》，《财富》2010年第12期。

有客户，才是保证华为生存和发展的理由，同时也是华为存在的唯一理由。正是因为华为始终"以客户为中心"，才成为ICT领域的霸主。华为1995—2019年历年的营业收入数据直接地证明了这个观点，见图0-3。

单位：亿元

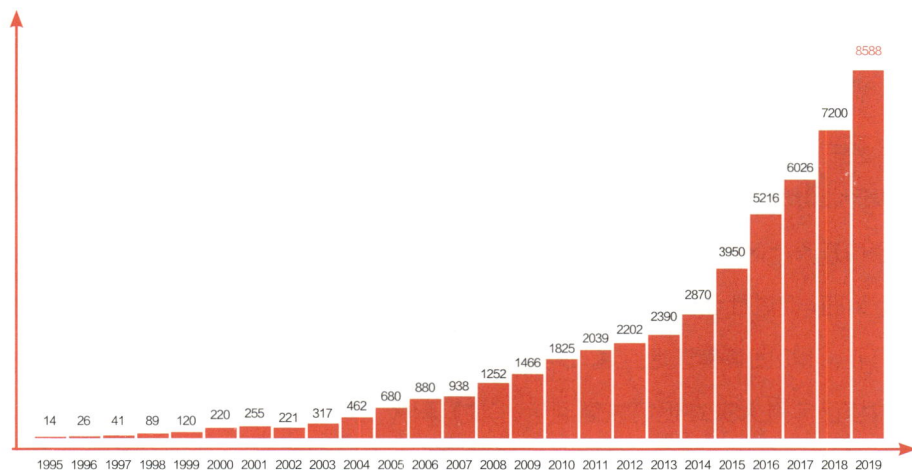

资料来源：华为官网和华为财务报表　　　　　　　　　　　　　　　　　　年份

图0-3　华为1995—2019年历年的营业收入数据

　　根据华为官网的介绍，"华为创立于1987年，是全球领先的ICT（信息与通信）基础设施和智能终端提供商，我们致力于把数字世界带入每个人、每个家庭、每个组织，构建万物互联的智能世界。目前华为有19.7万员工，业务遍及170多个国家和地区，服务30多亿人口"。[①]

　　华为官网还介绍，华为能够为世界带来如下四点：

　　第一，为客户创造价值。华为携手合作伙伴，为电信运营商提供创新领先、极

———————

① 　华为：《公司简介》，华为官方网站，https：//www.huawei.com/cn/about-huawei/corporate-information，访问日期2021年6月10日。

简智能和安全可信的网络产品与解决方案；为政企行业客户提供开放、智能和安全可信的ICT 基础设施产品与服务。华为智能终端正在帮助人们享受高品质的数字工作、生活、出行和娱乐体验。

第二，保障网络安全稳定运行。华为把网络安全和隐私保护作为公司最高纲领，秉持开放、透明的态度，提升软件工程能力，建立业务连续性管理体系，增强网络韧性。30多年来，华为和运营商一起建设了1500多张网络，帮助世界超过30亿人口实现连接，保持了良好的安全记录。

第三，推动产业良性发展。华为主张开放、合作、共赢，与客户、伙伴合作创新、扩大产业价值，形成健康、良性的产业生态系统。华为加入400多个标准组织、产业联盟和开源社区，积极参与和支持主流标准的制定，推动产业良性发展。

第四，促进社会可持续发展。华为致力于消除数字鸿沟、促进数字包容，在珠穆朗玛峰、北极圈等偏远地区建设网络；在中国汶川大地震、日本海啸核泄漏、西非埃博拉疫区等重大灾难现场恢复通信；同时，积极推进绿色低碳和节能环保，帮助培养本地ICT人才，促进数字经济发展。[1]

---

[1] 华为：《公司简介》，华为官方网站，https：//www.huawei.com/cn/about-huawei/corporate-information，访问日期2021年6月10日。

目　录

第一部分
为客户服务是华为存在的唯一理由

第二部分
坚持以客户为中心的路线不动摇

第三部分

以宗教般的虔诚对待客户

3

第四部分

管理与服务必须靠自己去创造

4

5

6

第七部分

客户满意是衡量华为一切工作的准绳

第八部分

客户的成功成就华为的成功

为客户服务
是华为存在的唯一理由

华为是生存在客户价值链上的，华为的价值只是客户价值链上的一环。谁来养我们？只有客户。不为客户服务，我们就会饿死。不为客户服务，我们拿什么给员工发工资？因此，只有以客户的价值需求为准则，华为才可以持续生存。

——华为创始人任正非

第 1 章

为客户服务
是华为生存的唯一基础

2005年 4 月 28 日，在中共广东省委中心组举行"广东学习论坛"第十六期报告会的报告厅内，经久不息的掌声一次又一次地响起，主持人不得不示意与会者停止鼓掌，让华为创始人任正非继续演讲。

随后，因掌声中断的演讲继续进行。与会者自发地鼓掌，源于任正非分享了"华为核心价值观"蕴含的"愿景""使命"和"战略"而引起的共鸣，尤其是华为"为客户服务是华为存在的唯一理由，客户需求是华为发展的原动力"的战略，让与会者耳目一新。

在此次讲话中，任正非介绍说："华为公司的'愿景'是丰富人们的沟通和生活。华为公司的'使命'是聚焦客户关注的挑战和压力，提供有竞争力的通信解决方案和服务，持续为客户创造最大价值。华为公司的'战略'包括四个方面：①为客户服务是华为存在的唯一理由，客户需求是华为发展的原动力；②质量好、服务好、运作成本低，优先满足客户需求，提升客户竞争力和盈利能力；③持续管理变革，实现高效的流程化运作，确保端到端的优质交付；④与友商共同发展，既是竞争对手，也是合作伙伴，共同创造良好的生存空间，共享价值链的利益。"①

在演讲中，任正非认为，"除了客户，华为没有存在的任何理由，所以客户是华为存在的唯一理由"。任正非解释说："全世界只有客户对我们最好，他们给我们钱，为什么我们不对给我们钱的人好一点呢？为客户服务是华为存在的唯一理由，也是生存下去的唯一基础。"

> **"在当前产品良莠不齐的情况下，我们承受了较大的价格压力，但我们真诚为客户服务的心一定会感动'上帝'，一定会让'上帝'理解，我们的产品物有所值，逐步地缓解我们的困难。"**

对任何一个企业来说，只有真诚地为客户提供服务，才能在与对手的较量中赢得胜利。因为在产品性价比不相上下的前提下，客户就是一个稀缺的战略资源，一旦谁赢得优质的客户资源，谁就能有力地击败竞争对手。

在中国企业中，华为就是这样一个重视为客户服务的企业。1994年6月，在以"胜利祝酒词"为主题的内部演讲中，任正非讲道："在当前产品良莠不齐的情况下，我们承受了较大的价格压力，但我们真诚为客户服务的心一定会感动'上帝'，一定会让'上帝'理解，我们的产品物有所值，逐步地缓解我们的困难。我们一定能生存下去……"任正非坦言，一旦没有客户，华为的生存和发展犹如"镜中月、水中花"。

纵观华为的发展历程，"以客户为中心"始终都被华为作为最高的商业圭臬来践行，即使在早期阶段也是如此。

在创业初期，任正非为了让自己与竞争者有所不同，率先通过"以客户为中

---

① 任正非：《华为公司的核心价值观》，《中国企业家》2005年第18期。

心"的手段，由此从诸多竞争者中脱颖而出。曾就职于华为的陈康宁就是一位见证者和记录者。

1987年8月，曾就职于重庆电信局的陈康宁因种种原因下海，主要业务就是向重庆地区的单位用户推广小型程控交换机。

同年底，为了拓展西南市场，作为开路先锋的任正非亲赴重庆。经他人推荐，陈康宁拜访了当时在重庆市场做推广的任正非，两人一见如故，甚至可以说是相见恨晚。

回到深圳的任正非，立即给陈康宁邮寄了成箱的交换机使用手册和其他宣传资料。在当时，由于华为代理的是香港鸿年公司的用户交换机产品，华为印刷的产品宣传资料都是繁体字的，其中有两句给客户留下很深的印象：第一句宣传语印在封底，详细的内容是"到农村去，到农村去，广阔天地大有作为"；第二句是华为给代理商的承诺，详细的内容是"凡购买华为产品，可以无条件退货，退货的客人和购货的客人一样受欢迎"。

与此同时，那个时候的交换机故障率相对较高，加上以进口为主，这就给更换备板、备件等技术服务增加了难度。

面对行业通病，任正非率先打破同行在维修方面的瓶颈。具体的操作是，华为除了给代理商发必要的维修备件之外，还会多发一套备用交换机，便于代理商维护和保修。

一旦交换机出现故障，代理商在维修的过程中，既可以在这台备用交换机上测试，又可以取下零部件用于维修。当维修完成后，代理商将备用交换机和存在故障的电路板寄回华为总部。

华为的做法，在很大程度上保证了所售产品的售后服务质量，而这种做法是其他公司无法做到的。这一下提升了客户对华为的认可度。

1988年，作为华为重庆代理商的陈康宁，陪同客户考察位于深圳的华为总部。到了华为总部后，陈康宁惊奇地发现，华为的规模很小很小，只有寥寥几人，甚至在其他省份还没设立办事处。

当陈康宁一行人在谈好购买合同后，正值下班时刻，任正非把华为当时唯一的一辆小汽车安排给客户和华为陪同人员，送他们去位于深圳南头的南蓉酒家吃饭。汽车开动后，陈康宁看到作为创始人的任正非一步一步地走回家。

1989年，陈康宁再次陪同一位四川地区电信局的局长以及几位科长考察华为总部。华为将一行人安排在位于深圳华强北附近的格兰云天酒店。

对于此行人的到来，华为非常重视，任正非向他们介绍产品，从白天介绍到晚上11时多。任正非从华强北回到位于深圳南头的家中，其车程为一个多小时。

在当时，深圳还处于建设中，从华强北到南头仅有一条弯弯曲曲的土路，荔枝林和农田随处可见。披星戴月的任正非虽然晚归，却依旧在次日早上七点多准时来到格兰云天酒店大堂，等候下楼吃早餐的客户。这就意味着当晚任正非最多只能休息四个小时。正是任正非如此热情和诚挚地对客户，让所有在场的客户异常感动。

1990年3月，陈康宁向曾一起考察过华为的那位局长告别。当时，该局长所在的地区局已向国内另一厂家订了一台200门的程控交换机，但一直未到货。该局长决定，终止与不重视客户、违反协议的厂家的合作，改订华为的HAX-100系列的200门交换机，陈康宁就代表华为签订了此合同。

就这样，陈康宁带着这份合同，在1990年4月1日加盟华为了。后来，陈康宁在华为担任市场部、生产部、企业文化等多个部门负责人。

陈康宁后来还发现，在拥有很多辆汽车后，华为往往是把最好的汽车用于为客户提供服务，而不是服务老板和直接领导。

1997年底，华为的营业收入已经达到几十亿元，任正非仍是一个人走半个多小时的路上下班。由于华为总部距离任正非住的地方远了，任正非后来自己买车，自己开车上下班，依然从没有私用过华为的车。

2002年，在以"静水潜流，围绕客户需求持续进行优化和改进"的内部讲话中，任正非回答了陈康宁的疑惑。任正非说道："无为而治中必须有灵魂。华为的魂就是客户，客户是永远存在的。我们要琢磨客户想要什么，我们做什么东西卖给客户，怎么才能使客户的利益最大化。我们天天围着客户转，就会像长江水一样川流不息，奔向大海。一切围绕着客户来运作，运作久了就忘了企业的领袖了。"

"不以客户需求为中心，他们就不买我们小公司的货，我们就无米下锅，我们被迫接近了真理。"

2001年12月11日，中国加入世界贸易组织（WTO）①，由此拉开了中国企业全球化竞争的序幕。竞争的加剧，让任正非压力倍增。在两个月前，任正非撰写了一篇脍炙人口的文章《华为的冬天》。

在文中，任正非直言："公司所有员工是否考虑过，如果有一天，公司营业收入下滑、利润下滑甚至会破产，我们怎么办？我们公司的太平时间太长了，在和平时期升的官太多了，这也许就是我们的灾难。泰坦尼克号是在一片欢呼声中出海的。而且我相信，这一天一定会到来。面对这样的未来，我们怎样来处理，我们有没有思考过。我们的很多员工盲目自豪、盲目乐观，如果想危机的人太少，也许危机就快来临了。居安思危，不是危言耸听。"

任正非预感到危机，源于他到德国的考察。任正非说道："看到第二次世界大战后德国恢复得这么快，我当时很感动。当时德国的工人团结起来，提出要降工资、不涨工资，从而加快经济建设，所以战后德国经济增长很快。如果华为公司真的危机到来了，是不是员工工资减一半，大家靠一点白菜、南瓜过日子就行？或者，我们就裁掉一半人是否就能救公司？如果是这样就行的话，危险就不是危险

---

① WTO, World Trade Organization, 简称世贸组织。这是总部设在瑞士日内瓦、独立于联合国的一个永久性国际组织。该组织的基本原则是通过实施市场开放、非歧视和公平贸易等规则实现世界贸易自由化。

了。因为，危险一过去，我们可以逐步将工资补回来；或者营业收入增长后，我们将被迫裁掉的人请回来，这算不了什么危机。如果两者同时进行，都不能挽救公司，想过没有？十年来，我天天思考的都是失败，对成功视而不见，也没有什么荣誉感、自豪感，而是危机感。也许是这样，我们才存活了十年。我们大家要一起来想，怎样才能活下去，也许这样，我们才能生存得久一些。失败的那一天是一定会到来的，大家要准备迎接，这是我从不动摇的看法，这也是历史规律。"

此刻，诸多华为人并未真正地意识到危机，因为任正非总喊狼来了，喊多了，大家有些不信了。但是当狼真的来了的时候，华为是否真的做好准备了呢？任正非自问道："我们要广泛展开对危机的讨论，讨论华为有什么危机？你的部门有什么危机？你的科室有什么危机？你的流程有什么危机？还能改进吗？还能提高人均效益吗？如果讨论清楚了，那我们可能就不会死，就延续了我们的生命。怎样提高管理效率，我们每年都写了一些管理要点。这些要点能不能对你的工作有些改进？如果改进了一点，我们就前进了。"①

查阅华为公开的数据可以发现，在2000财年，华为实现营业收入人民币220亿元，利润达到人民币29亿元，位居全国电子百强企业首位。在这样的高光此刻，任正非却看到了之后的IT泡沫危机，确实发人深省。面对危机，如何赢得客户、维持客户就成为关系到华为生死存亡的大事。

为了更好地践行客户至上，2002年，在题为"公司的发展重心要放在满足客户当前的需求上"的讲话中，任正非告诫华为人："在这个世界上谁对我们最好？是客户，只有他们给我们钱，让我们过冬天。所以，我们要对客户好，这才是正确的。我们公司过去的成功是因为我们没有关注自己，而是长期关注客户利益最大化，关注运营商利益最大化，千方百计地做到这一点。"②

任正非是这样解释的："不以客户需求为中心，他们就不买我们小公司的货，

① 任正非：《华为的冬天（上）》，《企业文化》2001年第10期。
② 黄卫伟：《为客户服务是华为存在的唯一理由》，《企业研究》2016年第9期。

我们就无米下锅，我们被迫接近了真理。但我们并没有真正认识它的重要性，没有认识它是唯一的原则，因而我们对真理的追求是不坚定的、漂移的。"

回顾华为"以客户为中心"的企业战略可以发现，1997年，任正非正式地把"面向客户是基础，面向未来是方向"提升到企业战略的高度。同年，任正非在华为北京研究所座谈会上的讲话说道："如果不面向客户，我们就没有存在的基础；如果不面向未来，我们就没有前进的动力，就会沉淀、落后……"

自此以后，任正非在华为的内部讲话上，尽管个别措辞稍有一些变化，但是"以客户为中心"的战略思想一直贯穿在华为发展、壮大的每个阶段和每一个环节中。

鉴于此，只有真正地"以客户为中心"，把服务真正地做到位，才能赢得生存和发展，才能实现华为的梦想——华为的追求是在电子信息领域实现顾客的梦想，并依靠点点滴滴、锲而不舍的艰苦追求，使华为成为世界领先企业。为了使华为成为世界一流的设备供应商，华为将永不进入信息服务业。通过无依赖的市场压力传递，使内部机制永远处于激活状态。[①]

华为能够取得如此业绩，一个重要的原因是华为崇尚"以客户为中心"的核心价值观。在"以客户为中心"的指导下，华为以41.89亿元的营业收入进入电子百强企业名单，排在第18位。1998年4月6日，《华为人报》报道了这条喜讯，见图1-1。

备受社会关注的、依据各企业1997年实现的销售额排序的"1998年新一届电子百强企业名单"，经过各主管部门的认真推荐、电子部严格审核后，现已揭晓。深圳市华为技术有限公司以实现年销售总额418932.0万元排名第18位。

今年的"百强"企业的规模化有了明显发展，企业的经济实力明显增

---

① 华为：《华为公司基本法》，《华为人报》1998年4月6日，第1版。

强，而且一批通信、计算机企业成为发展最具潜力的成长性企业，反映了
"百强"企业产品结构对信息经济的迅速响应。①

图1-1 《华为人报》（1998年4月6日）

在对待客户的问题上，华为始终把客户放在非常重要的位置。2007年，在以
"将军如果不知道自己错在哪里，就永远不会成为将军"为题的内部讲话中，任正
非说道："华为不是天生就是高水平的，因此要认识到自己不好的地方，然后进行
改正。一定要在战争中学会战争，一定要在游泳中学会游泳。在很多地区，我们和
客户是生死相依的关系，那是因为我们已经和客户形成了战略性伙伴关系。机会不
是公司给的，而是客户给的。机会在前方，不在后方。我们要有战略部署，如果没
有战略部署，我们就无法竞争。"

在任正非看来，要想赢得客户的认可，就必须解决客户的实际困难，只有真正
地解决了客户的困难，才能保证华为的生存和发展。

在华为，帮客户解决实际困难的案例多如牛毛。在这里，我们就以特尔福特

---

① 薛美娟：《华为名列1998年电子百强第18名》，《华为人报》1998年4月6日，第1版。

（Telfort）为例。

在华为拓展荷兰市场时，由于华为的知名度不高，很难打开市场。当时，华为在接触客户的过程中发现，特尔福特这个荷兰四家运营商中最小的一家，也在试图摆脱自己的困境。

特尔福特也在准备筹建第三代移动通信技术（3G）网络，给客户提供更加优质的网络服务。但是由于特尔福特实力较弱，机房的空间过于狭窄，根本就不可能增加第二台大型机柜。

在没有其他办法的情况下，特尔福特积极主动找到诺基亚，让其研发小型机柜满足自己的特殊需求。诺基亚直接拒绝了特尔福特的合作请求，拒绝的原因有两个：第一，研发市场较小的小型机柜成本过高，没有很大的必要性；第二，特尔福特的产品合作标的太小。

遭到诺基亚拒绝的特尔福特并不甘心就此被困死，其高层把目光转向荷兰地区的市场冠军——爱立信，期望爱立信能够研发小型机柜。

为了说服爱立信研发小型机柜，特尔福特向爱立信承诺，当爱立信研发小型机柜满足特尔福特的需求后，特尔福特抛弃全网的诺基亚设备，转而购买爱立信的产品。让特尔福特没有想到的是，尽管提出如此承诺，爱立信也直接拒绝了特尔福特的要求。

特尔福特积极主动的策略并未取得半点效果，反而四处碰壁，筹建3G网络的计划不得不暂时搁浅。当华为欧洲市场团队得知此信息后，特地登门拜访了特尔福特高层。

濒临破产的特尔福特，犹如困兽。在别无他法的情况下，特尔福特高层接纳华为的解决方案——"分布式基站"。所谓"分布式基站"，是指将原来完全放置于室内的基站分成室内和室外两个部分，如同分体式空调，其特点主要是将射频处理单元和传统宏基站基带处理单元分离的同时又通过光纤连接。[①]

华为提出分布式基站解决方案，就是针对像特尔福特这样基站空间狭小的运营商的需求，甚至可以把机柜体积做到DVD机的大小，把基站的大部分功能放置在室外。

面对华为的分布式基站解决方案，特尔福特高层有些疑惑地问道："基站说分就分，说合就合，能行吗？"

华为给出肯定的答案："我们可以做到。"

经过八个月的奋战，华为"分布式基站"解决方案满足了特尔福特的特殊需求。

---

① 郑新杰、廖伟章、毕志豪：《一种无线射频拉远单元用光电复合缆的研制》，中国通信学会光缆电缆学术年会会议论文，武汉，2013。

第 2 章

华为努力工作的首要方向
就是为客户服务

很长一段时间以来，华为作为众多中国企业学习和参考的标杆，其背后的成功经验让中国企业家甚至媒体竞相追捧。

为了揭开华为背后的秘密，2015年1月22日下午，在达沃斯论坛上，英国广播公司（British Broadcasting Corporation， BBC）首席财经记者琳达·岳（Linda Yueh）带着"大家最想知道的是华为成功的秘密是什么？可以不可以学？"的问题采访了任正非。

面对外界好奇的探寻，任正非坦言，华为没有秘密。任正非解释道："我认为：第一，华为就没有秘密；第二，任何人都可以学华为。华为既没有什么背景，又没有什么依靠，也没有什么资源。唯有努力工作才可能获得机会，努力工作先要有一个方向，这个方向就是为客户服务。"①

---

① 任正非：《任正非达沃斯演讲实录：我没啥神秘的，我其实是无能》，凤凰科技，2015年1月22日，https://tech.ifeng.com/a/20150122/40955020_0.shtml，访问日期：2021年6月10日。

> "我们只有一个经济来源，就是客户口袋里面的钱。我们又不能用非法手段，又不能抢钱，又不能做什么东西，只好把产品做好，把服务做好。"

纵观中国改革开放四十多年来，华为模式和联想模式作为中国企业的两个范本，曾经受到很多企业家的追捧。然而，由于美国的打压，中国企业家开始重新评估华为模式的未来。

2018年12月23日，在"第二十届北大光华新年论坛"上，中国工程院院士、联想前总工程师倪光南尖锐地指出，联想在科技研发方面投入不足，是其发展后劲不足的主要原因。

倪光南把华为和联想创业以来的发展比喻为龟兔赛跑。在1988—1995年的第一阶段，背靠中国科学院的联想，其"技工贸"胜过了华为的"贸工技"。倪光南坦言，1995年，联想的营业收入高达67亿元，华为才14亿元，是华为的约4.8倍。从1996—2018年的第二阶段，华为的"技工贸"胜过了联想的"贸工技"。2018年，华为实现营业收入人民币7200亿元，联想实现营业收入人民币3589.20亿元。

为此，倪光南还反思了联想和华为的差距。倪光南说道："和联想比，我觉得华为是很成功的。华为成功有很多的原因，例如华为让科技人员持有股权就做得比较好。改革开放之后，外部环境是一样的，华为是坚持研发，再加上让科技人员持股做得好，所以华为的创新能力很强。所以我认为联想股改后面临的问题，一个是发展路线，另一个是科技人员知识产权保护问题。"①

在倪光南看来，联想应"吸取教训，应该尽可能加强对科技人员的激励，保护

---

① 倪光南：《保护科技人员知识产权是提升企业创新能力的关键》，澎湃新闻，2018年12月23日，https://baijiahao.baidu.com/s?id=1620631327335063064&wfr=spider&for=pc，访问日期：2021年6月10日。

科技人员知识产权，充分激发科技人员的创新。希望在知识产权体现方面，政策能更加明确，保证我们的科技创新能力更快地增长。"①

倪光南的反思，将华为的成功再次聚焦在企业家的视野中。可以说，倪光南对比联想和华为，说明华为模式在倪光南心中的分量，同时也说明，在没有秘密的华为模式中，其实是有秘密的。

除了倪光南披露的企业经验外，"以客户为中心"也是华为强势崛起的关键点。对此，当琳达·岳问及华为秘密时，任正非毫不讳言地说："我们只有一个经济来源，就是客户口袋里面的钱。我们要对客户不好就拿不到这个钱，那样的话，我们的老婆也要跑了。所以说，我们要拿这个口袋的钱又不能用非法手段，又不能抢钱，又不能做什么违法的东西，只好把产品做好，把服务做好。刚才我讲的市场经营有两个要素，我们坚定不移做好，为客户服务没有什么做不到。"

为了让琳达·岳更好地理解"以客户为中心"的价值主张，任正非还举例说道："在智利发生大地震的时候，我们有三个员工已经在那里工作十年了。当时，那边的负责人就申请派人进去找他们。我不同意，说先别找了，万一派去的人再有什么闪失更不划算，还是等等看过些时候能不能联系上他们。等了几天以后，处于震区的员工与他们最基层的主管取得联系。主管告诉员工哪个地方的哪个设备坏的，员工背着背包就往地震中心区走，我们把这个东西拍成了一个三分钟的小电影，就是员工本人做演员演的。这就是我们对客户的服务。"②

任正非提及的此次地震是智利50年来最严重的地震，之后发生多次余震。中国日报网报道称，（2010年）2月27日（凌晨3时34分），智利发生8.8级特大地震，并引发海啸，802人死亡，近200万人受灾，经济损失达300亿美元。③

① 倪光南：《保护科技人员知识产权是提升企业创新能力的关键》，澎湃新闻，2018年12月23日，https://baijiahao.baidu.com/s?id=1620631327335063064&wfr=spider&for=pc，访问日期：2021年6月10日。
② 任正非：《任正非达沃斯演讲实录：我没啥神秘的，我其实是无能》，凤凰科技，2015年1月22日，https://tech.ifeng.com/a/20150122/40955020_0.shtml，访问日期：2021年6月10日。
③ 中国日报网：《智利发生8级地震，盘点近年来世界强震》，中国日报网，2014年4月2日，http://world.chinadaily.com.cn/2014-04/02/content_17399637.htm，访问日期：2021年6月10日。

据媒体报道，此次强震引发的海啸严重冲击了智利约200千米的海岸线，在有些地方，海啸甚至波及离海岸2千米的内陆。

根据中国驻智利大使馆公开的信息，当时智利当地华人华侨（华为、中兴通信、中远、五矿等公司在智利设有分支机构）还没有伤亡的报告。

华为在接受新浪财经采访时回答说："我们与智利代表处取得联系，华为所有在智利的员工都平安，感谢大家的关心。"

地震发生后，通信的恢复就是灾后抢险的一个重要举措，华为的工程师不仅践行了"人类共同体"的价值观，同时还体现了"以客户为中心"的华为价值观。我查阅了相关资料发现，华为驻智利员工常雨明刊发在《商界》杂志上的日记实录就能说明华为成功的"秘密"。笔者摘录部分记录来说明这个问题。

地震后最重要的应该就是通信了，震区的电话打不出去，外面的电话拨不进来，这是很正常的。有些是因为设备已经损坏，有些是因为设备瞬间无法承受的大话务量导致设备瘫痪。公司中国总部一时也无法联系到我们，我们尝试着通过其他途径联系总部，向他们报平安。

我们发现电路交换（Circuit Switched，CS）域通信已经瘫痪了，只能试图通过分组交换（Packet Switch，PS）域与外界联络了。抱着这个希望，我们赶紧使用上网卡连接到PS域，万幸，有信号，PS域没有损坏。整个PS域的产品都是我们公司的产品，可见其性能是非常可靠的。

我们用上网本连接到数据终端，然后登录到网络，发现没有问题，大家喜出望外。通过Skype网络电话软件，我们联系上了总部，总部也正在通过各种方法竭力跟我们取得联系。向总部报了平安后，我们每个人排着队挨个给家里打电话，听到家人亲切的声音，很多同事都不自觉地眼眶发红。[1]

---

[1] 常雨明：《华为员工智利地震日记》，《商界》2010年第4期。

"一系列（行为）都体现了我们以客户为中心，我们所做的一切都是为了维护客户的利益，只有维护客户的利益，客户喜欢我们了，自然就会买我们的东西。"

在中国企业的国际化案例中，华为是一个名副其实的范本。事实证明，华为能够在国际市场取得不错业绩，离不开"以客户为中心"的战略。

2018年12月，一封来自日本一个小型企业老板的公开信以"星星之火，可以燎原"之势公开声援被加拿大以"莫须有"的罪名抓扣的孟晚舟，见图2-1。以下是信件译文①：

尊敬的华为CFO孟晚舟及全体员工：

很抱歉，我不会中文也不会英文，所以我只能用日文来写这封信，特别希望有哪位懂日文的人能帮我翻译，将我的意思传达出来。

这次孟女士在加拿大遭遇的事情，让我感到非常悲伤。

虽然我只看到日本国内的报道，并不知晓详情，但一想到您本人及您的家人度过了多么难受的一段时间，以及今后还将承受怎样的痛苦，我觉得我不能保持沉默，必须进行声援，所以写下了这封信。

世界上每天都在发生各种各样的事情，但对住在日本的我来说，以前从未想过要通过写信的方式来表达自己的心情。

可是这次孟女士的事件，对我来说绝不是一件可以袖手旁观的事情。

为什么我会这么说呢？或许日本国内并没有太多的人知道，但我的一

① 《东京都一名普通市民给孟晚舟及华为全体员工的来信》，心声社区，2018年12月19日，http://xinsheng.huawei.com/cn/index.php?APP=forum&mod=Detail&act=index&id=4122007&search_result=1。

位住在宫城县的朋友告诉过我，2011年东日本大地震时，其他公司都在撤退、逃离，只有华为，在警报还没有解除的情况下，毅然进入灾区，抓紧抢修被地震损坏的通信设施。

对华为这样一个能在那样困难的情况下向我们伸出援手的公司，无论有什么理由，这种直接动用国家力量对其进行打压的做法，是背离做人的常理的，让我感到非常悲哀、难受。

在1995年发生的阪神淡路大地震中，我母亲被压在柜子底下不幸遇难，那年她才56岁。

当时，我们得到来自世界各地的支援，城市得以恢复重建，才有了今天美丽的神户。至今我心中仍充满着感激。

反之，住在日本的我却未能对家乡神户做出任何贡献，至今仍深感羞愧。

因此，在我心中，孟女士是日本人民的恩人。

我对中国的了解，仅限于从学校的"社会课"中学到的一点知识，但1972年周恩来总理和田中角荣首相主持中日建交的场面，深深印在了当时还是孩子的我的脑海中。

在签字仪式上，田中角荣首相用毛笔签字给我留下了非常深刻的印象，从那以后，我开始学习书法。

现在，只要日本举办王羲之等名人的书法展，我都要去看好几次。

虽然中国和日本一个是社会主义国家，另一个是资本主义国家，国家的根本性质不同，但我认为中国和日本从今往后应该更加相互尊重，加深和扩大友好关系。

我只是一家小公司的小老板，像我这样的人终究帮不上什么忙，但我从心底衷心祝愿贵公司能够更加发展壮大，取得更大的成就。

谨上

2018年12月14日

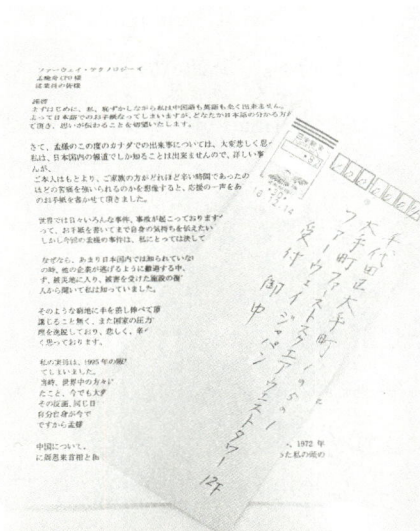

图2-1 来自日本的公开信

这位老板在信中称，孟晚舟是日本人民的恩人，这源于在2011年"3·11"福岛核事故期间，作为华为高层的孟晚舟前往日本，恢复其通信。

当这封信流传在互联网上后，2018年12月19日，备受感动的孟晚舟写了一篇日记。

昨天晚上，一封日本人的来信，在朋友圈内小小地刷屏，着实让我温暖了一把！还是那句说过无数遍的话，人间自有真情在，当自己遇到危难的时候，才知道自己曾经被这么多的陌生人关爱着。保释的那天，在法庭等着办手续，律师跟我聊天说，有不少陌生人打电话到律师事务所，说愿意用自己的财产为我担保，即使他们根本不认识我，甚至他们不知道我，但是他们知道华为，他们认可华为，所以他们也愿意相信我。我的律师说，他从业四十多年，还从来没见过这样愿意为陌生人担保的事。听着律师的这番话，我禁不住泪流满面，泣不成声。这不是为自己，而是为这么多愿意相信我、信任我的陌生人。日本福岛地震的时候，我正好在美国IBM（国际商用机器公司）总部，参加为期一周的 Workshop（研习会），正为是否启动IFS（Integrated Financial Transformation，集成财务转型）变革，以及IFS变革的范围，与IBM资深财务专家进行最后一轮详细沟通。

那个时候，公司刚刚决定将所有的应急预案交给财经组织来负责，包括战争、瘟疫、动乱、地震等突发事件，由财经组织与业务团队共同制定各种场景下的应急预案，平日里组织演练，以便灾难发生时能够迅速启动预案，公司各个部门也能按照预案的设计快速集结、快速响应。因为我在美国确实走不开，所以让孙总一个人去了趟日本。

从美国回来后，把我们在美国 Workshop的收获，组织财务的同事们进行分享和讨论，大家达成基本共识，形成可以与IBM沟通的财经变革的思路后，我就订机票去了东京，到日本代表处去跟大家开会，讨论灾后重建的工作安排，包括客户网络的抢修，以及我们自己的日常运营。在我去日本之前，公司的应急工作组已经成立，孙总也刚从日本回来，也没有什么太多需要我做的事情，我就是跟日本代表处把震后两周的工作再次梳理了一下，跟大家在一起把工作顺序核对了一下，自己也记了很多笔记。

日本地震，是财经组织第一次接触危机预案的设计及实施，虽然在那次日本地震的灾后重建工作中，我们的不少环节在协作上存在这样或那样的障碍，但帮我们积累了非常宝贵的经验。几年之后的尼泊尔地震，我们的危机预案完全能够及时和充分地支撑着灾后重建工作，也得到了尼泊尔客户的高度赞扬。

这次经历，我很少提起，也没什么可自豪的，只是我的分内工作而已。好人终有好报，没想到，八年之后，这份回报以一个普通日本人的来信展现在我面前，让我的心里充满了无比的自豪与宽慰。自豪，是因为在那种存在不确定因素的情况下，我踏上了去日本的航班，勇敢不是因为不害怕，而是心中坚守的信念；宽慰，是因为上苍始终能看到我们的努力，也从不忽略我们付出的努力。[①]

媒体报道称，东京时间2011年3月11日14时46分（北京时间13时46分），西太平洋国际海域发生里氏9.0级特大地震，震中位于北纬38.1度，东经142.6度，震源深度约10千米。

此次特大地震，引发超强海啸，浪高最大为23米，整个日本东部地区受灾惨重。与此同时，由地震引发的核泄漏劫难接踵而至。据日本《产经新闻》的报道，日本警察厅统计结果显示，截至（2011年）3月30日上午，日本受灾的12个都道县确认遇难人数为11232人，警方接到家属报失踪人数为16361人，共计27593人。

面对如此灾难，如同信中所言，其他公司（爱立信、诺基亚）都在撤退、逃离。然而，恢复通信已经刻不容缓。在余震、海啸，尤其是福岛核泄漏的威胁下，华为的工程师仍然展现了服务到底的、"以客户为中心"的精神，不仅没有因为福岛核泄漏撤离，相反还加派工程师，在短短的一天内，就协助软银、E-mobile等客户抢通了300多个基站。

在清华大学的一次演讲中，孟晚舟讲道："2011年，日本发生9.0级地震，引发福岛核泄漏。当别的电信设备供应商的人员撤离日本时，华为的人员选择了留下来。地震一周后，我乘坐飞机前往日本，整个航班连我在内只有两名乘客。在代表处开会，余震刚来时，大家脸色刹变，到后面就习以为常了。与此同时，华为的工程师穿着防护服，走向福岛，抢修通信设备。勇敢并不是不害怕，而是心中有信念。"

当其他通信公司的人员都在逃离时，孟晚舟却逆向地奔赴日本。在当时，航班上的一位日籍乘客问孟晚舟是不是乘错航班了，经过机组人员的反复确认无误后，航班才起飞。

---

① 孟晚舟：《人间自有真情在——孟总日记一则》，心声社区，2018年12月19日，http: //xinsheng. huawei.com/cn/index.php?APP=group&mod=Bbs&act=detail&tid=4124071。

大地震后，不仅孟晚舟，时任华为董事长的孙亚芳也率队赶赴日本，一方面安抚仍然坚守岗位、抢修通信设备的华为代表处员工，另一方面也践行"以客户为中心"的价值观。

2011年4月3日，一位名叫张亮的华为员工这样回忆当时的情景："大家又以正常的状态投入到工作中去，对家人也是百般安慰：'妈，我已经转移到大阪了，瞧，这是我的新房间。'一位同事在东京换了个住处，以此安慰年迈的母亲。一位兄弟和新婚的妻子视频聊天说：'老婆，放心吧，我在这里挺好的，国内的新闻太夸张了！我们领导都来看我们了，晚上还一起吃饭。'华为董事长孙亚芳看望在一线坚守工作岗位的所有办事处人员，在晚宴上鼓励大家：'目前的东京就像是飓风的风眼，虽然周边乱成了一锅粥，但我们这里依然很平静。'"①

在"以客户为中心"价值观的指导下，当日本需要华为工程师时，愿意前往日本协助的工程师非常多，甚至多到需要经过身体与心理素质筛选，符合一定条件的工程师才能被派到作业现场。

软银LTE（长期演进）部门主管为此高度赞扬华为工程师的服务精神，非常惊讶地问："别家公司的人都跑掉了，你们为什么还在这里？"

面对这个问题，当时负责协助软银架设LTE基站的专案组长李兴的回答是理所应当。李兴回答说："只要客户还在，我们就一定在，反正我们都亲身经历过汶川大地震。"

华为的极致的服务令日本客户无比感动，华为赢得了日本市场。正因为如此，在接受《华尔街日报》《福布斯》《环球邮报》等外媒采访时，我断言，虽然日本政府暂停华为的设备采购，但是日本市场的机会永远都会给华为留下一席之地。相关数据显示，到2013年，华为在日本的营业收入从2011年不到5亿美元，增长3倍接近20亿美元。

---

① 孟晚舟：《人间自有真情在——孟总日记一则》，心声社区，2018年12月19日，http://xinsheng. huawei.com/cn/index.php?APP=group&mod=Bbs&act=detail&tid=4124071。

2015年，任正非在回答琳达·岳关于华为"秘密"的问题时说："再讲讲日本大地震，日本大地震以后，很多人开始撤了。他们打电话问我，我说不同意撤。我说你们得找一个地方，能装1.2亿人口的地方再撤。他们说找不到。中国人的命就比日本人的命珍贵吗？我说20世纪60年代我们国家都不知道什么叫作核泄漏，当时我们在地面上放原子弹后打着红旗庆祝。现在核泄漏哪有核爆炸厉害，有那么恐怖吗？等情绪稳定下来后，抢修设备的华为员工就背着背包往前走。日本政府听到这件事后很感动，之后我们在日本的订单很大，做得非常好。这一系列行为都体现了我们以客户为中心。"[1]

除了来自日本的支持，作为IBM团队最早的成员之一，也是首个到华为总部工作和生活的外籍华为顾问约瑟夫·史密斯（Joseph Smith），从1999年起在华为工作了20余年。

当孟晚舟被困加拿大后，2019年3月1日，约瑟夫·史密斯将自己对孟晚舟的看法刊发在领英（Linkedin）上[2]。

在文中，他不仅回忆了当初与华为的合作，还认为抓扣孟晚舟的主要原因是美国从地缘政治因素出发打压华为。为了便于读者阅读，该文翻译如下。

我对华为孟晚舟事件的看法
约瑟夫·史密斯

基于我给华为做咨询、与华为合作20年的经验，我想就美国政府针对华为的指控（尤其是华为CFO孟晚舟事件）发表一下我的看法。

20世纪90年代末，我作为IBM的顾问首次来到华为，负责华为供应链和

---

[1] 任正非：《任正非达沃斯演讲实录：我没啥神秘的，我其实是无能》，凤凰科技，2015年1月22日，https://tech.ifeng.com/a/20150122/40955020_0.shtml，访问日期：2021年6月10日。
[2] Joseph Smith："An Insight into Huawei's CFO Meng Wanzhou"，March 1, 2019, https://www.linkedin.com/pulse/insight-huaweis-cfo-meng-wanzhou-joseph-smith/。

研发大型变革项目。这两个项目规模庞大，有数百个顾问参与，持续数年。

大约十年后，也就是2008年末，华为在深圳举办了一场颁奖典礼，邀请了所有与华为合作过的顾问。

同时，华为希望推出一个新的变革项目——集成财经服务（IFS）项目。和之前的变革项目一样，IFS项目也将与全球顶尖的财经管理顾问合作，计划持续八年。

该项目由华为CFO孟晚舟领导，她也是华为创始人任正非的女儿。

在IFS项目期间，我在华为的变革管理办公室工作，管理包括IFS项目在内的所有咨询项目。华为投入大量资金，聘请了全球顶尖的管理咨询公司助力提升其管理制度，力求达到世界一流水平。

IFS项目规模有多大？IFS项目总共有20个子项目，包括机会点到回款、采购到付款、项目核算、总账、共享服务、业务控制与内部审计、报告与分析、资金、成本与存货等。项目第一阶段核心方案优化了18个IT应用系统、35个IT应用模块。1.7亿条存货记录迁移到了新系统，覆盖170个国家。

项目组的翻译团队由IBM和华为的人员共同组成，中英互译超过1000万字。这些项目都证明了孟晚舟和华为团队的决心和专业性。

项目背后的理念简单而有力：提升透明度和可视化水平，做好决策，降低公司风险。

华为还有一个不可低估的特质。据我所知，华为在进入新市场和研发投入上非常积极，但同时对任何可能带来业务风险的举动都非常谨慎，且特别为客户着想。

如今，孟晚舟人在加拿大，因涉嫌违反对伊朗制裁面临美国的引渡。美国总统特朗普称他可能会放弃指控，以此作为与中国贸易谈判的条件之一。

我不了解案件的具体细节。和大部分其他公司一样，华为也拒绝对正在走司法程序的案件发表评论。但基于我与华为20年的合作经验，我无法理解，也不相信他们会拿价值千亿美元的公司去冒险，直接向伊朗销售产品。

在华为的那段时间，我看到很多人，包括领导和管理层，都努力工作。他们在赚钱的同时，还充满激情，致力于打造一家让他们骄傲的公司。直到今天，我看到他们仍然保持这种精神。

关于华为接受中国政府资助的指控，建议各位查阅华为官网发布的经毕马威审计的年报。你会发现媒体引用的那些夸张的数字根本就不存在。

在华为时，我与数千位来自西方国家的员工和顾问交谈过。和在大部分公司一样，真正的交流往往就发生在喝一杯咖啡的时间。我从未听说过华为有任何不当或可疑行为。

目前我所看到的只有地缘政治因素，而且遗憾的是，这一切似乎主要来自美国政府的部分势力。

在我看来，全球网络安全至关重要，不应该被地缘政治化。否则，最终受害的将是所有智能手机、互联网和计算机用户。

这似乎是由美国政府部分势力推动的。他们的观点是：将华为排除在外，一切就都安全了，"……相信我"。

或者引用美国国务卿在本周的讲话，"如果你们不把华为排除在外，美国就不会与你们合作"。换言之，"照美国说的做，否则后果自负"。

从网络安全的角度来看，仅凭地缘政治因素来打压一家公司是毫无意义的。这种做法只会让我们不得不铤而走险，祈祷其他厂商的设备都是安全的……并且在没有测试的情况下全盘接受他们的所有产品。

幸亏在英国还有一些比较冷静的人。2019年2月12日，英国政府通信总部（GCHQ）前主管罗伯特·汉尼根（Robert Hannigan）在《金融时报》撰文称，英国国家网络安全中心（NCSC）"从未发现有任何证据表明中国政府通过华为开展恶意网络活动"，"关于在5G网络中使用中国技术将带来不可接受的风险的论断是荒谬的"。

我认为，安全保障需要各方的沟通、协作和共同努力。

各位觉得呢？

上述案例足以说明，"以客户为中心"的战略思维赢得了合作方，以及用户的认同。任正非还举例说："还有一件发生在利比亚的事情，当利比亚发生战争的时候，其实我也在利比亚。后来我从利比亚到伊拉克的时候，利比亚开战了。那里的员工问我怎么办，我说先把我们的人撤到周边国家。我们找了心理咨询公司，帮员工做心理辅导，辅导了十来天，效果很好。人力资源部的人到我办公室来汇报，还没讲完，他说知道怎么做了。他说可以在飞机上就开始给他们做心理辅导。我们这边的人去了以后，组织员工为当地的网络提供服务。我们内部员工也有反对的。他们问我，我说现代战争都是精确打击，只要不打那个点，应该不存在安全问题，这么多年来，我们在全世界170多个国家没有遇到因为战争导致员工身亡的事情。"[①]

正因为如此，华为的海外业务增长也就水到渠成。任正非坦言："你想想，尽管去年（2014年）国际经济形势很不好，我们自己的商业生态环境也很差，但是我们的营业收入增长了20%，利润也增长19%。那就说明，这么差的外部环境没有对我们产生多大影响，而且今年我们的营业收入会超过560亿美元，增长速度还在20%。我们不想增长那么快，我们的英雄们、弟兄们拼命工作，业绩这么好我们不知道钱怎么分。现在，我们领导也有矛盾了，不知道该怎么办？员工们英勇作战，我们也挡不住。"[②]

根据《华为投资控股有限公司2014年年度报告》数据显示，2014年，华为构筑的全球化均衡布局使公司在运营商业务、企业业务和消费者业务领域均获得了稳

① 任正非：《任正非达沃斯演讲实录：我没啥神秘的，我其实是无能》，凤凰科技，2015年1月22日，https://tech.ifeng.com/a/20150122/40955020_0.shtml，访问日期：2021年6月10日。
② 同上。

定、健康的发展，全年实现营业收入人民币2881.97亿元，同比增长20.6%①，见表2-1。

表2-1　2014年华为运营商业务、企业业务和消费者业务营业收入占比

单位：百万元人民币

类型	2014 年	2013 年	同比变动
运营商业务	192073	164947	16.4%
企业业务	19391	15238	27.3%
消费者业务	75100	56618	32.6%
其他	1633	2222	−26.5%
合计	288197	239025	20.6%

华为在国际市场的营业收入占总营业收入的62.2%，见表2-2。

表2-2　2014年华为区域市场营业收入占比

区域	营业收入（百万元人民币）	占比
中国	108881	37.8%
亚太	42424	14.7%
欧洲、中东、非洲	100990	35.0%
美洲	30852	10.7%
其他	5050	1.8%

① 华为：《华为投资控股有限公司2014年年度报告》，华为官方网站，2015年3月28日，https://www.huawei.com/cn/annual-report/2014，访问日期：2021年6月10日。

报告数据显示，在中国市场，华为实现营业收入人民币1088.81亿元，同比增长31.5%，运营商业务受益于TDD网络建设，收入同比增长22%，企业和消费者业务继续保持快速增长势头，收入增长均超过35%。

在欧洲、中东、非洲区域市场，"受益于基础网络、专业服务以及智能手机的增长"，华为实现营业收入人民币1009.90亿元，同比增长20.2%。

在亚太区域市场，"受益于韩国、泰国、印度等市场的发展，保持了良好的增长势头"，华为实现营业收入人民币424.24亿元，同比增长9.6%。

在美洲区域市场，受益于"拉丁美洲国家基础网络增长强劲，消费者业务持续增长，但受北美市场的下滑影响，美洲地区营业收入同比增长5.1%"，华为实现营业收入人民币308.52亿元，[①]见表2-3。

表2-3　华为2013—2014年区域市场营业收入对比

单位：百万元人民币

区域	2014 年	2013 年	同比变动
中国	108881	82785	31.5%
欧洲、中东、非洲	100990	84006	20.2%
亚太	42424	38691	9.6%
美洲	30852	29346	5.1%
其他	5050	4197	20.3%
合计	288197	239025	20.6%

---

① 华为：《华为投资控股有限公司2014年年度报告》，华为官方网站，2015年3月28日，https://www.huawei.com/cn/annual-report/2014，访问日期：2021年6月10日。

第 3 章

为客户服务要发自
所有员工的内心，落实在行动上

纵观古今中外的商业历史，顾客至上始终是企业经营的根本。不论什么时代，不论什么领域，如果不尊重顾客，经营就不可能持续。众多长寿企业更是将顾客至上奉为信条。在上百年的经营过程中，这个思想已深入骨髓，甚至已成为无意识的习惯。他们每时每刻都在反反复复努力实践着这一真理。[1]

对商家来说"顾客就是上帝"的道理应该是再熟悉不过。随着商业社会的进一步发展和成熟，顾客几乎成为经营成败的代言词。可以肯定地说，客户至上，是长寿企业的经营法则之一。2007年，在《华为公司的核心价值观》中，华为强调："为客户服务是华为存在的唯一理由，这要发自所有员工的内心，落实在行动上，而不是一句口号。"

"活不下去就没有未来！我们的价值评价体系要改变过去仅以技术为导向的评价，大家都要以商业成功为导向。"

---

[1] 船桥晴雄：《日本长寿企业的经营秘籍》，彭丹译，清华大学出版社，2011，序言。

1994年，中国台湾政治大学商学院教授李瑞华接触了华为，此后一直关注华为的发展。关于华为的成功，李瑞华有着自己的见解。

2013年，李瑞华撰文指出："台湾的企业可以通过认识华为而有所反思。为什么你需要了解华为，以及华为的创办人任正非？因为任正非在短短26个年头里，创造了全球企业都未曾有的历史。"

李瑞华直言不讳地指出，很多企业只会喊口号，却不落到实处，但是华为把"以客户为中心"落到了实处。李瑞华说道："口号人人会喊，但华为是真的落实，华为的文化是活的，不是死的。判断一家公司成功与否，要看其潜规则与显规则是否一致，不能说一套做一套。华为的潜规则与显规则不仅一致，还相互呼应，这是华为最了不起的地方！"

李瑞华结论是正确的，就在李瑞华关注华为两年后，华为成功拿下香港和记电讯的订单，让业界刮目相看。

1995年6月30日，香港放开电信市场。1996年，涉足电信市场的香港和记电讯，申请通过获得固定电话的运营牌照。

接下来，就是在短短90天内完成一项移机不改号的改造项目。为了旗开得胜，和记电讯更是踌躇满志，先想到了与爱立信、诺基亚等大牌的跨国公司合作。

通过接触和沟通，和记电讯发现能够找到的设备供应商，都无法在90天完成改造项目。爱立信、诺基亚均表示，完成该项目最少需要180天的时间。

当欧洲设备供应商无法按时完成此项目时，近乎绝望的和记电讯高层听闻华为在C&C08交换机方面取得了突破。

经过接洽，双方一拍即合。不管是华为还是和记电讯，都知道此次项目完成的难度。在华为看来，拿下并完成和记电讯的紧急任务，既可以拓展区域外市场，也可以积累出海的经验。

面对困难，华为迎难而上，派出精干的工程师，在预期的90天时间内，顺利地、出色地完成了该项目。

与跨国企业爱立信、诺基亚等提供的一流产品相比，除了销售价格的优势，和记电讯更加青睐华为提供的新设备的便携性，以及对环境的适应性，解决了香港室内空间狭小等问题。华为提供的通信设备，不仅可以放置在办公室，还可以放置在楼梯间里，有效地解决了困扰香港的人多地少的问题。

2014年，在以"在大机会时代，千万不要机会主义"为题的内部讲话中，任正非说道："活不下去就没有未来！我们的价值评价体系要改变过去仅以技术为导向的评价，大家都要以商业成功为导向。"

回顾华为30多年的成长历程，像和记电讯这样的项目举不胜举，但是华为始终把客户至上奉为信条，深入骨髓。对此，2015年，在以"变革的目的就是要多产粮食和增加土地肥力"为题的内部讲话中，任正非说道："商业活动的基本规律是等价交换。如果我们能够为客户提供及时、准确、优质、低成本的服务，我们也必然获取合理的回报，这些回报有些表现为当期商业利益，有些表现为中长期商业利益，但最终都必须体现在公司的收入、利润、现金流等经营结果上。那些持续亏损的商业活动，偏离和曲解了'以客户为中心'。"

"对于我们这样一个公司，如果谁要来跟我谈谈华为公司的战略，我都没有兴趣。为什么？因为华为公司今天的问题不是战略问题，而是怎样才能生存下去的问题。"

在华为，一直在强调客户至上原则，即使是刚录用的新员工，也需要符合这一要求。在某次新员工座谈会上，有新员工问道："任总，您对我们新员工最想说的是什么？"

任正非笑着回答道："自我批判、脱胎换骨、重新做人，做个踏踏实实的人。"在任正非看来，员工踏踏实实地做好本职工作才是最重要的。至于制定战略的事情，那是高层领导者的事情。华为的员工，尤其是新员工，要先学习华为"以客户为中心，以奋斗者为本，长期坚持艰苦奋斗"的企业文化，一步一个脚印，而不是漫谈华为的战略。犹如电影《让子弹飞》里的汤师爷告诫土匪张麻子时说的那样："酒得一口一口喝，路得一步一步走。"

尽管如此，也有特立独行的新员工由于不了解华为"以客户为中心，以奋斗者为本，长期坚持艰苦奋斗"的企业文化，依然提出自己的战略建议。据悉，华为曾经发生过这样一件事情，有一名刚入职的毕业于北京某重点大学的新员工，初入华为就发现了许多的"问题"。

该员工自信地认为，华为存在诸多问题，尤其在很多地方都需要整改。其后，该员工洋洋洒洒地给任正非写了一封一万多字的战略建议书。在建议书中，全部都是关于华为经营战略方面存在的问题，以及该员工的战略建议。

任正非把该战略建议书看完后，回复说："此人如果有精神病，建议送医院治疗；如果没病，建议辞退。"

任正非这样的回复，其理由是很多员工过于务虚。在任正非看来，作为新员工，尤其是刚入职的新员工，对公司并没有任何了解，竟然就提出许多大建议，至少是不客观的。

任正非却认为，在华为的人才体系中，始终强调"以客户为中心，以奋斗者为本，长期坚持艰苦奋斗"的务实的工作作风，即使是务虚，也是开放的务虚。

1998年6月22日，在《华为的红旗到底能打多久》一文中，任正非写道："公司实行'小改进，大奖励；大建议，只鼓励'的制度。能提大建议的人已不是一般的员工了，也不用奖励，一般员工提大建议，我们不提倡，因为每个员工要做好本职工作。大的经营决策要有阶段的稳定性，不能每个阶段大家都不停地提意见。我们鼓励员工做小改进，将每个缺憾都弥补起来，公司也就有了进步。所以我们提出'小改进，大奖励'的制度，就是提倡大家做实。不断做实会不会使公司产生沉淀呢？我们有务虚和务实两套领导班子，只有少数高层领导者才是务虚班子的成员，基层领导者都是要务实的，不能务虚。务虚的人干四件事：一是目标；二是措施；三是评议和挑选干部；四是监督控制。务实的人要贯彻执行目标，调动利用资源，考核评定干部，将人力资源变成物质财富。务虚是开放的务虚，大家都可畅所欲言，然后进行归纳，所以务虚贯彻的是委员会民主决策制度，务实是贯彻部门首长办公会议的权威管理制度。"①

任正非认为，作为一名华为新员工，其首要任务是了解华为"以客户为中心，以奋斗者为本，长期坚持艰苦奋斗"的企业文化，做好本职工作，踏踏实实地把工作任务执行到位，而不应该把精力放在构思华为的"宏伟蓝图"上，试图做出一些惊天动地的变革来。

1998年，在《不做昙花一现的英雄》一文中，任正非就这样谈过："我经常看到一些员工给公司写的大规划，我把它们扔到垃圾桶里了，而那些在自己的管理岗位上进步了、改进了自己工作的员工，向我提的建议和批评我倒是很愿意听的。把生命注入管理中去，不是要你去研究如何赶上IBM，而是研究你那个管理环节如何做到全世界最优，要赶上IBM不是你的事情，你也不具备这样的资历和资格，所以要面对现实，踏踏实实地进行管理的改进，这样公司才会有希望。"②这篇文章见图3-1。

在华为内部讲话中，任正非始终在强调"以客户为中心，以奋斗者为本，长期坚持艰苦奋

图3-1 《华为人报》
（1998年9月28日）

---

① 任正非：《华为的红旗到底能打多久》，《IT经理世界》1998年第19期。

② 任正非：《不做昙花一现的英雄》，《华为人报》1998年9月28日，第1版。

斗"的企业文化，比如，"小改进，大奖励；大建议，只鼓励"，这样的指导原则，旨在避免华为员工只务虚、不务实。因此，华为不提倡普通员工对华为的重大事项发表战略建议，而是倡导员工改进一些工作方法，这比不切实际地畅谈战略有用得多。

20世纪90年代末期，当时新入职的杨玉岗就是华为"小改进，大奖励；大建议，只鼓励"的践行者。

杨玉岗就职于电磁元件岗位，由于自己的细心，入职不久就发现了华为100A电源产品主变压器的一些问题——体积大、重量重、成本高。在当时，由于电源磁芯故障率高，导致华为100A电源产品在运行时不稳定。很多客户由此放弃订购华为的产品，华为损失很大。

杨玉岗发现此问题后，积极请缨，向研发部领导提出了自己的解决办法。在当时，研发部领导也正为此事犯愁。

就这样，杨玉岗与部门同事进行技术改造、优化设计该电磁元件。经过历时两个多月的改进和多次试验，确定了最终的优化方案。

改良后的变压器，其体积变小、重量变轻，成本也降低了不少，每年节约数百万元的成本。经过改良后，该电磁元件的故障率大幅降低，甚至接近于零。此后两年，华为所有电源系统都采用了这种电磁元件，再没有出现过任何故障。

当研发部领导将杨玉岗改进的事情向任正非汇报后，任正非表扬了这项技术改革，并且对主要参与者进行了物质和精神两个方面的奖励。

1999年1月，在"在实践中培养和选拔干部——任总在第二期品管圈活动汇报暨颁奖大会上的讲话"的内部讲话中，任正非说道："对于我们这样一个公司，如果谁要来跟我谈谈华为公司的战略，我都没有兴趣。为什么？因为华为公司今天的问题不是战略问题，而是怎样才能生存下去的问题。在座的各位都很年轻，都是'向日葵'。但是，年轻的最大问题就是没有经验。公司发展很快，你既没有理论基础，又没有实践经验，华为公司怎么能搞得好？如果我们再鼓励'大家来提大建议呀，提战略决策呀'，那我看，华为公司肯定就是墙头上的芦苇，风一吹就倒，没有希望。那么，怎么办呢？就是要坚持'小改进，大奖励'。为什么要坚持？因为它会提高你的本领、提高你的能力、提高你的管理技巧，你一辈子都会受益。"①

　　这个讲话的报道见图3-2。

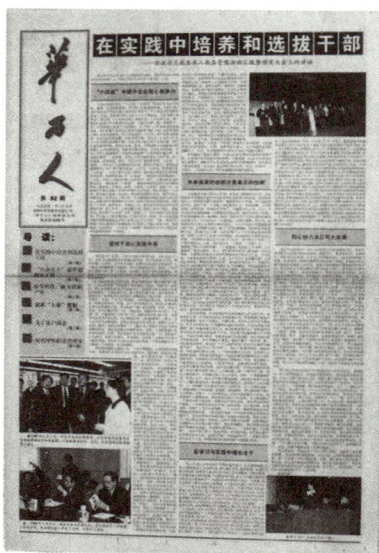

图3-2　《华为人》（1999年1月25日）

　　在任正非看来，华为就如同一台精密的仪器，只有把各部门分工得更细，协作得更紧密，才能够维持这台仪器的正常运转。这就需要各部门、各岗位的员工在"以客户为中心，以奋斗者为本，长期坚持艰苦奋斗"的指导下各司其职，踏踏实实地做好自己的岗位任务，而不是好高骛远地进行战略规划。

---

①　任正非：《在实践中培养和选拔干部——任总在第二期品管圈活动汇报暨颁奖大会上的讲话》，《华为人》1999年1月25日，第1版。

第二部分

坚持以客户为中心的路线不动摇

我认为成功的标准只有一个，就是实现商业目的。其他都不是目的。这一点一定要搞清楚。我们一定要有一个导向，就是商业成功才是成功。

——华为创始人任正非

第 4 章

我是卖设备的，
就要找到买设备的人

在改革开放40多年的历史中，资本运作让一些中国企业家近乎疯痴。与之相反，任正非对资本运作却理性得多。

多年前，时任摩根士丹利（Morgan Stanley）亚洲区主席的斯蒂芬·罗奇（Stephen Roach）看到华为不俗的业绩，于是对华为垂涎三尺。经过多方疏通，斯蒂芬·罗奇最终率领一支庞大的投资团队考察华为总部。

一向被中国企业家视为"财神爷"的斯蒂芬·罗奇一行却有点失落，因为创始人任正非并没有见他们，仅仅委派负责研发的常务副总裁费敏接待。

在接受媒体采访时，斯蒂芬·罗奇有些失望地说道："他（任正非）拒绝的可是一个拥有3万亿美元资产的团队。"

其后，任正非回应斯蒂芬·罗奇的不满说道："他（罗奇）又不是客户，我为什么要见他？如果是客户的话，再小的客户我都会见。他带来机构投资者跟我有什么关系呀？我是卖设备的，就要找到买设备的人……"

"有人问我：'你们的商道是什么？'我说：'我们没有商道，就是为客户服务。'"

华为能够取得如今的战功，不全是因为技术，也不是因为资本运作，而是以客户为中心。据中国人民大学商学院教授、华为顾问杨杜回忆说："这就是华为以客户为中心的价值观——在客户和投资者两者中，任正非把时间给了客户。当年起草《华为公司基本法》时，第一稿曾经提出一条：为客户服务是华为存在的理由，任正非拿起笔就改为：为客户服务是华为存在的唯一理由。"[①]

2015年，在以"坚持为世界创造价值，为价值而创新"的内部讲话中，任正非说道："有人问我：'你们的商道是什么？'我说：'我们没有商道，就是为客户服务。'这些年，我们的教训也很深刻，不是所有运营商都能活下来，有些运营商拖着我们的钱不还，与其这样，还不如把钱拿出来给大家涨点工资。"

2001年7月，作为华为内部刊物的《华为人》，即将刊发由中国人民大学商学院教授、华为顾问黄卫伟撰写的一篇《为客户服务是华为存在的理由》的文章。当相关负责人把稿件送给任正非做最后的终审时，任正非毅然地将该文的标题增加了"唯一"两个字，改成"为客户服务是华为存在的唯一理由"。

但是作为学者的黄卫伟教授不赞成任正非的修改，而是坚持自己的观点。就这样，《为客户服务是华为公司存在的理由——在与新员工交流会上的讲话》的文章发表在《华为人》第119期（2001年7月30日）上，见图4-1。

---

① 杨杜：《文化的逻辑》，经济管理出版社，2016，第35-37页。

图4-1　《华为人》（2001年7月30日）

黄卫伟教授在文中直言，但凡新员工就职于华为，就需要服从华为存在的理由。黄卫伟教授撰文写道："什么是华为公司存在的理由呢？很简单，就是为客户服务。"

此外，黄卫伟教授在该文中还分析了西方企业为谁存在的三种代表性的价值观。黄卫伟教授写道：

一种观点认为企业存在的理由是股东利益最大化，这是美国企业的价值观，西方经济学的产权理论和代理理论就是建立在这种假设上的，但我们认为这种价值观不适合华为公司。美国的股票市场是世界上最发达的。因此，提出企业是为实现股东价值最大化的价值观有其客观性。但大量实践表明，企业如果天天盯着股价的波动，按证券分析家们的观点来决定企业做什么、不做什么，非陷入困境不可。股票市场带有很大的投机性，而企业追求的是长期绩效和可持续发展。股东看到企业短期业绩不好，就把股票抛出去跑掉了，但企业跑不掉，企业还要生存下去。

另一种代表性的观点认为企业存在的理由是实现员工价值最大化，这是日本企业的观点，他们称之为"从业员主权"。我们认为这种价值观也不适合华为公司。日本企业以员工为中心，实行"终身雇佣制"，在工资和人事制度上实行"年功序列制"。虽然日本企业在20世纪80年代辉煌过一段时间，但进入20

世纪90年代后陷入了长期的萧条。事实证明，企业以员工为中心，是不能长久生存下去的。终身雇佣制和年功序列制造成企业内部缺乏正常的竞争和淘汰机制，优秀人才不能脱颖而出，落后了的员工仍然占据着重要的管理岗位，新鲜血液不能及时补充，企业不能新陈代谢，这是日本企业竞争力下降的内在原因。日本企业界的有识之士已经在尝试改变这种状况，华为公司要吸取日本企业的教训。企业不能以员工为中心，还因为企业生存的价值是从外部获得的，而不是内部自然生长的。而要从外部获得价值，就要为外部做出贡献，也就是为客户创造价值和提供满意的服务，这样企业才能存在，才有希望长久生存下去。

还有一种代表性的观点认为企业存在的理由是实现利益相关者（stakeholder）的整体利益适度与均衡。所谓利益相关者，包括股东、员工、客户、供应商、合作者，还有政府和社区，等等。这种观点的合理性在于从整个价值链的角度看待企业，主张利益相关者相互利益之间的适度、均衡与合理化。但问题是，在众多的利益相关者中，谁处在最优先的位置？我们认为是客户，客户是价值的源泉，离开了客户，企业没有了利润，企业就成了无源之水、无本之木。这就是为什么我们主张华为公司存在的理由是为客户服务的原因。[①]

在当时为什么要去掉"唯一"两个字呢？多年后，黄卫伟教授撰文解释了其详细的原因。黄卫伟写道："为什么把'唯一'两个字拿掉了，是因为未敢突破西方的企业理论。"

黄卫伟教授介绍称："西方的企业理论对于企业是为谁的，有两种代表性的观点。一种观点认为企业是为股东（shareholder）的，也即是为投资者的，企业归投资者所有，投资者拥有剩余索取权，企业不能给投资者带来高回报，投资者就会

---

① 黄卫伟：《为客户服务是华为公司存在的理由——在与新员工交流会上的讲话》，《华为人》2001年7月30日，第1版。

撤资，将资金转投回报高的企业。这在英美等资本市场发达的国家，以及董事会聘用经理人的委托-代理机制下表现得非常明显。另一种观点认为企业是为利益相关者的，利益相关者中包括顾客、股东、员工、社区等利益群体。第一种观点是主流观点，西方的企业理论和微观经济学理论就是建立在这个基本假设之上的。"

在黄卫伟教授看来，作为学者，自己提出的每一个理论观点都很谨慎，"最忌讳的就是前后矛盾，自己否定自己"。

黄卫伟教授坦言："我理解任总的这一思想，首先是站在客户角度而不是投资者的角度来看华为存在的价值的。客户选择华为的产品和服务只有一个理由，就是华为的产品和服务更好，更能满足他们的需求，客户才不管华为的投资者是谁、员工是谁呢。其次，如果客户不购买华为的产品和服务，哪会有股东和员工的利益。皮之不存，毛将焉附。再次，华为是一家员工持股的公司，员工和企业家都是股东，我们总不能将自己的利益置于客户之上。最后，任总的这一思想还涉及做生意的大道，什么是生意的大道呢？就是通过利他来利己，越是能够利他，就越是能够利己。利己谁都明白，但通过利他达到利己的目的，就不是谁都能真正认识到和自觉做到的了。"①

与黄卫伟教授不同的是，任正非从制定《华为公司基本法》开始，就一直强调"为客户服务是华为存在的'唯一'理由"，任正非坚持这个观点的原因是基于自己在华为的实践。黄卫伟解释说："剩余索取权的逻辑很清楚，投资者在企业价值分配中是排在最后的，为了获得剩余价值，就必须控制好排在前面的收入和支付给各个利益主体的成本，所以投资者一定要追求利润最大化，这是促进企业提高效率的原因和动力，但这也是客户抛弃企业的原因，事物都有两面性。而按照任总上述观点的逻辑来看，客户持续购买华为的产品和服务，才是推动华为长期有效增长的压力、动力和原因。华为没有上市，实行员工持股，出钱购买公司股票，想转让都

---

① 黄卫伟：《"走在西方公司走过的路上"的华为为什么没有倒下？》，搜狐网，2017年8月21日，https://www.sohu.com/a/166242068_178777，访问日期：2021年6月10日。

不行，只有让客户首选华为，让公司效率更高，才能使大家持续获益。为此，公司只追求合理的利润，将更多的利益与客户、员工分享，加大对未来的投入，持续推进管理变革。华为是从自身的长期利益出发理性地控制人性对利润的贪欲，而不是利用人性对利润的贪欲去经营企业。"①

事实证明，正是客户的支持和认可，才是华为走向持续成功的一个关键点。这就是任正非为什么没有会见和接待斯蒂芬·罗奇的真正原因。

"我们要为客户利益最大化奋斗，质量好、服务好、价格最低，那么客户利益就最大化了，客户利益大了。他将来有更多的资金就会再买我们的设备，我们也就活下来了。"

在企业经营中，不管经营者如何选择，都必须重视客户、员工、股东，以及社会四个利益群体。也就是说，一旦客户、员工、股东，以及社会四个利益群体出现冲突时，经营者必须按照企业价值观对这些群体进行排序。

企业到底选择何种排序，杨杜教授有着自己的看法。杨杜教授说道："我们不认为何种价值观的排序一定正确，但企业进行文化建设时应该预先界定发生冲突时的排序，谁第一、谁第二、谁第三、谁第四。一个成功的企业家应该是一个懂得平衡并善于平衡的人，但在价值观排序上不能模棱两可。客户为中心是价值观念，更是行动！只有在有利益冲突的时候，才能看出你的核心价值观取向。"②

在"美联航事件"中，美联航就把"员工利益"摆在首位。美国公司的管理层

---

① 黄卫伟："走在西方公司走过的路上"的华为为什么没有倒下？[EB/OL]，心声社区，2017-08-21. https://www.sohu.com/a/166242068_178777.

② 杨杜：《文化的逻辑》，经济管理出版社，2016，第35-37页。

通常把股东利益放到首位，让股东利益最大化。华为却与之相反。

在"技术支援部2002年一季度例会上的讲话"上，任正非说道："唯有一条道路能让公司生存下来，就是客户的价值最大化。有的公司是为股东服务的，股东利益最大化，这其实是错的，看看美国，很多公司的破产说明这一口号未必就是对的；还有人提出员工利益最大化，但现在不少日本公司已经有好多年没有涨工资了。因此我们要为客户利益最大化奋斗，质量好、服务好、价格最低，那么客户利益就最大化了。客户利益大了，他将来有更多的资金就会再买我们的设备，我们也就活下来了。我们的组织结构、流程制度、服务方式、工作技巧一定要围绕这个主要的目的，好好地进行转变来适应时代的发展。"

在华为，把"以客户为中心"放在首位的战略绝对不是一句空话。华为就是要培育客户至上的企业文化和核心价值观，而不是有些企业家崇尚的资本运作和技术主导的企业文化，因此，任正非拒绝了罗奇。

任正非客观、理性地洞察了资本市场的属性。即使是资本市场最为发达的美国，其上市公司的比例仅占公司总数的0.08%。对此，有的研究发现，企业总数的减少，是其中的关键原因，因为这从源头上抑制了上市企业的数量。然而，这样的理论似乎站不住脚。根据公开的数据显示，美国企业数量一直都在保持增长。1977年，美国企业总数达到3417883个，上市企业占0.14%；1996年，美国企业总数达到4693080个，上市企业占0.18%，达到高峰期；2012年，美国企业总数依旧保持增长，达到5030962个，然而上市企业的比例有所下降，占0.08%。[①]

著名经济学博客"边缘革命"（Marginal Revolution）的研究数据证实，从1997年到2013年间，美国上市公司数量不仅没有增加，而且减少了近一半（从1997年的6797家下降到2013年的3485家）。

得出类似结论的还有美国国家经济研究局（National Bureau of Economic

---

① 苏宁金融研究院：《美国的上市公司数为什么那么少》，搜狐网，2016年2月23日，http://www.sohu.com/a/60146041_371463，访问日期：2021年6月10日。

Research，NBER）。在《为什么美国上市公司如此之少？》（*Why Does the U.S. Have So Few Listed Firms?* ）报告中，美国国家经济研究局介绍， 1996年，美国上市公司的数量达到峰值的8025家，其后就开始进入下滑期；截至2012年，美国上市公司的数量仅有4102家，数量下降了将近一半，即便是与1975年的数据相比，上市公司数也下降了14%。

经过对相关资料的梳理发现，越来越多的美国小企业之所以不愿意选择上市，原因有如下三个：

1.上市成本高

《萨班斯法案》加剧了小企业的上市负担。《萨班斯法案》，又被称为《萨班斯−奥克斯利法案》，其全称为《2002年公众公司会计改革和投资者保护法案》。该法案是由时任参议院银行委员会主席保罗·萨班斯（Paul Sarbanes）和时任众议院金融服务委员会主席迈克·奥克斯利（Mike Oxley）共同提出的，因此又被称作《2002年萨班斯−奥克斯利法案》。

制定《萨班斯法案》的起因是安然公司的财务造假丑闻事件。该事件发生后，《萨班斯法案》对美国《1933年证券法》《1934年证券交易法》做了大幅修订，尤其在公司治理、会计职业监管、证券市场监管等方面添加了诸多新规定，强化了上市公司内部控制及报告制度。

根据《萨班斯法案》，上市公司必须在年报中提供内部控制报告和内部控制评价报告；上市公司的管理层和注册会计师都需要对企业的内部控制系统做出评价，注册会计师还必须对公司管理层评估过程以及内控系统结论进行相应的检查并出具正式意见。[1]

---

[1] 苏宁金融研究院：《美国的上市公司数为什么那么少》，搜狐网，2016年2月23日，http://www.sohu.com/a/60146041_371463，访问日期：2021年6月10日。

该法案的出台，极大地增加了公司的运营成本，对小企业来说，影响较为深远，甚至是致命的。对此，美国莱斯大学古斯塔沃·格鲁隆（Gustavo Grullon）、加拿大约克大学教授耶莱纳·拉金（Yelena Larkin）和瑞士日内瓦大学经济学教授罗尼·迈凯利（Roni Michaely）发表研究论文印证了这个观点。他们一致认为，美国企业总数量下降幅度远低于上市公司，部分的原因可能是上市公司受到法律约束，其中就包括《萨班斯法案》。

当然，也有观点认为，美国企业总数小幅下滑，以及市场集中度上升，说明其市场竞争度可能已经下降。但是，美国总统经济顾问委员会（Council of Economic Advisers）的研究报告却否定了这样的观点。该报告认为，市场集中程度更高了，同时行业利润也增加了。2018年8月3日，苹果的市值突破了1万亿美元，CEO蒂姆·库克（Tim Cook）不仅实现苹果创始人史蒂夫·乔布斯（Steve Jobs）的梦想，同时塑造了一个里程碑。

短短的20多年中，苹果公司曾经濒临破产，乔布斯力挽狂澜，加上库克的接棒，让苹果公司发展成为美国最有价值的公司之一。

苹果公司的成功，不仅是创新性产品的成功，同时也极大地改变了人们的日常生活。此外，苹果公司的市值也显示了美国当前的一个事实——众多的超级大型企业登上历史舞台，统治和领导美国的经济。一小部分美国企业获得的利润，在所有企业的利润总额中所占的份额要比20世纪70年代时多很多。

这样的变化反映在股市上，例如，苹果、亚马逊、脸书和谷歌等一些家喻户晓的跨国企业，撑起美国股市近十年的牛市，同时也成功地拉动了美国经济的高速增长。当然，巨型企业利润集中化的影响范围不仅仅是股市，还可能在其他方面，而这些影响并不完全都是有益的。

对此，一些经济学家开始研究所谓的"超级明星企业"的崛起是否会导致美国工资增长停滞、中产阶级数量萎缩，以及收入差距进一步拉大。这些巨型企业在社会和政治方面的巨大影响力迫使一些立法者要求对它们进行更多制约。

罗尼·迈凯利就是其中之一。迈凯利坦言："这是我们经历的最重要的发展趋势之一……这真的关乎经济发展、经济不平衡和消费者福利。"

回顾过去的几十年历史，企业利润在美国企业中的分配格局已经发生明显变化。1975年，美国最大的109家企业的利润占所有上市企业利润总额的一半。

时至今日，据亚利桑那大学金融教授凯思琳·卡勒（Kathleen M. Kahle）和俄亥俄州立大学经济学家瑞内·斯图尔兹（René M. Stulz）的研究结果显示，美国最大的30家企业的利润就占所有上市企业利润总额的一半。

两名经济学家——普林斯顿大学的简·德·洛克（Jan De Loecker）和伦敦大学学院的简·埃克豪特（Jan Eeckhout），察觉到这样的变化。2017年，他们发表的研究论文称，美国企业的产品生产成本和销售价格间的差距是1950年来的最高水平。

众所周知，产品生产成本和销售价格间的差距，是衡量企业市场权力的一个重要指标。古斯塔沃·格鲁隆、耶莱纳·拉金和罗尼·迈凯利撰写的研究论文也提到，根据赫芬达尔·赫希曼指数，美国有超过75%的行业变得越来越集中。赫芬达尔·赫希曼指数是反垄断管制机构以及其他组织用来分析企业合并案的标准公式。

对此，经济学家们一致认为，企业集中化（包括公司规模和利润）的趋势是真正存在的，而且可能会持续下去。麻省理工学院经济学教授大卫·奥特尔（David Autor）说道："论述这个趋势的论文数量不计其数。"

在美国的科技行业中，大型企业的利润占比高于从前，甚至利润集中化趋势已经越来越明显，尤其是一些高效的大型科技企业统治了美国经济中发展速度最快和最有活力的领域。例如，苹果和谷歌两个企业至少为99%的智能手机提供操作系统服务；又如，脸书和谷歌两个企业，获得了59%的美国互联网广告收入；再如，在电子商务领域，亚马逊已经拥有绝对控制优势，而且在音乐和视频流媒体等领域正在快速发展壮大。

又如，在美国金融行业中，五家最大的银行控制了大概全部金融行业一半的资产。在20世纪90年代，五家最大的银行仅仅控制20%的资产。在过去的10年中，六家美国最大的航空企业合并成了三个。四家美国企业控制着美国98%的移动通信市场。如果移动运营商T-Mobile和Sprint获准合并，那么这个数字将会降到三家。

当企业合并时，其利润将增加。耶莱纳·拉金说道："无论谁生存下来，都将会产生更大的利润，都能够给投资者带来更大的回报。"

耶莱纳·拉金的研究对股市来说，的确是一个利好。2018年，脸书、苹果、亚马逊、奈飞和谷歌母公司字母表（Alphabet）五家企业的利润，约占标准普尔500股指中所有企业利润的一半。当时，苹果公司的市值是1万亿美元；其次是亚马逊，其市值超过了8800亿美元。

对资本市场来说，只要不断产生利润，这就是好事。如果科技公司的股价节节攀升，负责研究股市的投资公司Bespoke Investment Group的联合创始人贾斯汀·沃尔特斯（Justin Walters）说道："那么股市上其他股票就很难熬了。"

2.投资银行积极性降低

价差变小，让投资银行放弃此块业务。由于美国自身市场环境的变化，直接传递到股票上，导致股票的买入、卖出价差变小。投资银行在展开此业务时，首先考虑自身的利润，由于利润变薄，使得投资银行不再承接为小公司提供上市服务或提供分析报告的业务。

3.并购

小企业被大型集团企业或者其他企业并购，其后退市。当然，仅仅从企业创始人抗拒上市，甚至是不愿意上市分析，这样的逻辑是可以解释美国新增上市公司数量减少的原因，却不能解释美国上市企业总数下降的关键因素。

资料显示，1997年后，美国退市企业数量开始超过新增上市企业数量，是导致总数下降的一个原因。研究发现，退市公司主要分为三种：①自愿退市，如上市公司不愿意披露信息而选择退市；②被动退市，上市公司因不满足上市要求而退市；③被并购。由此可以看到，被并购也成为上市企业退市的一个重要原因。

当然，小公司之所以愿意被并购，可能是经营环境恶化导致自身很难通过稳定的发展盈利。尤其是在当今科技进步如此迅速的环境下，小公司的最佳盈利模式是通过被别的公司并购的方式扩大规模，而不是成为一个依靠自身力量发展的独立企业。[1]

基于此，由于上市影响中小企业，尤其是产生了诸多不利影响。所以，越来越多的风险投资者通常以被并购而不是传统的上市作为风险投资的退出方式。

在华为，以客户为中心的案例举不胜举。作为华为公司高级管理顾问，中国人民大学吴春波教授曾讲过另一个真实的案例："2002年，任正非的劳动态度考核是C，说他出了两个问题：第一是责任心出了问题；第二是奉献精神出了问题。华为是怎么判断任正非的责任心不强的呢？华为用的是关键事件法。有一天，任正非答应见一个客户，结果他那天事多，忘了，这件事说明他的责任心有问题，这不是主管打分，是用事来判断。说任正非奉献精神有问题，是因为国外来了客户，任正非承诺要见客户，结果临时家里有事，没有陪客户吃饭，公事、私事没排好序，没有奉献精神，给他打了C，结果是他当年的安全退休金打折扣，第二年不能加工资，不能继续配股。"[2]

① 苏宁金融研究院：《美国的上市公司数为什么那么少》，搜狐网，2016年2月23日，http://www.sohu.com/a/60146041_371463，访问日期：2021年6月10日。
② 杨杜：《文化的逻辑》，经济管理出版社，2016，第35~37页。

> **"华为的董事会明确不以股东利益最大化为目标，也不以其利益相关者利益最大化为原则，而坚持以客户利益为核心的价值观，驱动员工努力奋斗。"**

任正非的战略思想，始终都在围绕客户需求。在华为内部讲话中，任正非说道："企业的目的十分明确，是使自己具有竞争力，能赢得客户的信任，在市场上能存活下来。华为的董事会明确不以股东利益最大化为目标，也不以其利益相关者（员工、政府、供应商……）利益最大化为原则，而坚持以客户利益为核心的价值观，驱动员工努力奋斗。以此构筑华为生存的基础。"

任正非认为，"天底下给华为钱的只有客户，客户是华为存在的唯一理由"。从这个角度讲，会不会给客户创造价值是指导华为做出一切决策的依据。因为客户有选择权，只会认同那些真诚地提供优质的、价格合理的产品和服务的企业。对此，任正非认为，华为只有"以客户为中心"，客户才会选择华为的产品。

与之相反的是，一些企业远离"以客户为中心"，"资本运作"大行其道，严重扭曲了传统的商业思想。

当然，一部分企业经营者之所以热衷资本运作，是因为他们以美国企业的经营思想作为标杆，尤其是把"股东利益最大化"作为企业决策最高指导纲领。

对此，中国人民大学教授、华为高级顾问田涛和吴春波撰文评价说："企业家天天围着股票市场的指挥棒转，按照证券分析家们的观点来决定企业做什么、不做什么，结果使得企业其兴也勃焉——迅速扩张，市值膨胀，在不长的时间内造就一个行业巨无霸；其败也忽焉——几天之间，甚至几小时之间市值大幅缩水，皇冠落地，辉煌不再。"①

在美国市场如此，在中国市场也有很多企业经营者因为热衷资本运作，结果成为昙花一现的明星企业。田涛和吴春波告诫："一批批的实业家成了资本新贵，企业却如气球一般膨胀并爆裂。资本市场培育了大批为'资本'而疯狂的'机会型'商人，而公司呢，要不短命地兴盛，要不永远在股东的短期追求中疲于喘息。"

田涛和吴春波呼吁企业经营者注意，"常识在被扭曲，在变形"。两位学者得出这样的结论，一个重要的依据是，"以客户为中心"的传统商业思维曾作为一个普遍适用的商业常识，却成为少数企业的制胜法宝。

2014年5月，任正非在伦敦召开的一次新闻发布会上对外宣称，华为没有上市的打算。针对当时的美国"禁令"，一些研究者就建议华为通过上市的手段来减缓来自美国的打压。

任正非回应称，华为不上市，源于资本市场过于贪婪。华为坚持不上市，而且也实现了自己的全球化战略，从某种角度来说，从侧面证明了华为"以客户为中心"战略的正确。

在此之前，查阅任正非对华为不上市屈指可数的几次回应，任正非的态度可谓相当坚决。任正非认为，西方市场资本"贪婪"的本质会伤害华为的长期发展前景。任正非说："我们都听过传统经济学中的大量理论，这些理论都宣称股东具备长远视野，他们不会追求短期利益，并且会在未来做出十分合理的、有据可循的投资。但事实上，股东是贪婪的，他们希望尽早榨干公司的每一滴利润。"

任正非此举赢得中国人民大学商学院黄卫伟教授等专家的认可，一旦企业的经营目标是追求某个指标或者某个利益群体利益的最大化，那么企业将难以生存。

黄卫伟教授高度评价说："华为追求长期有效增长，不唯股东利益最大化、不唯员工利益最大化，为客户服务是华为公司存在的唯一理由。从财务角度来看，追

---

① 田涛、吴春波：《下一个倒下的会不会是华为》，中信出版社，2012，第165-168页。

求长期有效增长的就是追求企业的价值。这里的价值概念对华为这样的非上市公司来说不是资本市场的估值，而是回归价值的本质，即现实的获利能力和未来潜在获利机会的货币化。在华为看来，长期有效增长的内涵，首先是经营结果健康，即追求有利润的收入，有现金流的利润，不重资产化。其次是不断增强公司的核心竞争力。最后是构建健康友好的商业生态环境。经营结果必须稳健、均衡，才能支撑起公司的长期生存发展。华为的商业模式是：长期保持饥饿状态，不谋求赚大钱。"①

黄卫伟教授补充说："华为对利润看得不重，而是以长远的眼光来经营公司，在合理的利润率水平上实现快速增长。增长是硬道理。在信息通信技术产业中，要么成为领先者，要么被淘汰，没有第三条路可走。机构与机构之间的所有合作实际上都是利益分配问题。华为强调要使创造企业价值的每个生产要素都按其贡献分享到合理的利益和回报。如果某个生产要素分享不到合理的利益，该要素就会塌陷，就会成为制约价值创造的短板。资本与劳动的利益分享是华为持续成长的动力机制。如今，这种分享机制正逐步扩展到对客户、对供应商的利益分享上，从而使整个生态圈的运作进入一种良性循环。怎么使企业里上至企业家下至每个员工都能感受到市场竞争的压力，都能急客户所急、想客户所想，这可能是对企业管理的最大挑战。要通过无依赖的市场压力传递，使企业的内部机制永远处于激活状态。这是欲生先置于死地，这就是华为的管理哲学。"②

---

① 黄卫伟：《价值为纲：华为公司财经管理纲要》，中信出版社，2017，序言。
② 同上。

第 5 章

你们的眼睛
要盯着客户

在很多企业中，员工通常根据老板的喜好做事，但凡老板偏好的，即使自己不喜欢，也唯老板马首是瞻，对老板唯命是从。

面对这样的通病，任正非非常反感。在华为，任正非认为，员工必须以客户为中心，而不是以老板为中心。2002年，在题为"加强道德素养教育，提高人均效益，满怀信心迎接未来"的内部讲话中，任正非谈道："……不仅对客户的关注下降了，维护客户关系就更谈不上；我不怕大家批评我，有人批评我是好事。员工以后最重要的不是要看我的脸色，不要看我喜欢谁、骂谁，你们的眼睛要盯着客户。客户认同你好，你回来生气了，就可以到我办公室来踢我两脚。你要是每天看着我不看着客户，哪怕你捧得我很舒服，我还是要把你踢出去，因为你是从公司吸取利益，而不是奉献。因此大家要正确理解上下级关系，各级干部要多听不同意见。公司最怕的就是听不到反对的意见，成为一言堂。如果听不到反对意见，都是乐观得不得了，那么一旦摔下去就是死亡。"

> "从上到下，关注领导已超过关注客户；向上级汇报的幻灯片就如此多姿多彩，领导一出差，安排如此精细、如此费心，他们还有多少心用在客户身上？"

2002年，任正非再次告诫华为人，华为人必须做到眼睛对着客户，而不是自己的主管领导。为了反思和修正华为人的做法，任正非讲道："我们上下弥漫着一种风气，崇尚领导比崇尚客户更厉害，管理团队的权力太大了，从上到下，关注领导已超过关注客户；向上级汇报的幻灯片（PPT）就如此多姿多彩，领导一出差，安排如此精细、如此费心，他们还有多少心用在客户身上？"

任正非干脆更直截了当地下指令："你们要脑袋对着客户，屁股对着领导。不要为了迎接领导，像疯子一样，从上到下地忙着做幻灯片……不要以为领导喜欢你，你就升官了，这样下去我们的战斗力是会下降的。"

任正非洞察到，热衷于关注领导的氛围会影响到对客户的服务质量。为了避免华为陷入这样的深渊中，华为"已经建立了层级管理机构，分级地任命干部。但永远不能在我们公司，树立所谓的绝对权威、绝对真理。一定要让有益的思想幼苗有成长的空间，一定要避免由于某人的局限，而错失机会和修正我们错误的可能"。

正是因为如此，独自一人经常出差的任正非在互联网爆红。2016年4月16日（星期六）晚上9时40分，上海虹桥机场，任正非独自一人，拖着拉杆箱，排队等出租车[1]。

---

[1]　中国企业家杂志：《72岁任正非深夜机场排队等出租，华为不败的秘密就是"傻"？》，搜狐网，2016年4月18日，https://www.sohu.com/a/69925313_355015，访问日期：2021年6月10日。

搜索相关资料发现，2012年，任正非在深圳宝安机场摆渡大巴上的照片也被上传到互联网上[1]。

任正非的这些出差照片之所以能够赢得网民们的一致好评，是因为作为世界500强企业华为的创始人，任正非与中国某些企业家出差乘坐私人飞机，或者前呼后拥有着很大的不同，任正非的亲民、朴素、和蔼赢得网民的认可。

据华为员工介绍，任正非通常都是自己开车上班，自己在食堂排队打饭，华为没有人觉得这有什么异常。

对于任正非的照片疯传网络，华为一位副董事长坦言："华为这样的做法，并不代表领导层的道德觉悟有多高，这不是我们的出发点。重要的是，它体现着华为的价值观：客户重要，还是领导重要？这才是大是大非，关系到公司的胜败存亡。"

除了华为，新东方的晚会也揭开了中国企业在面对老板，还是面对客户的困境。2019年1月，新东方的年会节目《释放自我》的视频在互联网疯传。

干得累死累活，有成果那又如何，到头来干不过写PPT的。

要问他成绩如何，他从来都不直说，掏出PPT一顿胡扯。

小程序做了几个，就连APP（移动智能终端应用软件）也没放过，做完就完了，也不关心结果，您混完资历走了。

只剩下"脏乱差"了，转场同业机构职位升了。

什么节操品格，什么职业道德，只会为人民币疯狂地高歌。烂摊子从没管过，吹牛从没停过，之前的PPT继续白话。

据了解，该视频成为爆品，一个关键是吐槽了当下公开秘密的内部管理问题。

---

[1] 中国企业家杂志：《72岁任正非深夜机场排队等出租，华为不败的秘密就是"傻"？》，搜狐网，2016年4月18日，https://www.sohu.com/a/69925313_355015，访问日期：2021年6月10日。

在该节目中揭示了"PPT现象"、推卸责任，以及组织机构存在的人浮于事的怪现象。

对此，新东方创始人俞敏洪在微博上说道："今天决定，对敢于揭露新东方问题的这个节目的创作演职人员，奖励10万元。"

不知何故，俞敏洪删除了此条微博。2019年1月25日下午，俞敏洪再次在微博上阐述自己的看法，一方面上调奖励到12万元，并表示"最重要的是直面问题，并迅速解决问题"。俞敏洪说道："新东方年会上批评老板的节目，我其实之前并不知情，年会现场第一次看到，觉得员工敢于当面批评老板，暴露新东方问题，值得鼓励。所以我今天决定给参与创作和演出的员工，奖励12万元，鼓励企业中敢于直言的精神和文化。当然，最重要的是要直面问题，并且迅速解决问题。"

> ## "在华为，我们坚决提拔那些眼睛盯着客户，屁股对着老板的员工；坚决淘汰那些眼睛盯着老板，屁股对着客户的干部。"

在贯彻"以客户为中心"时，华为的做法值得其他企业学习。华为明文规定，严禁员工讨好上司，即使去机场接机也不行。

之所以有这样的规定是因为任正非认为，世界上诸多大型企业出现严重的腐败问题，一个较为重要的原因就是企业员工没有把精力和时间用于满足客户真正的需求上，而是用于讨好主管上。

鉴于此，任正非明文禁止上司接受下属招待，就连开车到机场接机都会被任正非痛骂一顿。任正非解释说："客户才是你的衣食父母，你应该把时间力气放在客户身上！"

华为的做法，与美国军队的做法异曲同工。在美国《军人手册》中，非常详细地制定了美军相关的礼节禁忌，尤其是不能当面赞颂领导。美国《军人手册》规定："当面直接赞颂长官或者上级是庸俗的，无论你对上级多么钦佩，当面赞颂都有阿谀奉承嫌疑，容易引起误解。"

美国《军人手册》规定，如果军人对上级非常佩服和尊重，请用以下三种方式表达：第一，对上司施以标准军礼；第二，认真执行上级的命令；第三，尽职尽责，提高本单元战斗力。

不准许当面赞颂上级目的就是防止腐败，防止那些擅长阿谀奉承的军人因为赞颂上级得到提拔和重用。

国防大学教授金一南在讲课时就曾赞扬这一规定。金一南教授举例称，时任美国中央司令部司令、陆军上将诺曼·施瓦茨科普夫（Norman Schwarzkopf）在指挥海湾战争时，因为指挥得当，取得了不俗的战绩。

取得如此战绩，按照惯例，作为最高指挥官的诺曼·施瓦茨科普夫应当会升任美国陆军参谋长。然而，海湾战争结束后，诺曼·施瓦茨科普夫就隐退了。

一次偶然的机会，金一南教授知道了其隐退的真正原因。1997年，金一南教授在美国国防大学（National Defense University）深造。其间，时任参谋长联席会议主席科林·鲍威尔（Colin Luther Powell）到美国国防大学发表演讲。

经过交流，科林·鲍威尔送给金一南教授一本自己的新著——《我的美国之旅》。在书中，科林·鲍威尔披露了诺曼·施瓦茨科普夫没有升任美国陆军参谋长的关键细节。

在考察中，时任美国国防部长的理查德·切尼（Richard Bruce Cheney）不赞成提拔诺曼·施瓦茨科普夫担任美国陆军参谋长。

在该书中，科林·鲍威尔描述了一个小细节："在飞往沙特阿拉伯首都利雅得的航班上，由于飞行时间较长——历时 15 个小时，乘客们不得不排队上洗手间。然而，理查德·切尼看见一个美军少校在帮诺曼·施瓦茨科普夫排队，快轮到该少校时，该少校喊了一声：'将军!'诺曼·施瓦茨科普夫才慢慢地从座位上站起来，插队进入洗手间。不仅如此，理查德·切尼还看到了另一件事：一名美军上校双膝跪在机舱内的地板上，用手把诺曼·施瓦茨科普夫的军装整理平整。"

在理查德·切尼看来，这两件事情足以说明诺曼·施瓦茨科普夫不能担任陆军参谋长。在某些国家，作为功勋卓著的司令员，上洗手间时插队和让下级军官帮忙整理军装这类小事，可以被谅解。但是作为考察者的理查德·切尼不这样认为。在理查德·切尼看来，任何军队都有可能出现腐败，尤其是位高权重的高级军官，不能让这样的势头出现在军队的高层中。

任正非的做法与理查德·切尼有着惊人的相似之处，为了防止腐败，要求员工不能讨好自己的上司，必须把精力用在服务客户上。不仅如此，为了有效地贯彻"以客户为中心"的战略，任正非时常在内部讲话中谈及此战略。例如，在2010年的一次会议上，任正非进一步介绍说："在华为，我们坚决提拔那些眼睛盯着客户，屁股对着老板的员工；坚决淘汰那些眼睛盯着老板，屁股对着客户的干部。前者是公司价值的创造者，后者是谋取个人私利的奴才。各级干部要有境界，下属屁股对着你，自己可能不舒服，但必须善待他们。"

第 6 章

我们永远谦虚地
对待客户

经过 30 年多的拓展，华为已经超越爱立信（Ericson）、思科（Cisco）、诺基亚（Nokia）、阿尔卡特等竞争对手，一举成为 ICT 产业的行业领导者。

罗马并非一日建成的。初创时期的华为无技术、无资源、无资金，华为人一步一步拓展市场。曾任华为全球销售副总裁、中亚地区部总裁的孙维回忆称："从中国到非洲，从欧洲市场的小客户到英国电信，从俄罗斯市场 26 美元的合同到最终突破莫斯科大环，通过一个又一个关键客户和市场的突破，华为才取得今天的成就。"

孙维直言："2019 年华为的营业收入达到 8588 亿元，抛开消费者业务之外，华为通信设备方面的营业收入主要来自电信等行业的市场大客户，（这些）文字描述了一个一个的市场成长的台阶，就是华为的全球销售团队攻克的市场里程碑，不断提升和客户合作的层次。除了美国之外，现在全球最主要的电信客户都选择了华为设备来建设通信网络。"

从孙维的介绍不难看到，华为能够赢得电信客户的信任，一方面因为华为的技术优势，另一方面因为华为"以客户为中心，以奋斗者为本"的核心价值观。

当华为的规模做大后，任正非告诫华为人："无论将来我们如何强大，我们要谦虚地对待客户、对待供应商、对待竞争对手、对待社会，包括对待我们自己，这一点永远都不要变。"

"客户让我们有了今天的一些市场，我们永远不要忘本，永远要以宗教般的虔诚对待我们的客户，这正是我们奋斗文化的重要组成部分。"

经过30多年的励精图治，如今的华为已经超越对手，引领技术的研发方向。2020年2月，根据德国专利数据库公司 IPLytics发布的5G行业专利报告显示，华为排名第一，专利数量3147件；韩国三星排名第二，专利数量2795件；中兴通信排名第三，专利数量2561件；第四到第十分别是LG、诺基亚、爱立信、高通、英特尔、夏普、日本电报电话公司（NTT）。

与当初作为追赶者的心态不同，这样的优势让一部分华为人很难保持谦虚、谨慎的态度，因为华为自身就是一座航标。这就需要警惕一些自信心"爆棚"的华为人远离客户、远离"以客户为中心"的华为价值观。

在之前的内部讲话中，任正非就告诫华为人说："还记得，20世纪90年代初艰难的日子……我们终于拿出了自己研制的第一台通信设备——数字程控交换机。"[1]

然而，设备研发成功，并不意味着就会被客户接受。要想让客户接受，华为人只能通过自己的艰苦奋斗，由此慢慢地改变客户对华为产品的看法。

时隔多年，任正非依旧清晰地记得当时华为人所遭遇的冷遇。任正非回忆道："设备刚出来的时候，我们既很兴奋，又很犯愁，因为业界知道华为的人很少，了

---

[1] 任正非：《实事求是的科研方向与二十年的艰苦努力——在国家某大型项目论证会上的发言》，《华为人》2006年第12期。

解华为的人更少。当时有一个情景，一直深深地印在华为老员工的脑海里：在一个北京寒冷的冬夜，我们的销售人员等候了八个小时，终于见到了客户，但仅仅说了半句话'我是华为的……'，就眼睁睁地看着客户被某个著名公司的业务人员接走了。望着客户远去的背影，我们的小伙子只能在深夜的寒风中默默地咀嚼着屡试屡败的沮丧和屡败屡战的苦涩：是啊，这怎么能怪客户呢？华为本来就没有几个人知晓啊。由于华为人废寝忘食地工作，始终如一虔诚地对待客户，华为的市场开始有起色了，友商看不到华为这种坚持不懈的艰苦和辛劳，产生了一些误会和曲解，不能理解华为怎么会有这样的进步。"①

几经努力，华为人的付出也得到一些人的理解和支持。当时一位比较了解实情的官员出来说了句公道话："华为的市场人员一年内跑了500个县，而这段时间你们在做什么呢？"

在当时，定格在人们脑海里的华为销售和服务人员的形象是：华为人背着交换机，扛着投影仪和行囊，在偏僻的路途上不断地跋涉……

在该讲话中，任正非举例说："在《愚公移山》中，愚公整天挖山不止，还带着他的儿子、孙子不停地挖山，终于感动了上天，把挡在愚公家前的两座山搬走了。在我们心里面一直觉得这个故事也非常形象地描述了华为18年来，尤其是20世纪90年代初中期和海外市场拓展最困难时期的情形：是我们始终如一对待客户的虔诚和忘我精神，终于感动了'上帝'——我们的客户。无论是在国内还是在海外，客户让我们有了今天的一些市场，我们永远不要忘本，永远要以宗教般的虔诚对待我们的客户，这正是我们奋斗文化的重要组成部分。"②

从这个角度来分析，任正非始终坚持"以客户为中心"的核心价值观也就很好理解。尤其是20世纪90年代初期，创始人任正非背着军绿色的旧书包到全国各地

---

① 任正非：《实事求是的科研方向与二十年的艰苦努力——在国家某大型项目论证会上的发言》，《华为人》2006年第12期。

② 同上。

推销，甚至拜会边疆某地电信局，询问电信局的领导人员是否购买交换机。

在华为内部一直流传着一个市场拓展的故事，该故事发生在20世纪90年代。当华为的市场人员拜访某地运营商领导时，双方推杯换盏、把酒言欢，聊得很是痛快。

酒酣之际，运营商领导提及十年前的一件有关华为推销员的往事。一个自称华为市场人员的人来过这里，此人背着一个军绿色的旧书包，敲开办公室的门后，询问该领导是否购买交换机……

市场人员以为是该领导在开玩笑，在一次聚餐时将此事当作笑话讲给同事听。一个老同事告诉这个市场人员，当年那个背着旧军绿色书包去销售交换机的人几乎可以断定就是华为创始人任正非。

正是这样的创业经历，让任正非清楚地认识到客户的重要。正是这样的经历，才让华为始终坚守"以客户为中心"。任正非清楚地知道，华为的生存和发展必须是建立在"以客户为中心"的基础之上。只有拥有客户，华为才有明天，如果华为怠慢客户，那么华为将被客户摒弃。

"销售团队在与客户交流时，一定不能牛气冲天，否则我们在沙漠里埋头苦干半天，客户也不一定认同。"

在内部讲话中，任正非就告诫华为人道："销售团队在与客户交流时，一定不能牛气冲天，否则我们在沙漠里埋头苦干半天，客户也不一定认同。"

任正非之所以告诫华为人，是因为华为在2013年底超越爱立信。2014年3月31日，华为公布了经审计的2013年年报。年报显示，2013年，华为构筑的全球化均衡布局使公司在运营商业务、企业业务和消费者业务均获得了稳定健康的发展，实现营业收入人民币2390亿元（约395亿美元），同比增长8.5%，净利润为人民币210亿元（约34.7亿美元），同比增长34.4%[①]，见表6-1。

表6-1 2013年华为运营商业务、企业业务和消费者业务领域营业收入占比

单位：百万元人民币

类型	2013 年	2012 年	同比变动
运营商业务	166512	160093	4.0%
企业业务	15263	11530	32.4%
消费者业务	56986	48376	17.8%
其他	264	199	32.5%
合计	239025	220198	8.5%

年报显示，华为在海外市场的营业收入占总营业收入的64.85%，依旧占比较大的比重，详情见表6-2。

在中国市场，华为实现营业收入人民币840.17亿元，同比增长14.2%，其中，运营商业务保持了小幅增长，企业业务和消费者业务获得快速增长，且增长均超过35%。

在欧洲、中东、非洲区域市场，"受益于基础网络、专业服务以及智能手机的增长"，华为实现营业收入人民币846.55亿元，同比增长9.4%。

在亚太区域市场，"受益于东南亚新兴市场的发展，保持了良好的增长势头"，华为实现营业收入人民币389.25亿元，同比增长4.2%。

在美洲区域市场，"拉丁美洲国家基础网络增长强劲，消费者业务持续增长，但受

---

① 华为：《华为投资控股有限公司2013年年度报告》，华为官方网站，2014年3月31日，https://www.huawei.com/cn/annual-report/2013，访问日期：2021年6月10日。

北美市场下滑的影响"，华为实现营业收入人民币314.28亿元，同比下滑1.3%①。

表6-2 2013年华为各区域营业收入占比

单位：百万元人民币

区域	2013 年	2012 年	同比变动
中国	84017	73579	14.2%
美洲	31428	31846	−1.3%
亚太	38925	37359	4.2%
欧洲、中东、非洲	84655	77414	9.4%
合计	239025	220198	8.5%

　　笔者对比华为、爱立信、思科、诺基亚西门子、阿尔卡特朗讯、中兴通信六个企业2013年的营业收入发现，华为395亿美元的营业收入仅次于思科的486亿美元，见图6-1。

单位：亿美元

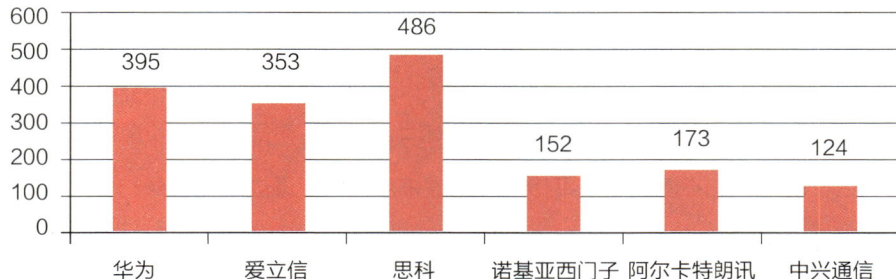

图6-1 世界六大通信企业2013年的营业收入

---

① 华为：《华为投资控股有限公司2013年年度报告》，华为官方网站，2014年3月31日，https://www.huawei.com/cn/annual-report/2013，访问日期：2021年6月10日。

笔者对比华为、爱立信、思科、阿尔卡特朗讯、诺基亚西门子、中兴通信六个企业2013年的净利润发现，华为34.7亿美元的净利润仅次于思科的100亿美元，见图6-2。

单元：亿美元

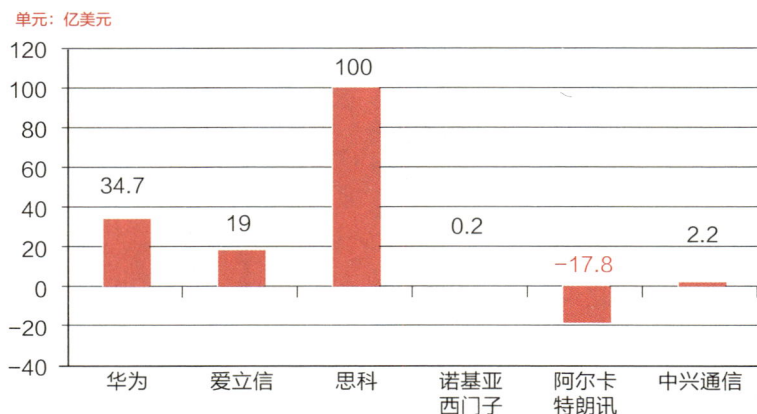

图6-2　世界六大通信企业2013年的净利润

上述两组数据对比足以说明，华为已经名副其实地超越爱立信，成为仅次于思科的世界赫赫有名的通信企业。

为了让华为人保持"谦虚"的合作态度，任正非告诫华为人称，与客户合作，谦卑的心态更容易让客户接受。任正非形象比喻说道："有时候必须像姚明一样蹲着说话，蹲下来也不能证明你不伟大。谦虚来自自信，谦虚来自自身的强大。我认为不谦虚是指颐指气使、趾高气扬、目中无人、盲目自大、自我膨胀等不平等的待人方法，以及不按合同执行的店大欺客行为。"

任正非由此认为，企业存在店大欺客，甚至不按照合同执行，一个重要的原因是企业自身体量的增大。针对这样的情况，任正非告诫华为人："无论将来我们如何强大，我们都要谦虚地对待客户、对待供应商、对待竞争对手、对待社会，包括对待我们自己，这一点永远都不要变。"

正是坚持这样的指导思想，华为人奔赴世界的各个角落。2008年12月初，在总部培训三个月后，王斌就开始踏上他的海外出征之旅，首站是印度尼西亚。

刚到印度尼西亚，王斌遇到了自己的第一个问题——英语口语交际。经过两周的突击学习，王斌终于解决了语言问题，可以简单地与他人用英语交流了。

初到异地，不仅需要解决语言问题，同时也必须解决如何了解客户需求的问题。王斌回忆说道："管理服务业务复杂，输出项目会议纪要成为我的第一个任务。记得第一次会议，我记了十多页笔记，写纪要时，在热心前辈的指导下修改了十余次，花了两周才完成。三个多月写纪要的工作经历，让我快速积累了业务知识，初步掌握了业务全貌。" ①

据了解，华为客户A的运营支撑系统（Operation Support Systems，OSS）需求一直在增加，交付了两年，其依旧未能验收。不得已，华为总部下达总攻命令，必须在2009年内完成该项目的验收工作。

2009年4月，在距离2009年12月31日还有8个月的时候，王斌接手该项目，这也是王斌首个独立完成的项目。面对如此棘手的项目，王斌自问道："两年都没能搞定的验收，我一个新人能完成吗？"

有些担心是正常的，但是王斌并未就此打住，积极地开始与完成验收时间赛跑：一方面"确定开发需求"，另一方面"与客户确认需求和验收"。

由于客户的需求实在太多了，王斌不得不超负荷工作，甚至连续三四天都要熬通宵。王斌回忆说道："我记得有一个需求，因第三方短信网关不兼容，研发和一线熬了三天三夜仍无法解决。次日早晨7时多，客户网络监控中心（Network Operation Center，NOC）主管发现问题仍未解决，当着众人的面朝我怒吼：'你真没用，出去！'我第一次在大庭广众之下被这般对待。"

---

① 王斌：《逐梦南太 我心依旧》，《华为人》2019年第12期。

遭遇这样的不理解，王斌委屈万分，但是站在客户的角度来看这个问题，就容易理解了。王斌反思说道："我的确是没有解决问题，责任在我。"

王斌简单地洗了洗脸，整理了着装，再次回到客户办公室，理性地向客户分析问题。在王斌的努力下，客户同意与第三方一起解决该问题。

得到客户的支持后，王斌反思自己的工作思路和方法可能存在问题。王斌说道："客户的需求可能很多，但并不是每一个需求都适合项目本身，不能陷入各种需求里'疲于奔命'，更重要的是要与客户锁定需求边界，做好需求管理，并定期汇报进展和升级事项，将问题闭环。"

将项目问题厘清，不仅可以在第一时间响应客户的需求，还可以在改进中取得很好的进展。经过半年的奋斗，客户对王斌在项目管理中的改进和付出非常认可，顺利地验收了该项目。

印度尼西亚的历练，让王斌的工作越来越顺手。2012年4月，王斌重任在肩，前往新加坡担任R项目的中方产品设计师（Product Designers，PD）。

在王斌的想象中，新加坡是一个发达的亚洲国家，在此工作应该是一件非常幸福的事情，但让王斌没有想到的是，事实并非如此。王斌回忆道："那里没有食堂、没有班车、客户要求高。因天气炎热，每天上班从住处到地铁站，再乘坐公交到办公室，每走一次，我的后背都会湿透一次。"

王斌回忆称，此行就是重担在肩，不仅需要带领团队提升网络质量和效率，降低成本，同时还需要优化组织结构，"通过一人多能、一人多工、工程融合、三线融合等方式，实现人员精简40%以上，实现零罚款、零事故、零投诉"。

据王斌介绍，之前由于R项目的合同质量较差，连年的亏损导致中方人员相继离去，仅剩王斌一人了。面对重压，身为R项目中方产品设计师的王斌不得不顶着。王斌回忆说道："几乎每天我都是最后离开办公室的，记得有一天下班后，刚走出办公楼两步便晕倒了。被路人叫醒后，我发现自己面部着地，整张脸都撞破了，去医院缝了好几针，我没敢告诉任何人，对老婆也只是说不小心磕到了，第二天继续上班。"

这样的工作强度持续了一段时间，某天夜里，王斌曾想过放弃，家人支持王斌的决定。次日，王斌找领导准备提交辞职信。当王斌走进领导办公室时，团队成员一如既往地在解决问题，没有任何懈怠。看到该情景，王斌突然放弃辞职的想法。王斌坦言："身处逆境时，人适应环境的能力有时候是惊人的。"

据王斌介绍，R项目存在自身的特殊性，因此不具有可持续性以及可复制性。基于这样的属性，顺利地完成交付，关闭该合同就成为其战略目标。令人没有想到的是，该项目竟然花费了四年的时间才完成。2016年，虽然启动该项目的合同关闭准备，但还是经过多轮谈判，才与客户达成协议。客户承诺，"2017年5月底同意接收所有现有人员、分包合同和资产"。这意味着该项目终于成功终结。

当项目顺利交到客户手中后，王斌有说不出的莫名的成就感。正是因为这样的历练，王斌成长为华为的优秀骨干。

2016年初，王斌被调回南太平洋地区部平台，具体的岗位责任就是在支撑每个售前和交付项目的同时，还需要做好经营、建设，以及资源整合。

某天，王斌突然被要求参加一个电话会议，要求去解决一起客户高层的投诉问题。此次被投诉的是王斌团队负责的位于塔希提岛上的该国客户子网的"代维"，客户高层投诉了该项目的交付问题。

经过20多个小时的跋涉，王斌终于抵达位于塔希提岛的客户办公室。在该项目中，全网都是华为提供的通信设备，共有100多个无线站点。

经与客户首席技术官（Chief Technology Officer，CTO）沟通后，王斌发现，被投诉的问题是因为执行项目履行质量差造成的。

搞清楚问题后，王斌立即开始解决问题：第一，与客户对标；第二，就双方在"服务响应""沟通机制""报告模板"等方面协商，并最终达成一致；第三，积极给位于塔希提岛的运维团队进行赋能培训。

解决了塔希提岛的投诉问题，王斌火速地投入印度尼西亚某投标项目中。在此项目中，王斌担任早期介入项目负责人。其间，王斌面临的问题依旧不少。王斌说道："我们识别出重大风险22项，数月奋战后，仍剩下10项未关闭。当时系统部压力非常大，不断挑战我们，抱怨成本竞争力和方案能力不足，延迟项目拓展进展，客户也是连连发飙。"

王斌认为，虽然面临巨大的内外压力，但是交付团队坚持把工作做到位，通过翔实的数据让客户满意。这具体体现在两方面：第一，在成本控制上，王斌团队拉通了当时"现有两个项目，建立了印度尼西亚管理服务成本基线，细分到每一块业务，并考虑后续持续效率提升"；第二，在风险控制上，王斌团队梳理并锁定了四个重大风险项，同时量化了风险金并制定出相应的"应对预案，升级到系统部和代表处，售前售后力出一孔，与客户多轮谈判后，最终成功将风险控制在可接受范围内"。[①]

据王斌介绍，该项目已经运行了三年时间，交付质量也较高，并且其盈利结果与当初设计几乎一致。事后，王斌说道："两年的平台工作经历，提升了我项目群管理、团队管理、组织运作、沟通连接等能力，初步具备了业务战略思维和全局观，为今后个人进一步的发展奠定了重要的基础。"

就这样，时势造就英雄。2017年2月2日凌晨1时，印度尼西亚X客户首席技术创新官（Chief Technology Innovation Officer，CTIO）通过向华为高层发送电子邮件投诉MS项目。

面对客户投诉，当日14时，全球客户培训中心（Global Customer Training Center，GTS）总裁、南太平洋地区总裁召开紧急会议，整合一切组织资源，集中解决X客户首席技术创新官的重大投诉问题。

在邮件中，投诉问题集中在以下两点：第一，之前五年项目交付质量较差；第二，2017年1月28日，由于变更操作失误，导致X客户的网元中断。

---

① 王斌：《逐梦南太　我心依旧》，《华为人》2019年第12期。

通过对项目的了解和梳理，王斌发现该项目的确存在诸多问题。王斌举例说道："网络质量差、客户抱怨大，团队缺乏激励、士气低落，项目'救火'多、经营不断恶化。"

担任过多个项目产品设计师的王斌自然知道从现场寻找答案的方法。于是，王斌高频率地拜访客户高层和上站考察，他发现，"经营问题的根本原因在合同，交付问题的根本原因在质量"。

找到了问题的症结，王斌积极与客户保持高频度的沟通，组建项目组，并制订相对应的百日改进计划。

王斌具体的做法是，"快速解决影响网络质量的关键问题，同时内部优化组织架构、骨干资源，强化流程执行遵从，加强外部治理运作"。正是通过一系列的操作，圆满地完成了"百日改进各项任务"，有效地改善网络，并提升其性能和质量。

2017年8月4日，在半年度庆功会上，客户高度评价了王斌团队的"百日改进计划"。客户的CEO说道："Glad to see network quality improvements， and now managed services on right track. "（我很高兴看到网络质量提升，现在管理服务项目回到正轨上了。）

其后，客户的首席技术创新官为了表示感谢，专门写了一封感谢信，信中说道："We could not conduct our business without Huawei！"（没有华为，我们就无法开展业务！）

华为的极致服务赢得客户认可。2019年3月，客户与华为顺利签署了下一个5年合同。截至2019年12月，新标项目顺利完成接网，网络质量持续提升，经营结果优于概预算，同时帮助客户实现流量增长24%，当地排名第一。[①]

---

① 王斌：《逐梦南太　我心依旧》，《华为人》2019年第12期。

第三部分

以宗教般的虔诚
对待客户

无论是在国内还是在海外，客户让我们有了今天的一些市场。我们永远不要忘本，永远要以宗教般的虔诚对待我们的客户，这正是我们奋斗文化的重要组成部分。

——华为创始人任正非

第 7 章

为客户创造价值的
任何微小活动都是奋斗

在华为的价值观中，始终强调"以客户为中心，以奋斗者为本，长期坚持艰苦奋斗"的企业文化。2008年，在题为"逐步加深理解'以客户为中心，以奋斗者为本'的企业文化"的内部讲话中，任正非说道："什么叫奋斗？为客户创造价值的任何微小活动，以及在劳动的准备过程中，为充实提高自己而做的努力，均叫奋斗，否则，再苦再累也不叫奋斗。"①

任正非补充说道："要为客户服务好，就要选拔优秀的员工，而且这些优秀员工必须奋斗。要使奋斗可以持续，就必须使奋斗者得到合理的回报，并长期保持健康。但是，无限制地拔高奋斗者的利益，就会使内部运作成本变得很高，就会使我们被客户抛弃，就会让我们在竞争中落败，这样反而会使奋斗者无家可归。这种不能持续的爱，不是真爱。合理、适度、长久，将是我们人力资源政策的长期方针。在过去的困难时期，我们在家里，很多妈妈宁可看着孩子饥肠辘辘的眼睛，也不肯

---

① 任正非：《逐步加深理解"以客户为中心，以奋斗者为本"的企业文化——任正非在市场部年中大会上的讲话纪要》，知乎，2018年7月15日，https://zhuanlan.zhihu.com/p/183128181，访问日期：2021年6月10日。

在锅里多放一碗米。因为要考虑到未来可能遇到青黄不接、无米下锅的情况，这样的妈妈就是好妈妈。有些不会过日子的妈妈，丰收了就大吃大喝，灾荒了就不知如何存活。我们人力资源政策也必须全面考虑。以客户为中心，以奋斗者为本是两个矛盾的对立体，它们构成了企业的平衡。难以掌握的灰度、妥协，考验所有的管理者。"[1]

> "为客户创造价值才是奋斗。我们把煤炭洗得白白的，但对客户没产生价值，再辛苦也不叫奋斗。"

在2008年全球金融危机肆虐的背景下，全球经济复苏的挑战可想而知。尽管如此，华为却依旧高歌猛进，营业收入稳健增长。

2009年4月23日，华为一如既往地发布自己的年报，根据2008年年报数据显示，华为2008年全球营业收入达到233亿美元，同比增长46%，国际市场营业收入所占比例超过75%，见图7-1。华为主流产品已为欧洲、北美洲和日本等发达市场的领先运营商提供规模化服务，在中国及广大新兴市场的份额稳步提升，奠定了优势格局。[2]

① 任正非：《逐步加深理解"以客户为中心，以奋斗者为本"的企业文化——任正非在市场部年中大会上的讲话纪要》，知乎，2018年7月15日，https://zhuanlan.zhihu.com/p/183128181，访问日期：2021年6月10日。

② 华为：《华为投资控股有限公司2008年年度报告》，华为官方网站，2009年4月23日，https://www.huawei.com/cn/annual-report?page=2，访问日期：2021年6月10日。

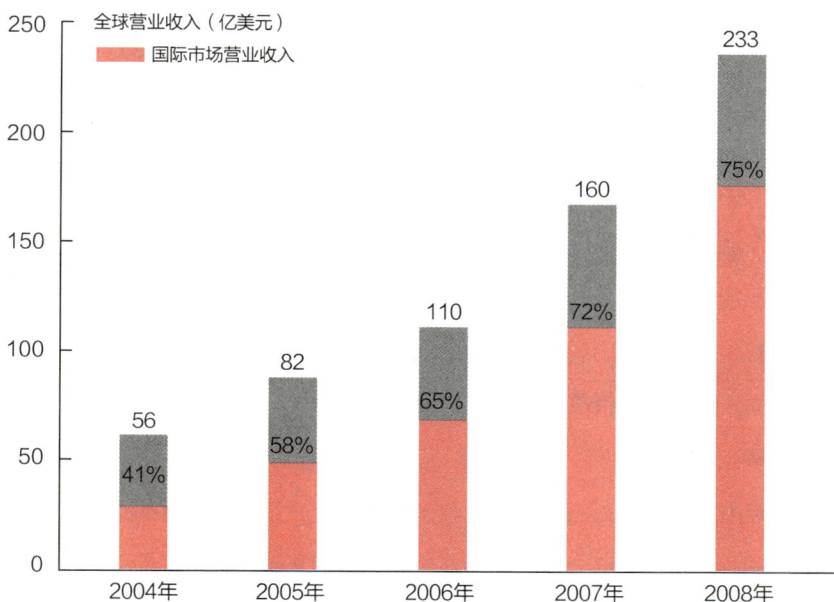

图7-1 2004—2008年华为国际市场营业收入及占比

根据2008年年报数据显示，华为国际市场营业收入超过75%，正因为如此，华为的表现得到了中国人民大学国际货币研究所理事兼副所长向松祚的认可。在2018年9月举办的CBD跨国公司论坛上，向松祚就以主题为"提升中国企业的国际竞争力"的演讲发表了自己的观点。

向松祚讲道："中国的跨国公司非常少，现在我们在中国制造业产品的产量里，有200多种产品的产量高居世界第一，比如汽车、电子、船舶、光伏、钢铁，都是世界第一，但是我们真正的世界品牌，受全世界非常尊重的世界品牌，就是华为一家。"

为了更好地介绍中国企业的国际竞争力，向松祚定义了什么叫跨国公司。向松祚介绍说："我们经济学者有一个定义，什么叫跨国公司？公司的收入和利润至少30%是来自本土以外的市场，这是一个指标。当然跨国公司还有很多指标，但这是一个很重要的指标。我们的五大银行，按总资产排名都是位居世界银行业前十的，它们是跨国银行吗？根本不是，这些银行根本没有一家能算得上跨国银行，它们的收入、利润约90%是来自本土市场的。我们国家进入世界500强的企业已经超过100家了，那是按总资产算的，我们的'三桶油'，中国移动、中国联通，不都进入了世界500强吗？但是它们是跨国公司吗？根本不是。现在中国能够称得上跨国公司的著名企业，就是一个华为。这是与中国经济，所谓世界第二大经济体，完全不相称的。中国虽然出现了著名的企业，比如阿里巴巴、腾讯，但是华为与这些企业不一样。即使市值很高，阿里巴巴也是国内企业，也不是跨国公司。"

大量事实证明，判断一个企业是不是一个国际化的企业，有一个很简单的标准：其国际市场营业收入占全球营业收入的三分之一以上，这才可以称得上是一个国际化的企业。如果用这个标准来衡量，华为早已是一个真正国际化的企业。华为已把国内销售总部降格为与海外其他八个地区总部同等级别的中国地区部，可见华为对国际市场的重视。

究其原因，华为的增长离不开"以客户为中心"的核心战略，此战略既帮助了运营商构筑融合、简单、绿色及平滑演进的网络，又有效地帮助运营商改善收益、提升带宽竞争力并降低总体运营成本。

2008年年报就提到了这点："为了更好地满足客户需求，我们坚持开放合作。我们以客户需求驱动研发流程，围绕提升客户价值进行技术、产品、解决方案及业务的持续创新。在过去的一年里，我们继续与沃达丰、中国移动、西班牙电信、德国电信和意大利电信等多家领先运营商进行深入合作，与客户共同探讨和解决其面临的问题，把产品与解决方案优势快速转化为客户的商业竞争优势。" ①

在华为，一个尽人皆知的案例是，华为通过一站式（SingleRAN，即"一个网络架构、一次工程建设、一个团队维护"）解决方案实现统一的R&M（可靠性

① 华为：《华为投资控股有限公司2008年年度报告》，华为官方网站，2009年4月23日，https://www.huawei.com/cn/annual-report?page=2，访问日期：2021年6月10日。

与维修性）管理、统一的无线资源管理、统一的网络规划系统优化、统一的传输资源管理，来支持不同技术制式的融合和演进①。在之前接受媒体采访时，时任华为荣耀总裁赵明说道："目前业界很多理念都是华为第一个提出的，大家都在跟着华为走。我相信未来两年内SingleRAN也会成为一个非常热的电信领域名词，会是众多的厂商所共同遵循的解决方案。"

时任华为首席营销官的胡厚崑在接受媒体时介绍说道："目前华为服务的全球50强运营商已经从2008年的36家上升至45家，更多的运营商认可了我们的独特价值。由于坚持以客户为中心的创新战略，我们能迅速提供领先解决方案，提升网络性能，减少网络运营成本，不断创新以帮助运营商应对业务挑战；通过提供面向未来的创新网络解决方案，保护运营商建网投资……这就是为何越来越多的领先运营商选择华为作为最佳合作伙伴的原因。"

回顾2009年，华为在流程管理中有效地控制了成本，降低了运营费用，提升了运营效率。数据显示，与2008年相比，华为的营业利润率为14.1%，同比增长1.2%。为更好地服务客户，华为坚持以客户为中心，持续地进行内部管理和组织流程的变革。自2007年开始的IFS变革正在深化，有力地提升华为内部管理效率；与此同时，为保证对客户需求的快速响应及优质交付，华为实施了组织结构及人力资源机制的改革，授予直接服务客户的组织和员工更多决策权，使他们能快速调用需要的资源。②

其后，任正非在"任正非与肯尼亚代表处员工座谈"中补充解释说："为客户创造价值才是奋斗。我们把煤炭洗得白白的，但对客户没产生价值，再辛苦也不叫奋斗。2个小时可以干完的活儿，为什么要加班加点花费14个小时来干完呢？这样不仅没有为客户产生价值，还增加了照明的成本、空调的成本，还吃了夜宵，这些

---

① 徐勇：《华为SingleRAN Pro让运营商不惧三大5G现实挑战》，《人民邮电报》2018年4月27日，第7版。

② 赛迪网：《华为收入增19%至1491亿元　净利183亿元》，2010年3月31日，http：//www.techweb.com.cn/news/1970-01-01/570738.shtml，访问日期：2021年6月10日。

钱都是客户出的，却没有为客户产生价值。"

任正非之所以为肯尼亚代表处的员工打气，是因为华为在肯尼亚市场的拓展遭遇意想不到的困难。对此，时任华为市场营销和通信负责人杰里·黄（Jerry Huang）介绍说："对我们来说，最大的挑战就是品牌意识。我们在不同地区策划了数个品牌意识活动，并且开始在社交媒体上建立品牌宣传，吸引了一些当地的消费者。同时，自2013年起，公司将对公关和数字化部门进行重大投资。"

在杰里·黄看来，品牌构建依然是华为设备战略的四个关键核心之一。为了更好地提升华为设备制造商的知名度，华为也积极地在相关国家做推广。杰里·黄介绍说："我们也在不同的国家寻求与非运营商的渠道和电子商务公司合作。我们在非洲市场的渠道已经有了一些基础和成果，所以我们打算在那儿进行更多的尝试。"

在非洲市场的拓展中，华为付出鲜血和汗水，甚至是生命的代价。查阅资料发现，华为在内部通报了"2007年5月5日肯尼亚航空公司KQ507航班飞机失事信息"，详情如下。

2007年5月5日肯尼亚航空公司KQ507航班飞机失事信息通报

公司员工：

2007年5月5日，肯尼亚航空公司从喀麦隆杜阿拉到雅温德的航班（KQ507）在杜阿拉附近坠毁，由于天气恶劣影响了搜救工作，目前机上人员生死未明。经核实，南非片区产品行销部产品经理刘胜（工号28919）在KQ507航班的登机名单中。

获知飞机失事的消息后，公司高度重视。喀麦隆代表处第一时间与员工进行电话联络，但未能接通，随后立即与航空公司确认登机人员名单，在确认刘胜在乘客名单中后，公司总部、片区及代表处迅速启动了紧急事故处理机制。公司总部已派工作组去员工父母家看望家属、告知相关情况，并随时将最新进展通报家属；喀麦隆代表处成立了现场搜救工作组，紧急安排人员与车辆从杜阿拉和雅温德出发赶赴现场，并与国际救援组织（ISOS）、中国驻喀麦隆大使馆和驻肯尼亚大使馆等取得了联系。目前现场工作组在中国驻喀麦隆大使馆的指挥下全力配合搜索。

自知悉此次空难以来，公司高度关注搜救工作的进展。公司将继续与中国驻喀麦隆大使馆、喀麦隆政府相关部门等紧密合作，积极配合搜救，一旦有进一步的信息，将及时通报。

华为技术有限公司

2007年5月7日

据了解，此次空难造成114人遇难，其中包括华为公司海外员工刘胜在内的5名中国乘客。尽管此次空难只是一个意外，但是这样的代价让华为心有余悸。为了华为的生存和发展，华为的员工们依旧正在海外市场的路上前行。因为非洲市场已经成为华为海外市场较为重要的拓展地区，尤其来自广阔的亚洲、非洲、拉丁美洲等发展中国家的市场，才是真正地支撑华为生存和发展的利润池。

与市场和基础设施相对完备的欧洲以及亚洲相比，非洲的环境更为艰苦。然而，由于像诺基亚、爱立信这样的巨头放弃了非洲市场，所以非洲市场潜力很大，吸引了华为人的到来。

在诸多华为人中，朱春雷就是其中一位。2011年，朱春雷加盟华为，让朱春雷没有想到的是，自己将去非洲的肯尼亚拓展相关的企业业务。几年后，朱春雷回忆写道："一个没有任何技术教育背景，只有三年运营商市场经验的财经专业人员，开始了这段曲折的业务拓展之路。"

据朱春雷介绍，他在非洲市场的拓展之路的首站就是肯尼亚。在肯尼亚，作为投标经理的朱春雷深知支持项目的难度，因此心里并不轻松。

当支持完项目后，朱春雷准备按计划前往南非。在离开前一天，主管通知朱春雷，代表处已经申请将他留下常驻了。

其后，就是业务的拓展。在非洲，虽然华为不管是技术，还是服务都做得很好，但是在业务的拓展中，依旧是困难重重。朱春雷回忆说道："那一年，企业业务开展没有预想得顺利，大批和我一样的售前人员在到达一线后水土不服，无法达到公司的预期。而我也觉得自己危若累卵、如履薄冰。"

为了打开这样的被动局面，当地主管林明在一次周会上动员同事，他说，与中国相比，非洲较为落后，且又不太安全，但是大家既然来到非洲，就不要混日子。

此次讲话让触动了朱春雷的内心。朱春雷坦言："无论在什么岗位，责任心都是做好事情的前提。"经过这样的动员，朱春雷一行开始拓展肯尼亚市场。因为华为很看好肯尼亚市场，甚至把"运营商市场"当作一块沃土。

刚开始拓展时，由于自身的战略思路不清晰，产生了一些争论，代表处内部意见并不统一，市场拓展进展不理想。朱春雷回忆说道："我们曾经两年几乎零订货，只靠运气打下一两百万的'粮食'勉强糊口。每次开会，面对乏善可陈的成绩单，我都感到深深地羞愧。因为我们是大家眼中的'乌合之众'，业务拓展没有战斗力，内部流程规范性不足，没有业绩。"

为了解决业绩问题，朱春雷一行的几个华为工程师采取分工明确、各司其职的做法。在没有产品经理的境况下，朱春雷负责了大多数项目前期拓展。朱春雷回忆说道："用所学的知识与客户沟通，关键是听明白客户的想法；竞争项目在前，团队从没有退缩，因为'光脚的不怕穿鞋的'，我们退无可退；为了推动项目，我们每天来回驱车几十千米，风雨无阻；评标阶段怕出问题，我们夜晚守在客户楼下，在车里眼睛都不敢眨，一盯就是几个小时……"

在这样的艰苦努力下，肯尼亚一个个项目获得突破，业绩也由此逐渐好起来。朱春雷直言："也正是在这些项目中，大家一起做市场洞察，评审客户关系，策划市场活动，哪怕这个团队一直有人离开，也会有人立刻顶上，保证团队继续前进。"

对此，任正非在内部讲话中说道："以奋斗者为本，其实也是以客户为中心。把为客户服务好的员工作为企业的中坚力量，以及一起分享贡献的喜悦，就是促进亲客户的力量成长。"①

> **"长期坚持艰苦奋斗，也是以客户为中心。你消耗的一切都是从客户那里来的，你无益的消耗就增加了客户的成本，客户是不接受的。"**

在华为，虽然强调艰苦奋斗，尤其是长期坚持艰苦奋斗，却必须把奋斗与效率结合起来，也就是在艰苦奋斗的同时，必须解决客户的需求和服务问题，否则，可能会增加产品或者服务的成本，增加客户的支出。

2010年，任正非在内部讲话"干部要担负起公司价值观的传承——在人力资源管理纲要第一次研讨会上的发言提纲"中告诫华为人道："长期坚持艰苦奋斗，也是以客户为中心。你消耗的一切都是从客户那里来的，你无益的消耗就增加了客户的成本，客户是不接受的。你害怕去艰苦地区工作、害怕在艰苦的岗位工作，不以客户为中心，那么客户就不会接受、承认你，你的生活反而是艰苦的。"②

在讲话中，任正非补充道："当然，我说的长期坚持艰苦奋斗是指思想上的，并非物质上的。我们还是坚持员工通过优质的劳动和贡献富起来，我们要警惕的是富起来以后的惰怠。但我也不同意商鞅的做法，将财富集中，以饥饿来驱使民众，这样的强大是不长久的。"③

---

① 任正非：《任正非在人力资源管理纲要第一次研讨会上的发言提纲》，《管理优化》2010年第9期。
② 同上。
③ 同上。

在华为，一直秉承“绝不让雷锋吃亏”的理念，建立了一套基本合理的评价机制，并基于评价给予激励回报。

在华为，员工被视为宝贵的战略资源。因此，华为为员工提供了有竞争力的薪酬，不仅如此，员工的回报基于岗位责任的绩效贡献。

任正非认为，由于华为价值评价标准始终坚持以奋斗者为本、多劳多得，这为人才的流动提供了动力。在内部讲话中，任正非说道：“你干得好了，我们就多发钱，我们不让‘雷锋’吃亏，‘雷锋’也要是富裕的，这样人人才想当‘雷锋’。在这3～5年里，公司的改革任务是很重的，有可能促使我们在战略机会中获得前进，我们要鼓舞这个队伍前进。这些年，人力资源体系工作总体做得还不错，金字塔模型稳定，他们还要改良，希望让潜在的力量发挥出来。我们从基层员工到中层、高层干部的目标是成功，大家高高兴兴去冲锋。有些员工累了，可以休息休息，不拿工资几个月，恢复了再冲锋。我看到有人‘穿马甲’发帖说，配40万股以下豁免退休人员的责任与义务，我觉得可以理解。但配超过40万股以上人员，如果觉得打仗累了，就要真正去好好休息休息。不能既享受华为分红，又去外面二次创业，那是不行的。”

任正非举例说：“以前我们总是叫地区部总裁为老总，有人说‘不要给我贴标签，我还不到40岁，以后不要叫老总，要叫小总’。所以，各层级干部不能惰怠，还要焕发出青春来，生命不息，冲锋不止，一定要战斗到我们抢占到战略机会！”

在任正非看来，华为始终坚持以奋斗者为本。当加盟华为后，员工一般都会自愿签署一份“成为奋斗者申请书”，见图7-2。

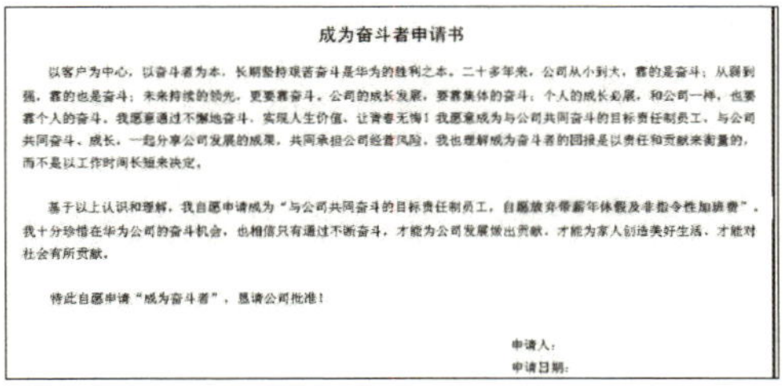

成为奋斗者申请书

以客户为中心，以奋斗者为本，长期坚持艰苦奋斗是华为的胜利之本。二十多年来，公司从小到大，靠的是奋斗；从弱到强，靠的也是奋斗；未来持续的领先，更要靠奋斗。公司的成长发展，要靠集体的奋斗；个人的成长必展，和公司一样，也要靠个人的奋斗。我愿意通过不懈地奋斗，实现人生价值，让青春无悔！我愿意成为与公司共同奋斗的目标责任制员工，与公司共同奋斗、成长，一起分享公司发展的成果，共同承担公司经营风险。我也理解成为奋斗者的回报是以责任和贡献来衡量的，而不是以工作时间长短来决定。

基于以上认识和理解，我自愿申请成为“与公司共同奋斗的目标责任制员工，自愿放弃带薪年休假及非指令性加班费”，我十分珍惜在华为公司的奋斗机会，也相信只有通过不断奋斗，才能为公司发展做出贡献，才能为家人创造美好生活，才能对社会有所贡献。

特此自愿申请“成为奋斗者”，恳请公司批准！

申请人：
申请日期：

图7-2　成为奋斗者申请书

由此可以看出，奋斗者文化已经深入华为员工的内心。为了奖励奋斗者，任正非于2014年7月30日后备干部项目管理与经营短训项目座谈会上的讲话说：

我们已经在公司干部大会讲过，首先肯定金字塔模型这么多年对华为公司平衡的伟大贡献，接着还要继续改良，面对不同复杂程度的项目，一定要使金字塔模型优化。破格提拔是基于：贡献、责任、牺牲精神。

其次，华为公司到底是肯定英勇作战的奋斗者，还是肯定股东？外界有一种说法，华为的股票之所以值钱，是因为华为员工的奋斗，如果大家都不努力工作，华为的股票就会是废纸。是你们在拯救公司，确保财务投资者的利益。作为财务投资者应该获得合理回报，但要让"诺曼底登陆"的人和挖"巴拿马运河"的人拿更多回报，让奋斗者和劳动者有更多利益，这才是合理的。

华为确保奋斗者利益，若你奋斗不动了，想申请退休，也要确保退休者有利益。不能说过去的奋斗者就没有利益了，否则以后谁上战场呢？但是若让退休者分得多一点，奋斗者分得少一点，傻子才会去奋斗呢？因为将来我也是要退休的，如果确保退休者更多利益，那我应该支持这项政策，让你们多干活儿，我多分钱，但你们也不是傻子。因此价值观不会发生很大变化，传这种话的人都是落后分子。华为将来也会规定，拥有一定股票额的人员退休后不能二次就业。

在很多内部讲话中，任正非都把艰苦奋斗的观念植入员工的动员令中。前不久，网上传言说华为有员工34岁就退休了。任正非为此回应说："网上传有华为员工34岁要退休，不知谁来给他们支付退休金？我们公司没有退休金，公司是替在职的员工买了社保、医保、意外伤害保险等。员工退休得合乎国家政策。你即使离职了，也得自己去缴费，否则就中断了，国家不承认，你以后就没有养老金了。当然你们也可以问在高原、战乱、瘟疫等艰苦地区英勇奋斗的员工，看他们愿不愿意为你们提供养老金，因为这些地区的奖金高。他们爬冰卧雪、含辛茹苦，可否分点给你。华为是没有钱的，大家不奋斗就垮了，不可能为不奋斗者支付什么。30多岁年轻力壮，不努力，光想躺在床上数钱，可能吗？"

在任正非看来，只有艰苦奋斗才能战胜竞争对手，才能锻炼自己的队伍。在这里，我们就以华为在马来西亚的维护为例。时至今日，在马来西亚的不少村庄，仍有居民住在热带雨林深处。虽然如此，为了改善居住在偏远地区居民的网络通信条件，尤其是马来西亚的数字化转型战略，马来西亚通信部联合马来西亚的三家主要移动运营商共同开启了T3计划。

据了解，T3计划是竭力解决边远地区的3G信号覆盖率问题。在T3计划中，华为就是三家马来西亚电信运营商的设备提供商，由华为来建设和维护马来西亚300多个偏远地区的站点。

在马来西亚300多个偏远站点中，秉祥安站点就是其中一个。在该站点的维护和升级时，华为工程师都会更耗时耗力。据华为内部的相关资料显示，时任华为东马偏远站点项目经理的何国栋，每次与相关工程师到该站点维护和升级需要耗时一整天，仅仅是往返的车程就耗时15个小时。

何国栋说道："我是地道的马来西亚华人，但是在去到秉祥安站点之前，我真的不知道在马来西亚有开车7个多小时才能到的地方。"

到像秉祥安如此偏远的站点维护和升级，其艰难程度难以想象。每次去升级和维护，华为工程师需要同时开上两辆四驱皮卡车，才能完成。

由于不少偏远站点所在的地区不通公路，途经密林中的泥径，车轮陷进泥坑里就在所难免。此刻，两辆四驱皮卡车就可以相互拖拽，否则很难从泥坑里开出来。

即使两辆四驱皮卡车，有时也不一定能解决问题。何国栋说道："两辆皮卡一起，有时也不能确保无虞……要是遇到下雨，土路一下就全变成了泥坑，那样就只能在车里将就一夜，等雨停了再一点点地往外开。"

正是因为华为工程师提供的服务，赢得客户的满意。在如此艰苦的环境中，付出无数艰辛，给客户提供了高质量的通信服务，这就是华为的价值所在。

其中，作为一名马来西亚人的穆罕默德深有感触，他是华为负责偏远站点基站维护的工程师，他说："在华为工作的同时，也能为我的同胞提供更好的通信服务，我感到非常自豪。在马来西亚许多偏远地区还散居着不少村落居民，交通不便使他们在物理上与外界隔离，可无线网络的开通给他们打开了一扇了解世界的窗口。去往很多偏远站点所在地的道路路况很差，手机放在口袋里，一路颠簸，计步器都能算出上万步。艰苦的付出，是为了让信息在道路不通的地方能够顺畅地传递，这正体现了华为这样世界500强企业的一份责任与守护。"

正是给客户提供的如此极致的服务，使华为赢得马来西亚客户的深度认可。2001年，自从华为拓展马来西亚市场以来，华为与马来西亚运营商共同建设的马来西亚通信网络，推动了其经济发展。

客观地讲，任正非这样的回应足以说明，在华为，只有艰苦奋斗的员工才能赢得尊重，但是华为也绝不亏待艰苦奋斗的员工。因为任正非认为，绝不能让雷锋式员工吃亏。

关于"不让雷锋吃亏"的问题，"（华为轮值董事长）徐直军2016年7月13日与应届班新员工座谈的纪要"中就有这样的对话：

提问：华为有句话是"不让雷锋吃亏"，但是一个团队中可能每个人都觉得自己是"雷锋"，公司如何判断一个团队里谁是真正的"雷锋"？

徐直军：我们讲的"雷锋"和社会上宣传的"雷锋"不是一个性质，社会上宣传的"雷锋"是无私奉献者，是不求回报的，而我们并不要无私的贡献者。"不让雷锋吃亏"的核心逻辑，就是要让贡献者有回报，而且贡献得越多，回报就越多。

华为的核心价值观之一是"以奋斗者为本"，为什么是"以奋斗者为本"，而不是"以人为本"？因为"以人为本"是不管干不干活儿都要以"人"为本，而"以奋斗者为本"强调以"努力干活儿的人"为本。华为所有的人力资源政策都是围绕"奋斗者"来制定的，无论是工资、奖金、TUP[①]，还是虚拟股权，都是围绕"贡献"这两个字。在华为，只有做出了贡献才会有回报。

至于判断谁贡献得多，团队主管应该是看得清楚的，首先干没干活儿是清楚的，然后干的活儿有没有用、对团队目标是真贡献还是假贡献是清楚的，贡献得多或少也是能看得清楚的。

在这段对话中，徐直军详细地介绍了华为"不让雷锋吃亏"的真正内涵，以及华为的核心价值观之一 ——"以奋斗者为本"。

---

① TUP（Time-unit Plan），每年根据员工的岗位、级别和绩效，给员工一定数量的期权，这个期权以5年为一个周期结算，不需要员工花钱购买。

第 8 章

永远以宗教般的虔诚对待客户
是华为奋斗文化的重要组成部分

当企业发展到一定规模后，有些员工就会骄傲、自满。如前所述，在特尔福特、和记电讯上门让诺基亚、爱立信提供解决方案时，诺基亚和爱立信毫不犹豫地将其拒绝了。这就给了华为一个在国际市场立足的机会。

鉴于诺基亚和爱立信的教训，当华为发展到一定规模后，任正非时刻警惕华为员工变得自大、傲娇。2006年，在内部讲话"天道酬勤"中，任正非告诫华为人说："无论是在国内还是在海外，客户让我们有了今天的一些市场。我们永远不要忘本，永远要以宗教般的虔诚对待我们的客户，这正是我们奋斗文化中的重要组成部分。"①

"怎么去服务好客户呢？那就得多吃点苦。
要合理地激励奋斗的员工，资本与劳动的分配也
应保持一个合理比例。"

---

① 任正非：《天道酬勤》，《华为人》2006年7月21日，第1版。

2006年，华为已经开始在国际市场上强势崛起，此刻作为"船长"的任正非心急如焚。因为在很多华为人看来，华为走到今天，已经很大了、成功了。一些华为人认为创业时期形成的"床垫文化"、奋斗文化已经不适合当时的情况了，自己可以放松一些，可以按部就班。

在任正非看来，这是一个极为危险的信号。在题为"天道酬勤"的内部讲话中，任正非说道："繁荣的背后，都充满危机，这个危机不是繁荣本身必然的特性，而是处在繁荣包围中的人的意识。艰苦奋斗必然带来繁荣，繁荣后不再艰苦奋斗，必然丢失繁荣。'千古兴亡多少事，不尽长江滚滚流'，历史是一面镜子，它给了我们非常深刻的启示。我们还必须长期坚持艰苦奋斗，否则就会走向消亡。当然，奋斗更重要的是思想上的艰苦奋斗，时刻保持危机感，面对成绩保持清醒头脑，不骄不躁。"[1]

在演讲中，任正非列举了美国高科技企业通过艰苦奋斗复兴的案例。任正非说道："有一篇文章叫《不眠的硅谷》，讲述了美国高科技企业集中地硅谷的艰苦奋斗情形，无数硅谷人与时间赛跑，度过了许多不眠之夜，成就了硅谷的繁荣，也引领了整个电子产业的发展。"[2]

任正非坦承，正是无数的优秀儿女贡献了青春和热血，才形成华为今天的基础。正是因为当初的经历，任正非告诫华为人，在对待客户时，华为人需要以"一颗谦卑之心、舍己从人之心"的态度视之。任正非的理由是，"世界上对我们最好的是客户，我们就要全心全意为客户服务。我们想从客户口袋里赚到钱，就要对客户好，让客户心甘情愿把口袋里的钱拿给我们，这样我们和客户就建立起良好的关系。怎么去服务好客户呢？那就得多吃点苦。要合理地激励奋斗的员工，资本与劳动的分配也应保持一个合理比例"。

在任正非看来，只有坚守"以客户为中心"，华为才能持续、健康地发展。在

---

[1] 任正非：《天道酬勤》，《华为人》2006年7月21日，第1版。

[2] 同上。

业界，京瓷创始人稻盛和夫也提出类似的观点。面对客户时，稻盛和夫认为，京瓷应该"做客户的仆人"。回顾京瓷的经营发展史，稻盛和夫都要求把"做客户的仆人"的指导思想根植在研发、生产以及销售等环节中。

稻盛和夫说道："我经常对员工说'要做客户的仆人'……与客户打交道的态度，同时还意味着将'客户至上'贯彻始终……特别是接待客户的姿态，要把自己定位为心甘情愿为客户服务的仆人。'心甘情愿'不是'勉勉强强不得已'的意思，而是乐于当客户的仆人，主动、愉快地为客户服务……不肯尽力去做客户的仆人，不管销售战略如何高明，也只能是画饼充饥。即使一时取得了成功，也只是单笔买卖，成功难以延续……对客户的态度、服务是没有界限的。所以，必须当好客户的仆人，为客户提供最好的服务。"①

研究发现，在日本长寿企业中，客户是"上帝"，企业不仅把客户视为"衣食父母"，而且把客户当作企业存在的根基。因而各企业都把为客户服务、为社会做贡献列入社会方针和司训之中。很多企业采用这种客户第一的策略②，虎屋就是其中之一。

虎屋创立于16世纪，是日本最古老的和果子企业之一。根据资料显示，从虎屋创业到现在，已经拥有400多年的历史了。不过，虎屋的骄傲不只在于拥有悠久的历史，还源于日本皇宫曾经是自己的客户。据资料显示，从虎屋创办时起，虎屋就成为御用糕点店。在后来的发展中，虎屋开设了位于京都皇宫附近的广桥殿町的门店，即现在的虎屋一条店。

在虎屋，客户至上的经营指导思想早就根植于虎屋经营者的血液中，可以这样说，有客户才有虎屋。在虎屋这个长寿企业中，有一个存在了400多年的店规。这个店规最初是虎屋的中兴之祖黑川圆仲在日本天正年间（1573—1592）制定的。在日本文化二年，即1805年，虎屋第九代掌门人黑川光利以此作为基础，修改制

①　稻盛和夫：《稻盛和夫：经商的根本，在于"取悦顾客"》，《中国储运》2019年第7期。

②　佐藤光政、陈文芝：《从日本长寿企业看日本式经营（下）》，《现代班组》2017年第12期。

定了现有的虎屋店规，详见表8-1。

表8-1　虎屋的店规内容

序号	店规内容
第一条	早上六时起床，打开店门，洒扫庭除。居家节俭为第一，关于此项若有提议，各人可书面陈述己见
第二条	御用糕点，切忌不净，各人务必铭记在心。 以上一条于人于己皆有益处。勤洗手，常漱口。无论何时，有无旁人，皆当厉行清洁。 严禁女人参与御用糕点之制作，不得疏忽。 平素亦当保持各人身体之清白
第三条	宫中自然不必多说，切莫利用送货之便与客户闲聊，只需要恭恭敬敬，事后尽快返店。途中不可办理私事
第四条	不必说宫中御用，接待任何客户切不可有不予理睬等无礼之事，须处处用心。亦不可有议论客户的风言风语

在第一条店规中就规定，早上六点必须起床，之后打开店门，然后洒扫庭除。这主要是在当时，所有店员都吃住在虎屋这家店铺里，所以可以同时起床、打扫清洁。然而，让读者可能没有想到的是，在第一条店规中，居然还提到如何才能做到节俭的问题，希望虎屋店员积极提出各自的建议。

虎屋的第二条店规，主要是针对宫中御用糕点店的详细规定。对任何一个食品企业而言，严格的卫生管理都是必需的。不过，在该店规中让我们觉得有意思的是，无论什么时候，无论有没有他人看到，都必须例行清洁的这条规定。还有就是不准女人参与的规定。看来制作御用糕点是男人的专利。也许他们和打制刀剑的匠人一样，穿上纯白的衣裳，还在作坊四周拉上稻草绳，不准外人进入，以示神圣。

虎屋的第三条店规就规定了店员不准利用外出机会偷懒取巧，或办理私事。当然，一旦不严格进行管理，店规自然就会松懈。

虎屋的第四条店规中，详细地论述了客户至上的理念。即"接待任何客户切不可有不予理睬等无礼之事，须处处用心。亦不可有议论客户的风言风语"。

从虎屋的店规可以看出，糕点店通过质量和价格赢得客户。为了让每位客户愉快地购买商品，要注意不要对客户评头论足。这是处世的原则，也是贯彻执行客户至上原则的理所当然的措施。[①]对此，虎屋第 17代掌门人黑川光博社长强调，客户至上才是虎屋的根本。有了客户，才会有糕点店，才会有虎屋。当然，这是虎屋能够发展至今的基因之一。

不管是任正非，还是和稻盛和夫，还是黑川光博，他们都认为只有满足客户的合理需求，才能提升客户的忠诚度，否则客户就会离开。据华为的客户称，任正非在接见自己时，双手递上自己的名片，并谦逊地说"我是任正非"，这样的接待让客户无比感动。

> "我们在经历长期艰难曲折的历程中，悟出了'以客户为中心，以奋斗者为本'的文化，这是我们一切工作的魂。我们要深刻地认识它，理解它。"

2007年8月9日，美国次级房屋信贷危机开始浮现，由此演化为一场全球性的

① 船桥晴雄：《日本长寿企业的经营秘籍》，彭丹译，清华大学出版社，2011，序言。

金融危机。据了解，在早期，次级房屋信贷危机爆发后，投资者不再看好按揭证券的潜在价，由此引发流动性危机。

美国纽约大学理工学院（The Polytechnic Institute of New York University）风险工程教授纳西姆·塔勒布（Nassim Taleb）就曾强烈警告银行处理风险的方法。纳西姆·塔勒布说道："全球一体化创造出脆弱和紧扣的经济，表面上出现不反复的情况及呈现十分稳定的景象。换言之，它使灾难性的黑天鹅理论（意指不可能的事情）出现，而我们从未在全球崩溃的威胁下生活过。金融机构不断地进行整合并购而成为少数几家的超大型银行，几乎所有的银行都是互相关联的。因此整个金融体系膨胀成一个由这些巨大、相互依存、叠床架屋的银行所组成的生态。一旦其中一家银行倒下，全部银行都会垮掉。银行间日趋剧烈的整合并购似乎有降低金融危机的可能性，然而一旦发生了，这个危机会变成全球规模的危机，并且伤害我们至深。过去的多样化生态是由众多小型银行组成的，分别拥有各自的借贷政策。而现在，所有的金融机构互相模仿彼此的政策使得整个环境同质性越来越高。确实，失败的概率降低了，但一旦失败发生……结果令我不敢想象。" ①

纳西姆·塔勒布认为："当我看着这场危机，就好比一个人坐在一桶炸药之上，一个最小的打嗝也要去避免。不过不用害怕：他们（房利美）的大批专家都认为这事'非常不可能'发生。" ②

纳西姆·塔勒布提到的房利美（Federal National Mortgage Association，联邦国民抵押贷款协会）成立于1938年，是一家由政府出资的房屋贷款机构，也是最大的"美国政府赞助企业"，主要从事金融业务，是用以扩大在二级房屋消费市场上流动资金的专门机构。2008年9月，次贷危机发生后，房利美由美国联邦住房金融局接管，同时也从纽约证交所退市。

---

① [美]纳西姆·尼古拉斯·塔勒布.黑天鹅：如何应对不可预知的未来管理[M].北京：中信出版社，2018：33-35.

② 同上。

其后，蔓延的金融危机给世界经济的发展蒙上阴影。面对后金融危机的影响，任正非及时地调整自己的市场拓展策略，同时强化"以客户为中心，以奋斗者为本"的企业文化。任正非在内部讲话中告诫华为人道："我们在经历长期艰难曲折的历程中，悟出了'以客户为中心，以奋斗者为本'的文化，这是我们一切工作的魂。我们要深刻地认识它、理解它。"

在采取了一系列得当的措施后，尽管在当时的世界经济极为复杂的形势下，华为在2009年依然实现了稳健增长。华为的营业收入达到了人民币1491亿元（约合218亿美元），同比增长19%。伴随着华为全球市场的稳健发展，其市场规模效应已逐渐显现，盈利能力持续提升。[1]

2010年3月31日，华为在其官方网站上发布了2009年年报。据年报显示，华为实现稳健收入增长，全球营业收入人民币1491亿元，同比增长19%。同时，盈利能力持续提升，净利润达到人民币183亿元，净利润率为12.2%。2009年华为实现人民币217亿元经营性净现金流，同比增长237%。上述数据见表8-2。

表8-2 华为2009年年度报告数据

单位：百万元人民币

项目	2009 年	2008 年	2007 年	2006 年	2005 年
收入	149059	125217	93792	66365	48272
营业利润	21052	16197	9115	4846	6752
营业利润率	14.1%	12.9%	9.7%	7.3%	14.0%
净利润	18274	7848	7558	3999	5519
经营活动现金流	21741	6455	7628	5801	5715
现金与现金等价物	29232	21017	13822	8241	7126
运营资本	41835	29588	23475	10670	10985
总资产	139653	118240	81059	58501	46433
总借款	16377	14009	2731	2908	4369
所有者权益	43316	37454	30032	20846	19503
资产负债率	69.0%	68.3%	63.0%	64.4%	58.0%

---

[1] 任正非：《CEO致辞》，搜狐网，2010年3月31日，https://it.sohu.com/20100331/n271235433.shtml，访问日期：2021年6月10日。

当华为在金融危机中保持着较高速度发展时，欧洲的大型电信企业以一种好奇和学习的态度赶赴深圳华为总部考察。

2010年12月，面对赶赴深圳华为总部取经的欧洲某大型电信企业高管们，任正非给其授课的题目是"以客户为中心，以奋斗者为本，长期坚持艰苦奋斗"。

在授课中，任正非说道："以客户为中心，以奋斗者为本，长期坚持艰苦奋斗。这就是华为超越竞争对手的全部秘密，这就是华为由胜利走向更大胜利的'三个根本保障'。我们提出的'三个根本保障'并非先知先觉，而是对公司以往发展实践的总结。这三个方面，也是个铁三角，有内在联系，而且相互支撑。以客户为中心是长期坚持艰苦奋斗的方向；艰苦奋斗是实现以客户为中心的手段和途径；以奋斗者为本是驱动长期坚持艰苦奋斗的活力源泉，是保持以客户为中心的内在动力。"

"以客户为中心，以奋斗者为本，长期坚持艰苦奋斗"是华为文化的本质

2012 年7 月，任正非在一份发言提纲中写道："西方公司的兴衰，彰显了华为公司'以客户为中心，以奋斗者为本，长期坚持艰苦奋斗'的正确。"

任正非的判断非常正确，只有以客户为中心，企业才有存在的可能。这也正是任正非的高明之处。华为一位高管举例说："中国人民大学商学院的一批EMBA（Executive Master of Business Administration，高级管理人员工商管理硕士）学员去英国兰开斯特大学交流访问，在考察了英国工业革命的辉煌历史后，再看今天的英国，感受到很大震撼。学员们向英国教授提到华为，对方评价道：华为不过是走在世界上一些曾经辉煌过的公司走过的路上。这些公司在达到顶峰之前也是客户导向的，也是不停奋斗的，但达到顶峰后它们开始变得故步自封，听不进客户的意见了，于是就衰落了。"①

华为正是因为坚持"以客户为中心"的客户思想，才得到了全球合作者的认可和赞誉。2010 年，任正非在"干部要担负起公司价值观的传承"内部讲话中，再

---

① 程婧：《阿里都上市了，这些牛企为何誓死不上市？》，《商界》2014年第9期。

次告诫华为人道："'以客户为中心，以奋斗者为本，长期坚持艰苦奋斗'，这是我们20多年悟出的道理，是华为文化的本质。我们的一切行为都归结为为客户提供及时、准确、优质、低成本的服务。"

> **"每天抬头看一眼'奋斗'，校正一下我们的任何动作是否能为客户有贡献，三五年时间也许就会有初步的轮廓。"**

长期以来，华为倡导"以客户为中心，以奋斗者为本，长期坚持艰苦奋斗"的理念，原因是这个理念是华为取得胜利之本。

2008年，在题为"让青春的火花，点燃无愧无悔的人生"的内部讲话中，任正非说道："我们过去从落后到赶上，靠的是奋斗；持续地追赶靠的也是奋斗；超越更要靠奋斗；为了安享晚年，还是要靠奋斗。什么时候不需要奋斗了呢？你退休的时候，安享奋斗给你积累的幸福，无论是心理上的，还是物质上的。我们要逐步建立起以奋斗者为本的文化体系，并使这个文化血脉流传下来。这个文化不是在大喊大叫中建立起来的，它要落实到若干考核细节中去，只要每个环节的制度制定者每天抬头看一眼'奋斗'，校正一下我们的任何动作是否能为客户有贡献，三五年时间也许就会有初步的轮廓。我们要继续发扬以客户为中心的'胜则举杯相庆，败则拼死相救'的光荣传统。"

很多人误读了华为的"狼性文化"，误以为加班、"床垫文化"就是"狼性文化"。对此，任正非回应称，华为倡导的"狼性文化"其实是"胜则举杯相庆，败则拼死相救"的企业文化。2019年10月15日，任正非在接受瑞典《工商业日报》记者约翰·尼兰德（Johan Nylander）关于华为"狼文化"问题的采访，华为以此闻名。尼兰德说："多年前，我见过一些在华为工作多年的老员工。那时华为还没有成为全球领导者，只是一个挑战者。过去一年华为所面临的困境有没有让华为又找到原来作为一个挑战者的感觉？‘狼文化’这种奋斗精神对华为内部来说，究竟有多重要？它在你们进行全球竞争时发挥了什么样的作用？”

对此，任正非回答说道：

"狼文化"是外部的编派讽刺我们的，我们自己没有说过，其来源是我根据生物特性和团队奋斗精神如何结合起来说的。我曾经在一篇文章上讲过狼的特性：第一，狼的嗅觉很敏感，很远的地方有肉，它都会跑过去，这是希望大家向狼学习，对市场机会和技术趋势具有敏锐性；第二，不会是一只狼去抢肉，而是一群狼去抢肉，这就要强调团队精神，不要总是一个人孤军奋斗；第三，狼的奋斗精神是不屈不挠的，抢不到肉还要抢，甚至有时奋不顾身，我们希望团队要向它学习奋斗精神。

我们还有部分人不是"狼"，要向"狈"学习。狈很聪明，但狈的前腿很短，后腿很长，没有独立作战能力，必须和狼结合在一起，才有战斗力。进攻时它抱着狼的后腰，狼冲锋的时候，它看到方向错了，屁股一摆，狼就对准了方向。狼和狈结合起来，是一个优质的团队协作。汉语里"狼狈"这个词是负面的，因为中国五千年社会是保守的，不喜欢进攻，这种积极进攻精神就被否定成为负面名词。

"狼文化"是外面给我们取的，并不是我们自己说有"狼"的文化。其实社会上起"狼文化"这个名字的时候，对华为是否定的，还有专家写文章说"狼很残忍，吃别人的肉"，我们讲的不是他那个概念，他都没有看过全文。华为那时还处于低潮阶段，社会对我们的批评很多，大家归纳出这个名词来，就流传开了。

关于华为"狼文化"的溯源，笔者认为可以追溯到1998年。1998年，在题为

"向中国电信调研团的汇报以及在联通总部与处以上干部座谈会上的发言"的谈话中，任正非说道："华为公司容许个人主义的存在，但必须融于集体主义之中。合益咨询公司曾问我是如何发现企业的优秀员工的，我说我永远都不知道谁是优秀员工，就像我不知道在茫茫荒原上到底谁是领头狼一样。企业就是要发展一批狼，狼有三大特性：一是敏锐的嗅觉；二是不屈不挠、奋不顾身的进攻精神；三是群体奋斗。企业要扩张，必须有这三要素。所以要构筑一个宽松的环境，让大家去努力奋斗，在新机会出现时，自然会有一批领袖站出来去争夺市场先机。市场部有一个'狼狈组织计划'，就是强调了组织的进攻性（狼）与管理性（狈）。当然只有担负扩张任务的部门，才执行'狼狈组织计划'。其他部门要根据自己的特征确定自己的干部选拔原则，生产部门如果由'狼'组成，产品就会像骨头一样，没有出门就让人给抢了。"

任正非认为，在华为"以客户为中心，以奋斗者为本，长期坚持艰苦奋斗"的价值观，必须坚持"胜则举杯相庆，败则拼死相救"的企业文化。这样的企业文化表现在以下两点：第一，在公司还弱小的时候，各个部门团结协作、互为补充，通过做好服务和诚信，来弥补产品质量与性能上的差距，发挥"胜则举杯相庆，败则拼死相救"的精神，至少可以使公司活下去；第二，公司要发展，就要通过变革的方式，将"胜则举杯相庆，败则拼死相救"的精神渗入到公司的日常管理制度中去，并通过与时俱进的有效激励，不断使之发挥出影响力。正因为如此，华为工程师前赴后继地"以客户为中心"，开展各项工作。在这里，我们就来分享一个真实的案例。

2007年初，从北京邮电大学博士毕业的李良川，通过层层选拔后顺利地加盟华为，在"传送产品线研究部"就职。虽然该部门只成立一年多，却从事"下一代高速光通信系统算法的研究和创新"工作。

刚入职华为的李良川，面对的首个挑战则是100G相干系统的算法研究和应用。在研究此算法前，李良川必须明确研发领先的波分产品。有两项要求：管道足够粗，传输容量足够大；足够长，传输的距离足够远。

为了解决"四足"需求，李良川团队的首要工作重点是，研究信号处理算法，集中一切资源突破现有波分产品的容量和距离限制，最大化地实现两个硬指标，彻底地甩开竞争者。

"功夫不负有心人"，李良川团队终于研究出一套完善的突破波分产品的容量和距离的解决方案。为了更好地让产品具有竞争力，产品线采取了"蓝军战略"，公开招聘该领域的"精英人群"组成"蓝军部队"，与内部"红军部队"研究团队进行"正面对抗"，最优方案通过红、蓝两军"竞赛"选拔。

蓝军部队的组建，使产品的竞争力大大提升。蓝军部队在该领域拥有丰富的经验，同时也提出了更有优势的技术方案，产品线因此也选择了蓝军的产品方案。

面对内部赛马败局，李良川团队倍感失落，却激发红军部队再次超越的勇气。经过完善产品线，李良川团队研究出"二代软判"前向纠错（Forward Error Correction，FEC）方案，极大地提升100G波分产品的传输距离。

此外，李良川团队还优化和改进了100G波分产品。当100G波分产品普及后，200G代际的研发随之而来。李良川反思说道："从100G升级到200G，如果基于教科书上的演进方式，可以实现容量翻番，但传输距离将从原来的上千千米断崖式下降到几百千米，无法满足波分系统的代际演进诉求：容量翻番、距离不变、成本不变。全世界的技术团队都遇到了这个难题。在长途波分领域，我们在市场上一直是领先的，在技术上则是你追我赶，交替领先。因此，在100G到200G的代际演进中，谁能实现突破，取得领先就尤为关键。"[①]

鉴于此，要想保持竞争力，就必须解决产品在容量翻倍后，传输距离大幅下降的问题。李良川团队一直在探索，穷尽一切解决方法来突破这个瓶颈。

2013年，经过一系列的调研，李良川团队探索到一个解决传输距离有明显提

① 李良川：《这一次，我们撞线了》，《华为人》2019年第12期。

升的算法方案。遗憾的是，"在代码仿真的过程中，却始终无法验证方案的理论增益"。

当李良川团队迟迟不能攻克该难关时，一个德国的大学实验室取得了理论突破，发表了一个类似算法的研究成果。面对竞争，李良川团队不得不加快研发步伐。不得已，李良川团队再次梳理方案不能解决的问题所在。

几经梳理，李良川团队发现，当调整算法处理的先后次序时，就可以获得预期的性能增益。事后，李良川回忆说道："这真是让我们百感交集。虽然我们花了很多心血在这个方案上，但很遗憾，最后我们没有得到撞线的机会。"

此次失利，是因为德国实验室优先突破算法方案，这给全世界的波分产品研究团队指明了方向，各种以此为基础的改进优化方案由此展开。李良川分析说道："虽然在工程开发进度上各个公司有差异，但由于在技术方案选择上趋同，可以预期最后的产品规格很难有太大的差异。"

在李良川看来，波分产品的趋同技术方案肯定会让产品规格指标近乎相同，这就无法实现绝对领先。一旦要实现绝对领先，就需要差异化的技术解决方案。李良川说道："要体现研究团队的价值，就要在业界常规的技术路线之外探索差异化且性能更好的技术方案，这也是我们的追求。"

当主流的解决方案都积聚在某一方案时，提出创新的差异化技术解决方案，就会引发来自不同阵营的各种质疑。李良川举例说道："一个战略产品的关键技术方向，业界都认为做不出来，凭什么我们就能做出来？"

面对这样的质疑，李良川团队不得不查阅与之相关的研究领域的论文。当他们查阅和分析了近几十年的数百篇论文后发现，一篇1976年的技术论文竟然提供了一个原始的解决思路。李良川介绍称，该论文仅仅是一个纯理论的数学推导，却从数学原理上证明存在一个具备理论优势的方案。

经过反复推演，李良川团队终于"吃透"了该理论。李良川说道："我们开始撰写代码、搭建仿真平台，基于仿真结果确认此方案可以提升性能，在关键指标上能大幅超越业界现有方案。"

当解决了困扰多时的方案后，李良川团队依托方案基本架构申请了专利，并在华为首届十大发明评选中获得第二名，这让李良川团队信心倍增。接下来，李良川团队就是解决波分产品的产品商用落地问题。

为进一步地论证该方案落地的可行性，李良川团队在各种学术会议上与业界专家讨论和交流。在交流中，一部分人认为，该技术拥有不错的市场前景，但是大部分专家却认为，该工程的难度超乎想象，且可行性低。

经过多轮的反复分析和讨论，李良川团队认为，该工程难度的确很大，但是理论可行，可以渐渐地克服工程困难。耗时一年多后，产品的新一版芯片开始再次规划，李良川团队当然有意把新方案应用于产品中。经过多轮激烈的争论，产品线还是认为，李良川团队的解决方案不够完善，距离真正落地的产品芯片依旧存在差距。李良川团队的方案再次落选。

李良川反思说："虽然我们已经把一堆数学公式变成了一个比较接近产品原型的算法，但它还有一些关键问题需要解决，还需要更细致的打磨和改进。"

再次败北的方案让李良川团队面临巨大压力。李良川坦言当时的窘境："这条技术路线是否继续坚持下去？产品关注的工程难题是否最终能被我们解决？是不是这个方向真的走错了？"

李良川团队已经没有退路，一方面，经过如此长时间的投入和努力，此刻已经胜利在望；另一方面，李良川团队也得到部门主管领导的大力支持。部门主管领导认为，即使该方案最后没能做成，"但是如果能排除产品线在技术路线上错漏的风险，也是有价值的。他一直鼓励我们不要顾虑太多，好的方案天然就有生命力，迟早会被识别出来的，同时也要求我们按照产品工程约束，全力攻关技术困难"。[①]

之所以没有"撞线"，是因为无法解决"技术方案的工程约束，即最大的困难

---

① 李良川：《这一次，我们撞线了》，《华为人》2019年第12期。

就是时钟恢复。由于方案设计的特殊性，常规的时钟恢复方案无法应用"。针对该技术难点，李良川团队特地咨询了华为内外很多专家，专家们普遍认为该方案难度太大。正是因为该方案技术难度太大，才成为困扰李良川团队无法突破整体方案的一个瓶颈。也就是说，"这点过不去，整个方案也过不去，就要被拖死在这里，这就成了我们的一个关键突破点"。①

事后，李良川介绍道："当最核心的困难解决后，其他的问题也顺理成章地解决了，最终依托我们创新方案的新一版芯片立项，支撑了200G长途波分代际演进，助力新一代波分产品在传输性能上绝对领先。"

几经改进，李良川团队研发的波分产品终于突围，赢得产品线和客户的认可。

"艰苦奋斗是华为文化的魂、华为文化的主旋律，我们任何时候都不能因为外界的误解或质疑动摇我们的奋斗文化。"

纵观华为的发展史，任正非之所以把艰苦奋斗视为华为文化的魂、华为文化的主旋律，与华为自身的发展有关。

20世纪90年代，华为创业没多久，没有足够的流动资金。在这样艰难的日子里，华为人把自己的工资、奖金投入公司，每个人只能拿到很微薄的报酬，发工资经常"打白条"，绝大部分干部、员工长年租住在农民的住房里，用有限的资金购买原材料、实验测试用的示波器。在资金、技术等各方面条件都匮乏的情况下，在任正非的领导下，华为人咬牙"把鸡蛋放在一个篮子里"，紧紧依靠集体奋斗，群策群力，日夜攻关，利用压强原则，重点投入重点突破，终于研制出了数字程控交换机。

① 李良川：《这一次，我们撞线了》，《华为人》2019年第12期。

正是因为如此，才形成了众人皆知的"床垫文化"。在中国企业界，华为有几个标签，其中就有"床垫文化"。或许让很多读者想不到的是，与很多企业员工下班就急于回家不同的是，华为员工愿意主动加班，甚至把床垫带到办公室。

查阅华为的历史我们发现，在创业初期，加盟华为的新员工报到时，先到华为总务室去领一条毛巾被和一个床垫。这主要方便员工在午休时席地而卧，既方便，又非常实用。

由于工作任务繁重，华为人为了更快地研发新产品，甚至会加班到晚上，很多人不愿意回到宿舍休息，就把床垫铺开，累了就睡，醒来后再继续工作。为此，华为人自豪地说道："床垫文化意味着从早期华为人身上的艰苦奋斗，发展到现在的思想上的艰苦奋斗，构成华为文化一道独特的风景。"

例如，被任正非誉为"软件大师"的张云飞，在华为工作期间，他一直主持软件开发。在刚加盟华为的一段时间，他工作、睡觉几乎都是在办公室。在一个大办公室里靠墙的地上，铺着十几个床垫，类似一个大通铺。

据张云飞介绍，在华为就职期间，没有人规定上下班时间，但是人人都加班到深夜。当其他人在睡觉后，张云飞把每个人修改的代码审查一遍，然后重新整合在一个版本里，再上机加载测试验证一下后发布出来……这时候差不多天也亮了，张云飞才去睡觉。正是这样的奋斗，才为华为成为世界顶级企业打下了基础。

当奋斗成为华为文化后，一些负面的新闻也随之而来。2006年6月，25岁的工程师胡新宇不幸因病去世。公开资料显示，胡新宇2005年毕业于成都电子科技大学，硕士学历，毕业后加盟华为，主要从事研发工作。

胡新宇在因病住医院以前，经常加班加点，甚至是打地铺过夜。在创业初期，华为的管理体系不完善，加上华为坚持客户至上的战略，很多员工经常需要工作至深夜，其后就铺一张床垫休息。这就是华为"床垫文化"的由来。

当胡新宇病故的新闻刊载在许多大媒体上时，甚至有些媒体将胡新宇的病故批评为"过劳死"。如《纪念胡新宇君》《天堂里不再有加班》《华为员工的命只值一台交换机的钱》等文章，这样的报道无疑将华为推向了舆论的风口浪尖。

媒体和外界一片声讨"床垫文化"声，一些媒体针对华为个别员工的死亡事件，铺天盖地指责华为的"床垫文化"和奋斗精神。

针对媒体的指责，任正非的解释是："在创业初期，我们的研发部从五六个开发人员开始，在没有资源、没有条件的情况下，秉承20世纪60年代'两弹一星'艰苦奋斗的精神，以忘我工作、拼命奉献的老一辈科技工作者为榜样，大家以勤补拙，刻苦攻关，夜以继日地钻研技术方案，开发、验证、测试产品设备……没有假日和周末，更没有白天和夜晚，累了就在地板上睡一觉，醒来接着干，这就是华为'床垫文化'的起源。虽然今天床垫主要已是用来午休，但创业初期形成的'床垫文化'记录的是老一代华为人的奋斗和拼搏，是我们宝贵的精神财富。"

为了应对这来势汹汹的危机事件，时任华为公司新闻发言人的傅军在接受媒体采访时沉痛地说：

"胡新宇是一名很优秀的员工，他在工作、生活中都表现很出色，深受同事们的喜爱。他发病之后，公司的领导一直非常关注，指示要保证他的治疗费用，要不惜一切代价抢救，还从北京请来专家进行会诊。在他住院期间，很多同事都去探望并自发捐款希望能留住他，公司上下都为他的不幸去世感到痛心，为新宇的父母失去这样优秀的儿子感到惋惜，对胡爸爸和胡妈妈致以真诚的慰问。在与家属沟通协商后，公司给家属一定数额的抚恤金。

"虽然专家诊断的结论是，胡新宇的去世跟加班没有直接的因果关系，但加班所造成的疲劳可能会导致免疫力下降，给了病毒可乘之机。所以这件事情发生之后，公司再一次重申了有关加班的规定：第一是加班至晚上10时以后，要领导批准；第二是严禁在公司过夜。"

他又说，信息技术行业竞争很激烈，甚至很残酷，在华为面向全球的拓展中，有一些客户的要求需要快速满足。因此一些团队和小组短期内加班来快速响应，这不仅仅在华为，在信息技术业界都是较为普遍的现象。

"即使需要加班，在加完班之后，按公司规定，加班的员工可以随后进行调休，公司也给员工发了温馨提示，希望大家关注身体健康，做到劳逸结合。

"当年公司第一代创业者就像当年美国硅谷的创业者们一样，经常挑灯夜战，甚至在公司过夜，这对当时处于创业期的华为来说是必要的。但创业期和发展期不一样。1996年之后，用床垫在公司过夜的情况非常少了。虽然几乎每个员工都有床垫，但那是用来午休的，不是用来在公司加班过夜的。"①

尽管傅军解释了"床垫文化"，并告知媒体、网友，他们误解了"床垫文化"，但是也由此拉开了批判华为"床垫文化"的序幕。

在媒体一场气势汹涌的声讨中，昔日曾笼罩在层层光环下的"狼性文化"被质疑和批判，因为媒体将矛头对准了华为的企业文化，将"床垫文化"等同于"狼性文化"，认为这种只顾进攻而不善于顾念到人性的文化已经不合时宜。

当胡新宇事件发生两年多以后，任正非在华为市场大会上激愤地说道："有人不是在炒作以奋斗者为本、炒作华为的奋斗吗？我说奋斗怎么了？我们全是向共产党学的，为实现共产主义而奋斗终生，为祖国实现四个现代化而奋斗，为了你的家乡建设得比北京还美而奋斗，生命不息、奋斗不止。这些都是共产党的口号，我们不高举共产党的口号，我们高举什么？"

在《天道酬勤》一文中，任正非写道："艰苦奋斗是华为文化的魂，是华为文化的主旋律，我们任何时候都不能因为外界的误解或质疑动摇我们的奋斗文化，我

---

① 叶志卫、吴向阳：《胡新宇事件再起波澜 华为称网友误解床垫文化》，《深圳特区报》2006年6月14日。

们任何时候都不能因为华为的发展壮大而丢掉了我们的根本——艰苦奋斗。"

在该文中，任正非解释了"任何时候都不能因为华为的发展壮大而丢掉了我们的根本——艰苦奋斗"的原因。任正非依然特立独行，有着自己的考量。在《天道酬勤》一文中，任正非回应了媒体的批评。任正非说："自创立华为那一天起，我们历尽千辛万苦，一点一点地争取到订单和农村市场。我们把收入都拿出来投入到研究开发上。当时我们与国际通信巨头的规模相差200倍之多。通过一点一滴锲而不舍的艰苦努力，我们用了十余年时间，终于在2005年，营业收入首次突破了50亿美元，但与国际通信巨头的差距仍有好几倍。最近不到一年时间里，业界几次大兼并：爱立信兼并马可尼，阿尔卡特与朗讯合并、诺基亚与西门子合并，一下子使已经缩小的差距又陡然拉大了。我们刚指望获得一些喘息，直一直腰板，拍打拍打身上的泥土，没想到又要开始更加漫长的艰苦跋涉……"

任正非坦言，正是艰苦奋斗，缩短了华为与国际通信巨头的差距。任正非说道："华为在茫然中选择了通信领域，是不幸的。这种不幸在于，所有行业中，实业是最难做的，而所有实业中，电子信息产业是最艰险的；这种不幸还在于，面对这样的挑战，华为既没有背景可以依靠，也不拥有任何资源，因此华为人尤其是其领导者将注定为此操劳终生，要比他人付出更多的汗水和泪水，经受更多的煎熬和折磨。唯一幸运的是，华为遇上了改革开放的大潮，遇上了中华民族千载难逢的发展机遇。公司高层领导虽然都经历过公司最初的岁月，意志上受到一定的锻炼，但都没有领导和管理大企业的经历，直至今天仍然是战战兢兢、诚惶诚恐。因为十余年来他们每时每刻都切身感悟到做这样的大企业有多么难。多年来，唯有更多身心的付出，以勤补拙，牺牲与家人团聚、自己的休息和正常的生活，牺牲了平常人都拥有的很多的亲情和友情，销蚀了自己的健康，经历了一次又一次失败的沮丧和受挫的痛苦，承受着常年身心的煎熬，以常人难以想象的艰苦卓绝的努力和毅力，才带领大家走到今天。"

任正非回忆当年的创业经历称："为了能团结广大员工一起奋斗，公司创业者和高层领导干部不断地主动稀释自己的股票，以激励更多的人才加入这从来没有前人做过和我们的先辈从未经历过的艰难事业中来，我们一起追寻着先辈世代繁荣的梦想，背负着民族振兴的希望，一起艰苦跋涉。公司高层领导的这种奉献精神，正是用自己生命的微光，在茫茫黑暗中带领并激励着大家艰难地前行，无论前路有多少困难和痛苦、有多少坎坷和艰辛。"

此外，由于中国是世界上最大的新兴市场，国际通信巨头都云集于此。华为从创立开始，就意味着在自己家门口与国际通信巨头进行全球最为惨烈的竞争。任正非说道："我们不得不在市场的夹缝中求生存。当我们走出国门拓展国际市场时，放眼一望，所能看得到的'良田沃土'早已被西方公司抢占一空，只有在那些偏远、动乱、自然环境恶劣的地区，他们动作稍慢、投入稍小，我们才有一线机会。为了抓住这最后的机会，无数优秀华为儿女离别故土，远离亲情，奔赴海外，无论是在疾病肆虐的非洲，还是在硝烟未散的伊拉克，或者海啸灾后的印度尼西亚，以及地震后的阿尔及利亚……到处都可以看到华为人奋斗的身影。我们有员工在高原缺氧地带开局，爬雪山，越丛林，徒步行走了8天，为服务客户无怨无悔；有员工在国外遭歹徒袭击头上缝了30多针，康复后又投入工作；有员工在飞机失事中幸存，惊魂未定又救助他人，赢得当地政府和人民的尊敬；有员工在恐怖袭击中受伤，或几度患疟疾，康复后继续坚守岗位；我们还有3名年轻的非洲籍优秀员工在出差途中飞机失事不幸罹难，永远地离开了我们……18年的历程，10年的国际化，伴随着汗水、泪水、艰辛、坎坷与牺牲，我们一步步艰难地走过来了，面对漫漫长征路，我们还要坚定地走下去。"

翻阅资料发现，《天道酬勤》一文刊发在华为公司内部刊物《华为人》（第178期）2006年7月21日的头版头条上，任正非在文中回顾了华为艰苦奋斗的传统和不断积极进取的危机意识，再次重申华为 "不奋斗，华为就没有出路"的指导思想，见图9-1。

图9-1 《华为人》（2006年7月21日）

有研究者甚至认为，该文也是对网络热炒"过劳死""床垫文化"等指责的非正式回应，同时，在内部员工层面实现了高度统一的认识。随着这篇文章很快流传开来，华为对"艰苦奋斗"精神的坚持很快赢得了社会公众的支持，而原先喧嚣于网络的指责之声也日渐沉寂了下去。一场公关危机从万夫所指到后来的逐渐平息，显示了任正非在处理企业危机时的果敢与坚决。①

"其实我们的文化就只有那么一点：以客户为中心，以奋斗者为本。"

在华为的国际化过程中，并没有任何国际化经验可以借鉴，只能凭借自己的艰苦奋斗，在拓展国际市场中摸爬滚打，在残酷的竞争中学习，终于苦尽甘来。

根据华为发布2015年年报，全球营业收入人民币3950亿元，同比增长37.1%，国际市场营业收入占比为58%。其中运营商业务、企业业务和消费者业务领域均获得了有效增长，见图9-2。

---

① 吴洪刚：《"床垫文化"的昭示》，《销售与市场》2006年第7期。

单位：百万元人民币

类型	2015 年	2014 年	同比变动
运营商业务	232307	191381	21.4%
企业业务	27609	19201	43.8%
消费者业务	129128	74688	72.9%
其他	5965	2927	103.8%
合计	395009	288197	37.1%

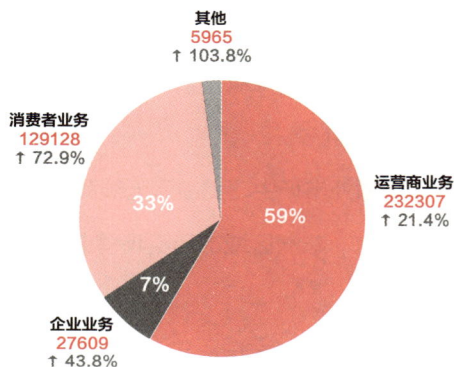

图9-2　2015年华为运营商业务、企业业务和消费者业务收入占比

在区域收入占比方面，中国区域市场占比为42%；欧洲、中东、非洲区域市场占比为32%；美洲区域市场占比为10%，亚太区域市场占比为13%，见图9-3。

单位：百万元人民币

区域	2015 年	2014 年	同比变动
中国	167690	108674	54.3%
欧洲、中东、非洲	128016	100674	27.2%
亚太	50527	42409	19.1%
美洲	38976	30844	26.4%
其他	9800	5596	75.1%
合计	395009	288197	37.1%

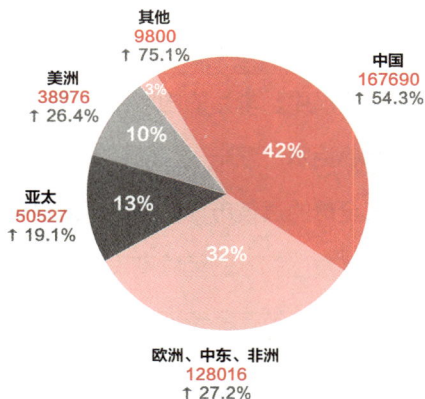

图9-3　华为2015年区域营业收入分布占比

在区域收入占比方面，2015年年报中提到，受益于运营商第四代通信技术（4G）网络建设、智能手机爆发式增长以及企业行业解决方案能力的增强，中国区域市场实现营业收入人民币1677亿元，占比为42%，在所有区域中占比最高，同比增长54.3%。

在海外市场中，受益于无线和固定网络快速增长及智能手机市场份额提升，欧洲、中东、非洲区域市场实现营业收入人民币1280亿元，占比为32%，同比增长27.2%。

在亚太区域市场，受益于印度、菲律宾、泰国等市场基础网络建设，该区域保持了良好的增长势头，实现营业收入人民币505亿元，占比13%，同比增长19.1%。

在美洲区域市场，受益于墨西哥、阿根廷、秘鲁等国家运营商通信网络大幅投资及美国智能手机业务的快速增长，该区域营业收入同比增长26.4%，达到人民币390亿元。

取得这样的业绩，2015年在"与任正非的一次花园谈话"中，任正非说道："其实我们的文化就只有那么一点：以客户为中心，以奋斗者为本。"

纵观华为的发展历程，其实就是一个艰苦奋斗的过程。华为从当初一个籍籍无名的深圳小企业，发展成为全球前五大通信设备商，仅仅用了20多年的时间。在国际化拓展中，华为的国际化之路也走得艰难而曲折。华为的国际化是建立在华为人汗水、泪水、艰辛、坎坷与牺牲的基础之上的。

在全球的通信市场，中国通信设备商已经凸显了自己的存在，不管是发展中国家，还是发达国家的运营商设备采购招标活动中，中国通信设备商以自身的实力打破了中国高科技产品走不出国门的宿命。在其中，华为就是较为出色的领军者。

关于华为的国际化，任正非在内部讲话中谈道："华为的成功在于坚持不懈地推进'鸡肋战略'，在西方大公司看不上的盐碱地上，我们一点一点地清洗耕耘，所以我们把网络产品做到了世界第一，这是华为立足的基础。思科的危机在于毛利过高，我们不谋求暴利，才活了下来。而且，这么薄的利润也逼着公司在很窄的夹缝中锻炼了能力，提高了管理水准。"

反观华为的国际化不难发现，最初的国际化是在 1996 年进入中国香港市场开始的，此后从俄罗斯再到非洲、拉丁美洲、中东等第三世界国家和地区。这样的国际化发展顺序可以看出，华为的国际化战略优先考虑了通信设备发展较落后的地区，遵循了一个由浅入深的过程。这就是被业界称为"农村包围城市"的国际化战略。华为正是选择了这样的国际化路径，给华为的成功打下坚实的基础。

正是在"农村包围城市"的国际化战略背景下，俄罗斯和拉丁美洲市场因此作为华为的目标市场。早在1994年，华为就有意拓展俄罗斯这块蓝海市场。在这三年间，华为积极地组织了数十个代表团访问俄罗斯，前后达到数百人次。其间，华为也数次邀请俄罗斯代表团访问华为。

在经过充分准备后，特别是在俄罗斯积蓄了三年的市场力量后，华为才发起冲锋。尽管如此，华为对能否打开俄罗斯电信市场，却依然没有百分之百的把握。

华为与任何一个致力于国际化的企业一样，在拓展国际市场的初期，也走了很多弯路。根据华为当初的销售人员介绍说："1996年负责客户线的员工刚开始去的时候，一个地方一去两个星期，连个客户的影子都看不到，更不用说介绍产品了。"

1997年，由于俄罗斯经济陷入低谷，迟迟不能走出经济危机，加上卢布贬值、经济形势一泻千里。在当时，比如NEC（日本电气）、西门子、阿尔卡特等国际通信巨头纷纷溃逃，甚至从俄罗斯市场撤资。正是在这样的背景下，俄罗斯市场缺乏竞争对手，这无疑给了华为一次难得"搭台唱戏"的绝好机会。

时任华为独联体地区部总裁的李杰，就是在这样的条件下被派往俄罗斯市场的。据李杰介绍，1998年，俄罗斯的天气倒是不冷，可是通信设备市场实在太冷了，而且紧接着发生的一场金融危机，使俄罗斯整个电信业都停滞下来。

李杰回忆说："有在打官司的，有在清理货物的，官员们走马观灯似的在眼前晃来晃去，我不仅失去了嗅觉，甚至视线也模糊了。那时候，我唯一可以做的就是等待，由一匹狼变成了一头冬眠的北极熊。"

同年，作为拓展俄罗斯市场主将的李杰，几乎是颗粒无收，一无所获。除了与俄罗斯积极沟通外，就是告诉合作者，华为还在坚守俄罗斯市场。

1999年，经过一系列努力的李杰，仍然毫无进展，一无所获。在日内瓦世界电信大会上，任正非告诫李杰说："李杰，如果有一天俄罗斯市场复苏了，华为却被挡在了门外，你就从这个楼上跳下去吧。"

听到任正非的指示，李杰马不停蹄地开始在当地组建营销队伍，将这些营销人员培训后送往俄罗斯的各个地区市场。

经过多方努力，华为以此为基础建立了合资企业——贝托华为。在不断拜访客户中，李杰一行认识了俄罗斯一批运营商管理层，经过了解和频繁沟通后，华为与俄罗斯运营商的信任终于得以建立，形成了当时最主要的客户群。

在艰难的起步中，俄罗斯国家电信局给了华为一张只有区区12美元的订单。尽管如此，华为依然锲而不舍地坚持投资俄罗斯市场。

当普京就任俄罗斯总统后，开始全面整顿俄罗斯的宏观经济，使得俄罗斯经济回暖。与俄罗斯沟通几年的华为，终于抢在其他竞争者之前，赢得俄罗斯政府新一轮采购计划头班车的车票。其后，华为屡获战绩：2001年，华为与俄罗斯国家电信部门签署了上千万美元的GSM设备供应合同；2002年底，华为又取得了3797千米的超长距离320G的从圣彼得堡到莫斯科国家光传输干线（DWDM系统）的订单；2003年，华为在独联体国家的营业收入一举超过3亿美元，位居独联体市场国际大型设备供应商的前列。[1]

---

[1]　李超、崔海燕：《华为国际化调查报告》，《IT时代周刊》2004年第10期。

第10章

只有比别人更多一点奋斗
才能拿到订单

长久以来，华为被《华尔街日报》《华盛顿邮报》等外媒污名化。这些媒体一直认为华为的成功是通过投机等手段获得的，却忽视了华为从创业到如今19.7万员工的贡献。正是因为如此，《华尔街日报》《华盛顿邮报》等外媒戴着有色眼镜，想当然地报道"地缘政治"里的华为。

早在2006年，在题为"天道酬勤"的内部讲话中，任正非就回应过这个问题。任正非说道："我们没有国际大公司积累了几十年的市场地位、人脉和品牌，没有什么可以依赖，只有比别人更多一点奋斗，只有在别人喝咖啡和休闲的时间努力工作，只有更虔诚地对待客户，否则我们怎么能拿到订单？"

"面对我们所处的产品过剩时代，华为人除了艰苦奋斗还是艰苦奋斗。从来就没有什么救世主，也不靠神仙皇帝，要创造我们的幸福，全靠我们自己。"

任正非在题为"天道酬勤"的内部讲话中谈道:"1994 年,我们第一次参加北京国际通信展,在华为展台上,'从来就没有救世主,也不靠神仙皇帝,要创造新的生活,全靠我们自己'这句话非常与众不同,但对华为员工来讲,这正是当时情况的真实写照。"

在讲话中,任正非引用《国际歌》第二段中的一句足以说明在创业初期华为曾经的创业维艰,以及赢得客户认可的艰难。

提及《国际歌》,在中国家喻户晓,却很少有人知道其创作背景。1871年,在"普法战争"中,当时的法国被普鲁士击败,普军已经兵临巴黎城下。

面对战败的结局,法国政府只能屈膝投降。同年3月,法国政府军队镇压巴黎市民武装,"巴黎工人起义"由此爆发。

其后,起义工人占领巴黎全城,通过人民选举,组建了"巴黎公社"政府。被赶下台的资产阶级政府不可能甘心失败,于是卷土重来,发起对巴黎公社的多轮进攻。1871年5月21日至28日,公社战士与被赶下台的政府军展开巷战。1871年5月28日,巴黎公社失败。

起义失败后,作为公社领导人之一的欧仁·鲍狄埃(Eugène Edine Pottier)创作了诗歌《英特纳雄耐尔》(又译《国际工人联盟》),以《马赛曲》的曲调进行演唱。

1888年,作为法国工人作曲家的皮埃尔·狄盖特(Pierre De Geyter),专门给《国际歌》谱写了曲子,《国际歌》的词曲就此创作完成。

1920年,文学家瞿秋白将《国际歌》翻译成中文。1923年,翻译家萧三在莫斯科根据俄文转译、由陈乔年配唱的《国际歌》开始在中国传唱。1962年,《国际歌》的译文重新加以修订。[1]

纵观华为的发展历程就不难理解任正非引用《国际歌》,原因是华为的创业

---

① 宋士锋:《〈国际歌〉中文译配版权应属瞿秋白》,《文史精华》2014年第14期。

史就是一部艰苦奋斗的历史。2015年1月22日，任正非在"达沃斯"现场接受了BBC首席财经记者琳达·岳采访时说道："中国的改革开放，还没有真正走向允许这种产业的存在。但是中国面临着一个历史问题，这个问题就是大规模的知识青年回城了，没有工作，无法安排，政府就号召他们创业，卖馒头、做东西、卖大碗茶。政府无心插柳柳成荫，中国民营企业、私营企业，可能就是从这些馒头店、大碗茶开始起步的。"

对于创建华为的动因，任正非直言，创建华为源于自己在工作中的失误，被南油集团①辞退。被辞退后，任正非被逼入绝境，不得不面临人生至暗时刻的抉择——创业或者另外找个单位就职。正在这种选择中犹豫时，深圳"18号文件"的出台让任正非看到了自己的用武之地——创建科技企业，实现自己的战略宏图。

所谓"18号文件"，是指深圳市《颁发〈深圳市人民政府关于鼓励科技人员兴办民间科技企业的暂行规定〉的通知》，见图10-1。

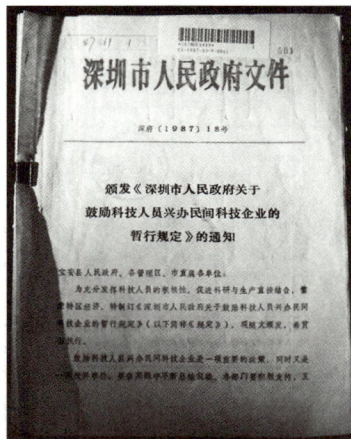

图10-1 《颁发〈深圳市人民政府关于鼓励科技人员兴办民间科技企业的暂行规定〉的通知》

---

① 深圳南油集团有限公司成立于1984年8月8日，是由深圳市投资管理公司、中国南油石油联合服务总公司及中国光大集团共同投资的大型中外合资企业。

该文件的出台，专门明确了"民间科技企业"，开中国民营科技企业的先河。所谓"民间科技企业"，是指科技人员自愿联合投资、从事科技开发及有关的生产、销售、咨询服务等经营活动的企业。同时也明晰了自1956年公私合营以来的民营企业的产权问题，拉开了中国科技企业追赶欧美等跨国企业，与之争奇斗艳的大幕。

看到机会的任正非随即出手，迈出了华为创建的第一步。任正非和五名技术人员一起共同出资两万元，申请创办华为技术有限责任公司。

在"时间就是金钱，效率就是生命"的20世纪80年代的深圳，仅仅两月后，华为以民间科技企业的身份就获得了深圳市政府的批准。深府办〔1987〕608号《关于成立"深圳市华为技术有限公司"的批复》文件，见图10-2。部分内容摘录如下：

深圳市华为技术有限公司筹备组：

关于成立"深圳市华为技术有限公司"的请示收悉，经研究，批复如下：

一、同意成立"深圳市华为技术有限公司"，并原则同意公司章程。

二、该公司属民间科技企业，为责任有限公司。注册资本贰万元人民币。经营期限伍年，自本文下达之日起生效。

…………

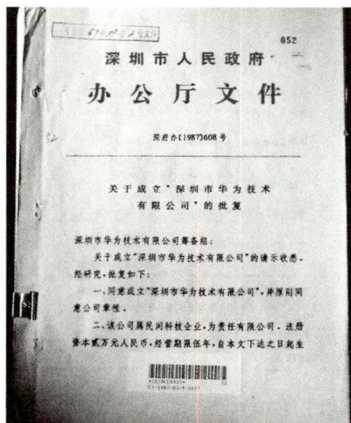

图10-2　《关于成立"深圳市华为技术有限公司"的批复》

直到今天，任正非在接受媒体采访时曾多次感叹："没有'18号文件'，我们不会创建华为。"2015年1月22日，在瑞士达沃斯论坛上，任正非解释了自己创业的动因。任正非说道：

创建华为并不是在我意想之中的事情。因为在20世纪80年代初期，中国军队大精简，我们被国家集体裁掉了。我们总要走向社会、总要生产，军人最大的特点就是不懂什么叫作市场经济。

第一个就是我们觉得赚人家的钱是很不好意思的事情，怎么能赚人家的钱呢。

第二个就是我们觉得给人家钱，人家就应该把货给我们，我们先把钱给人家没有什么不可以的，人都要彼此信任。这就是军队的行为，是不适应市场经济的。所以我刚到深圳的时候，其实就犯了错误，我那个时候是一个有二十几个人的小国企的副经理，有人说可以买到电视机，我说好，我们就去买，我们把钱给人家了，人家却说电视机没有了。

这样我就开始要追讨这些款，追这些款的过程是很痛苦的，并且我们上级并不认同我们，觉得我们乱搞，不给我们钱，让我们自己去追款。在追款的过程当中，我没有办法，没有任何人帮忙。我就把自己能找到的所有法律书读了一遍。从这些法律书中，我悟出来市场经济的道理：一个主体是客户，另一个主体是货源，中间的交易就是法律……

我不可能创造客户，因此我们第一要把住货源，要找到货源；第二要熟悉交易的法律诉讼。我们那个时候钱很少，还把代理业务做得溜溜转。那个时候我们很缺钱，这样的话，我们没有货源就寻求货源，我们就给人家做代理。

这个阶段走起来，我们就慢慢地摸到什么叫作市场经济这条路了。当时国有企业干得不好，人家又不要我。我还写了保证书，我不要工资，我要把这个公司的债务追回来。然后，我能领着这个公司前进，人家也不要我。最后"科委"说，你出来吧，你搞的都是大项目，不成功的。你就先搞小的。我就出来了。我出来后认为通信市场这么大，机会这么多，我搞一个小的总有机会吧。

由于幼稚，我才走上了这条路。一个碗扁一点没有关系，卖便宜一点，照样可以吃饭。但是通信产品，稍稍有点指标不合格，是全程全网的问题，会导致全世界通信出现问题，所以这是一个很难做的生意。

这样的话就对一个小公司是极其残酷的，一个小公司要做高技术标准，怎么可能？我们付出的就是生命的代价。我们不可能再后退，因为我们没有钱了，不可能后退，所以我们就走上了这条"不归路"，这也不是想象中的那么浪漫，也没有那么精彩，就是为了生活，我们就被逼上了梁山。①

在这段对话中，任正非直言，随着社会的变革，尤其是裁军后，他不得不转业。其后，由于他不适应当时的经商环境，结果栽了跟头后才开始创业的。

初创阶段的华为与其他创业企业一样，为了活下去，可以说是什么行业赚钱就做什么行业。

对于这一点，任正非在接受媒体采访时毫不隐讳地讲，做代理既解决了资金问题，同时也解决了货源问题。在当时，尽管华为名为技术公司，但是经营的都是贸易，根本也没什么方向，什么赚钱就做什么，在初创时甚至卖过减肥药。有一次，任正非听说在深圳销售墓碑的生意很火，赚钱快。任正非决定，立即派人去调研。

在一连串试错的项目后，华为迎来了发展的转机。一个偶然的机会，经辽宁省邮电局农话处一位处长的介绍，任正非开始代理香港鸿年公司的用户交换机产品

---

① 任正非：《任正非达沃斯演讲实录：我没啥神秘的，我其实是无能》，凤凰科技，2015年1月22日，https://tech.ifeng.com/a/20150122/40955020_0.shtml，访问日期：2021年6月10日。

（即单位里转分机的小型交换机），华为由此与ICT结缘。

经过十多年的技术积累，华为开始尝试国际化。对于海外市场的成功拓展，2015年，在"与任正非的一次花园谈话"中，任正非说道："华为文化不是具体的东西，不是数学公式，也不是方程式，它没有边界。也不能说华为文化的定义是什么，它是模糊的。'以客户为中心'的提法，与东方的'童叟无欺'、西方的'解决方案'，不都是一回事吗？这不是也以客户为中心吗？我们反复强调之后，大家都接受这个价值观。这些价值观就落实到考核激励机制上、流程运作上……员工的行为就被牵引到正确的方向上了。我们只想着为客户服务，也就忘了周边有哪个人。不同时期有不同的人冲上来，最后就看谁能完成这个结果，谁能接过这个重担，将来就谁来挑。我们还有一种为社会做贡献的理想，支撑着这个情结。因此接班人不是为权力、金钱来接班，而是为理想接班。只要是为了理想接班的人，就不用担心，他一定能领导好。如果他没有这种理想，当他'捞钱'的时候，他下面的人很快也是利用各种手段'捞钱'，这个公司很快就将崩溃了。"

"全球超过10亿用户使用华为的产品和服务，我们已经进入了100多个国家，在海外很多市场，我们刚爬上滩涂，随时会被赶回海里。"

在海外市场中，华为的拓展始终较为艰难，不仅遭遇了思科等跨国企业的多次阻击，还以"知识产权"为由起诉华为。

2003年1月23日，思科公司正式起诉华为及华为的美国分公司，要求华为停止侵犯思科知识产权。在起诉书中，思科的诉状包括以下四个要点：

第一，抄袭思科的源代码。

第二，抄袭思科的技术文档。

第三，抄袭思科的"命令行接口"。

第四，侵犯思科公司在路由协议方面至少五项专利。

思科的发难，试图通过美国的法律禁令打压华为，甚至以此来阻止华为继续拓展美国市场。为了打压对手，就以诉讼营销的手段恐吓对方，这是跨国企业一贯的做法。在此次诉讼中，思科就其知识产权受到侵犯，要求华为予以经济赔偿。

面对思科的诉讼战争、媒体战争，当接受新浪科技采访时，华为公关部发给新浪科技一份声明，全文如下：

2003年1月23日，中国深圳。

就思科公司于2003年1月23日从美国加利福尼亚州圣何塞所发出的新闻稿，华为公司声明：本公司正与法律顾问咨询，着手了解并解决此事，目前暂不做评论。

本公司希望强调：华为及其子公司一贯尊重他人知识产权，并注重保护自己的知识产权。我们一直坚持将不少于年收入10%的经费及超过10000名工程师投入研发中，拥有自己的核心技术。作为负责任的企业，无论在何处运作，公司都尊重当地的法律法规。公司坚信合作伙伴关系、开放合作以及公平竞争的价值，并在实践中贯彻执行。

华为及其子公司的业务运作正常进行。公司的关注点仍然是自己的客户、合作伙伴和员工。[1]

此次诉讼并非一时性起，而是有预谋的阻击战。针对此次诉讼，华尔街分析师直言不讳地称，这场诉讼的实质是作为最大的网络设备制造商的思科，觉察到日益崛起的华为科技已经对自身的市场地位构成威胁。

---

[1] 新浪科技：《新浪独家：华为公司就思科起诉华为发表声明》，新浪网，2003年1月24日，https://tech.sina.com.cn/it/w/2003-01-24/1531163078.shtml，访问日期：2021年6月10日。

2003年1月，时任思科公司CEO约翰·钱伯斯就曾表态，思科将采取行动，不会将低端网络设备市场拱手让给产品价格较低的竞争对手。这里的竞争对手指的就是华为。约翰·钱伯斯毫不隐讳地介绍称，以华为为代表的亚洲网络设备厂商将给思科带来新的挑战。

华尔街分析师认为，对思科来说，戴尔对思科的威胁主要在美国市场；华为对思科的威胁则是全球性的，尤其是在亚洲。

加拿大帝国商业银行世界市场公司的分析师史蒂夫甚至更为激进，他认为，华为对网络设备市场的长期影响就像丰田和本田两家公司对汽车的影响那样。

史蒂夫分析师之所以得出这样的结论，是因为从1999年华为推出数据通信产品以来，华为与思科的竞争就已经箭在弦上。在中国市场，不管是服务器、路由器，还是以太网等主流数据产品，华为的市场占有率成倍增长。

截至2002年，华为跑马圈地后，思科在中国路由器、交换机市场的垄断优势已经不复存在，甚至已经被华为逼成平手。此刻的华为，已经成为思科在全球的最为强劲的竞争对手。

思科之所以畏惧华为攻占美国市场，是因为思科创立以来的"看家法宝"集中在路由器、交换机等数据产品，是思科的"王牌部队"。思科不可能在主场让自己的王牌倒在对手的剑下。

在约翰·钱伯斯多年经营下，思科在全球数据通信领域市场上，已经拥有70%的市场占有率。虽然如此，在约翰·钱伯斯看来，"卧榻之下岂容他人酣睡"，但是华为不断地推出自己的数据通信产品，以及以"鸡肋战略"深耕国际化市场。

此刻，约翰·钱伯斯已经明显地觉察到，华为对思科的威胁已经不仅是在中国市场，而是开始从亚洲、非洲市场蔓延到全球市场。从这个角度来分析，华为国际化的路径走得相当艰难，其中残酷的竞争是很多中国企业经营者无法想象的——华为面对的是来自全世界发达国家的通信巨头，这些巨头有的拥有几十年甚至一百多年的经验和技术积累；有的拥有欧美数百年以来发展形成的工业基础和产业环境；有的拥有发达国家的商业底蕴和雄厚的人力资源、社会基础；有的拥有世界一流的专业技术人才和研发体系；有的拥有雄厚的资金和全球著名的品牌；有的拥有深厚的市场地位和客户基础；有的拥有世界级的管理体系和运营经验；有的拥有覆盖全球客户的庞大的营销和服务网络……

面对激烈的竞争格局，面对众多通信巨头完善的技术，以及经营多年后形成的市场壁垒，摆在华为面前的只有艰苦奋斗一条路可走，几乎没有任何捷径。

事实证明，对任何一家中国企业来说，没有艰苦奋斗精神作为支撑，该企业是难以长久生存的。由乐显扬创建于中国清朝康熙八年（1669年）的同仁堂，自创办到公私合营，经营时间300多年，传承10代。在这300多年的发展中，乐家及同仁堂至少有上百年时间处于常常遭遇经营困境的情况。由于家族企业本身的艰苦奋斗等优势，同仁堂能够顽强地活了下来。

可以肯定地说，不管是国家还是企业，艰苦奋斗都是取得胜利的一个关键因素。2002年12月6日，胡锦涛总书记在西柏坡发表的重要讲话中谈道："中华民族历来以勤劳勇敢、不畏艰苦著称于世。我们的古人早就讲过，'艰难困苦，玉汝于成'，'居安思危，戒奢以俭'，'忧劳兴国，逸豫亡身'，'生于忧患，死于安乐'，等等。这些警世名言，今天对我们依然有着重要的启示作用。历史和现实都表明，一个没有艰苦奋斗精神做支撑的民族，是难以自立自强的；一个没有艰苦奋斗精神做支撑的国家，是难以发展进步的；一个没有艰苦奋斗精神做支撑的政党，是难以兴旺发达的。"

同样，一个没有艰苦奋斗精神做支撑的企业，也是难以长久生存的。在华为，任正非多次在内部会议上强调艰苦奋斗的重要性。任正非介绍说："我们现在有些干部、员工，沾染了'娇骄'二气，开始乐于享受生活，放松了自我要求，怕苦怕累，对工作不再兢兢业业，对待遇斤斤计较，这些现象大家必须防微杜渐。不能改正的干部，可以开个欢送会。全体员工都可以监督我们队伍中是否有人（尤其是干部）懈怠了，放弃了艰苦奋斗的优良传统，特别是对我们高层管理者。我们要更多地寻找那些志同道合、愿意与我们一起艰苦奋斗的员工加入我们的队伍。我们要唤醒更多的干部员工认识到艰苦奋斗的重要意义，以艰苦奋斗为荣。"

在任正非看来，华为不仅强调勤奋，也强调巧干。这就是要通过坚持不懈的管理改进和能力提升，提高华为的工作效率和人均效益。这些年来，华为一直在流程、组织、IT建设等方面持续地变革和优化，努力推动管理改革，取得了不错的效果。不过，华为与欧美的跨国企业相比，在全球化管理体系的成熟度和管理者自身经验和能力上，仍然存在巨大的明显差距。

为此，任正非形象地说："我们从青纱帐里出来，还来不及取下头上包着的白毛巾，一下子就跨过了太平洋；腰间还挂着地雷，手里提着盒子炮，一下子就掉进了TURNKEY（一站式方案）工程的大窟窿里……我们还无法做到把事情一次做正确，很多工作来不及系统思考就被迫匆匆启动。"

任正非有这样的看法，源于华为管理效率不高，这就造成了华为压力大、负荷重。面对残酷的国际竞争，任正非坦言："我们必须提升对未来客户需求和技术趋势的前瞻力，未雨绸缪，从根本上扭转我们作为行业的后进入者所面临的被动挨打局面；我们必须提升对客户需求理解的准确性，提高打中靶心的成功率，减少无谓的消耗；我们还要加强前端需求的管理，理性承诺，为后端交付争取到宝贵的作业时间，减少不必要的急行军；我们要提升在策划、技术、交付等各方面的基础积累，提升面对快速多变的市场的准备度和响应效率。我们做任何事情都有好的策划，谋定而后动，要善于总结经验教训并在组织内传播共享。"

任正非补充道："我们始终认为华为还没有成功，华为的国际市场开拓刚刚有了起色，所面临的外部环境比以往更严峻。全球超过10亿用户使用华为的产品和服务，我们已经进入了100多个国家，在海外很多市场，我们刚爬上滩涂，随时会被赶回海里；网络和业务在转型，客户需求正发生深刻变化，产业和市场风云变幻，我们刚刚积累的一些技术和经验又一次面临自我否定。在这历史关键时刻，我们决不能分心，不能动摇，不能因为暂时的挫折、外界的质疑，动摇甚至背弃自己的根本。否则，我们将自毁长城，全体员工十八年的辛勤劳动就会付诸东流。无论过去、现在，还是将来，我们都要继续保持艰苦奋斗的作风。"

究其原因，华为作为一个正在海外开拓征途中的中国高科技企业，其历程注定是艰难的，但是意义也将是非同寻常的。为此，任正非说道："幸福不会从天降，全靠我们来创造，天道酬勤。"

第四部分

管理与服务
必须靠自己去创造

　　人才、技术、资金是可以引进的，管理与服务是引进不来的，必须靠自己去创造。没有管理，人才、技术、资金形不成力量；没有服务，管理没有方向。

——华为创始人任正非

第11章

建立一系列以客户为中心、以生存为底线的管理体系

在中国诸多企业家看来，企业的生命就是企业家的生命。这是因为，在中国，很多时候，一旦企业家的生命结束了，企业的生命很快也结束了。就是说，中国企业的生命就是企业家的生命，企业家死亡以后，这个企业就不再存在，因为企业家是企业之魂。

对于这样的思维，任正非是批判的，任正非告诫中国企业家说："一个企业的魂如果是企业家，这个企业就是最悲惨、最没有希望、最不可靠的企业。如果我是银行，绝不给这个企业贷款。为什么呢？说不定明天企业家坐的飞机就掉下来了，你怎么知道不会掉下来呢？因此，我们一定要讲清楚企业的生命不是企业家的生命，如何让企业的生命不是企业家的生命？就是要建立一系列以客户为中心、以生存为底线的管理体系，而不是依赖于企业家个人的决策制度。这个管理体系在进行规范运作的时候，企业之魂就不再是企业家，而变成了客户需求。客户是永远存在的，这个魂是永远存在的。"

> "华为的魂是客户，只要客户在，华为的魂就永远在，谁来当领导都一样。如果把公司寄托在一个人的管理上，这个公司是非常危险、非常脆弱的。"

在《华为的红旗能打多久》一文中，任正非就引用了孔子的"子在川上曰，逝者如斯夫"。任正非就将管理比喻为"长江一样，我们修好堤坝，让水在里面自由流动，管它晚上流、白天流。晚上我睡觉，但水还自动流。水流到海里面，蒸发到空气中，形成降雪落在山上，又化成水，流到长江，长江又流到海里，海水又蒸发。这样循环多了以后，就忘了在岸上还说'逝者如斯夫'的那个'圣者'，它忘了这个'圣者'，只管自己流。这个'圣者'是谁？就是企业家。企业家在这个企业没有太大作用的时候，就是这个企业最有生命的时候。所以企业家还具有很高威望，大家都很崇敬他的时候，就是企业最没有希望、最危险的时候。所以我认为华为的宏观商业模式，就是产品发展的路标是客户需求，企业管理的目标是流程化组织建设。同时，牢记客户永远是企业之魂"。[①]

在任正非看来，"华为的魂是客户，只要客户在，华为的魂就永远在，谁来当领导都一样。如果把公司寄托在一个人的管理上，这个公司是非常危险、非常脆弱的。华为已经实现了正常的自我循环和运行，这是使华为的未来更有希望的关键一点"。

究其原因，在国际市场拓展中，华为不同于自己的竞争对手，由于地缘政治等原因，在海外的市场拓展相对较为艰难，即使如今凭借强大的研发能力开拓市场也面临一些美国政客的诋毁。

---

① 任正非：《华为的红旗到底能打多久》，《IT经理世界》1998年第19期。

不得已，华为通过"清洗盐碱地"，以及开拓"鸡肋市场"，最终形成自己的"睡莲"状的国际化战略。华为凭借自己的"以客户为中心"的战略，赢得尼泊尔的认可，即使是面对地震，华为工程师也在第一时间赶赴现场恢复通信。

2015年4月，时任华为东南亚地区部副总裁沈惠丰在微信朋友圈介绍了华为相关工作人员在尼泊尔震后恢复通信网络，以及抢修的详细情况。沈惠丰说道："我司驻尼泊尔员工全部安全，正在第一时间冒着危险努力协助客户恢复网络。希望我们的努力能够让焦急的人们尽快联系到亲人……"

2015年4月25日14时11分，尼泊尔发生8.1级地震，震源深度20千米。此次强震造成876人死亡。面对地震灾情，华为在第一时间开始抢修和恢复通信。在地震发生后，华为尼泊尔代表处积极做出响应。工程师们不顾不断发生余震的危险，在20分钟内赶到尼泊尔最大的电信运营商——Ncell的中心机房，协同Ncell保障通信畅通，同时还争分夺秒地抢修通信线路。

在接受央视网记者郭城采访时，沈惠丰说道："在一线参与通信抢修的工程师就有80名，大家已连续奋战20余个小时，顾不上吃饭，和Ncell奋斗在一线。当前工作的重点就是故障处理、数据备份、保障网络质量、计费系统放费和配合运营商做失联人员位置确认等。"

据沈惠丰介绍，地震后，Ncell在抢险时，Ncell的首席技术官焦急地问，哪家通信设备设备商的服务团队在场，Ncell首席技术官发现竟然只有华为。在现场，几十位华为员工的双手齐刷刷地举起……

据了解，Ncell是尼泊尔最大的电信运营商，该公司隶属欧洲跨国运营商泰利亚·索内拉（Telia Sonera）。公开的信息显示，亚通集团（Axiata Group Berhad）耗资13.65亿美元并购Reynolds控股，进而得到80%的Ncell股权。亚通集团在文告介绍称，作为尼泊尔最大电信运营商的Ncell，在南亚市场拥有专业人才、良好的记录，同时有意为尼泊尔当地提供服务。

此外，来自中国广东、西藏、北京的华为工程师，以及泰国、印度等尼泊尔周边国家的300多位华为工程师也直接参与支持、保障、响应工作。

在此次通信恢复中，华为工程师们通过微信软件，组建了华为"客户网络保障工作组""人员安全保障工作组""尼泊尔抗震救灾指挥部"和"后勤保障"等多个项目组，有效地支援前方，其响应时间达到了秒级。

与此同时，华为总部、泰国和尼泊尔一线联合技术保障团队配合，紧急协助客户疏导话务拥塞，抢修通信设备，最终保持了通信网络的基本通畅，让灾区的人们能够第一时间联系到亲人，这也是为什么此前不少媒体能够顺利发出尼泊尔地震灾情和赈灾抢险等新闻消息的重要原因。[①]

在这场人与大自然的争斗中，华为工程师毫不退缩。沈惠丰介绍说："华为作为在尼泊尔市场占有率超过70%的通信设备公司，第一时间组建公司总部、东南亚地区部和代表处的联合网络抢险项目组，紧急协调通信专家和通信抢险设备投入抢险工作中。"

在接受央视网记者郭城采访时，沈惠丰说道："地震后话务量一度超过平时4倍！Ncell一个位于震区核心区的机房油机备油仅够用2天，核心机房两个电池油机备电也仅够12~16小时，不过核心机房目前尚有市电。面对部分通信基站柴油能源紧张，华为正在加紧调派能源柴油、卫星电话等救援物资。"

正是凭借丰富的危机保障经验和优良的设备性能，华为帮助客户保障了遭遇地震、台风等自然灾害时的正常通信。时任华为全球技术服务总裁梁华在接受央视网记者郭城采访时说道："即使在最极端的条件下，华为都要竭尽全力保障网络的稳定运行，履行华为作为通信人的天职。这是道义上的责任，它远远超过商业上的责任。"

华为之所以把"以客户为中心"放到首位，是因为这样可以解决华为核心管理层的人员传承和迭代问题。正因为如此，华为赢得郭城的高度评价："作为全球通信市场份额第一的供应商，华为公司承担着越来越多的企业社会责任，特别是在遭

① 郭城：《中国华为80名工程师抢修尼泊尔震后通信》，央视网，2015年4月26日，http://news.cntv.cn/2015/04/26/ARTI1430033911558635.shtml，访问日期：2021年6月10日。

遇地震、海啸等自然灾害和其他突发事件时，这是网络设备制造业最终的社会责任。多年来，在印度尼西亚海啸、汶川地震、雅安地震、日本福岛核泄漏、智利大地震等重大危急时刻，华为的队伍始终向人流的反方向前进，始终坚持和客户一起坚守现场，快速响应积极恢复通信，积累了丰富的经验，建立了完善成熟的业务连续性管理（Business Continuity Management，BCM）体系。该体系包括应对地震、战争等10个典型场景的突发事件应急预案（IMP），从交付、采购、制造、供应链等领域，保证在重大突发事件发生后，协助客户快速恢复和保障网络的持续运行，承担着企业公民的社会责任。"①

"权力不在我手上，权力在公司的流程里，我可以讲讲我的想法和看法，但不影响决策和规划。"

2019年，华为遭遇非常严厉的打压，但是在华为人竭力"补洞"的同时，坚持"以客户为中心"，赢得了客户的认可和支持。2020年3月2日，通信行业著名的市场调查公司德罗洛（Dell' Oro）集团发布2019年全球电信设备市场分析报告显示，市场占有率增加的企业是中兴，华为和爱立信的市场占有率不变，而诺基亚和思科的市场占有率下降。

此外，德罗洛集团还发布了全球前五名供应商2019年市场占有率：华为28%（2018年为28%），诺基亚16%（2018年为17%），爱立信14%（2018年为14%），中兴10%（2018年为8%）和思科7%（2018年为8%），见图11-1。

---

① 郭城：《中国华为80名工程师抢修尼泊尔震后通信》，央视网，2015年4月26日，http://news.cntv.cn/2015/04/26/ARTI1430033911558635.shtml，访问日期：2021年6月10日。

全球电信设备市场情况

市场占有率

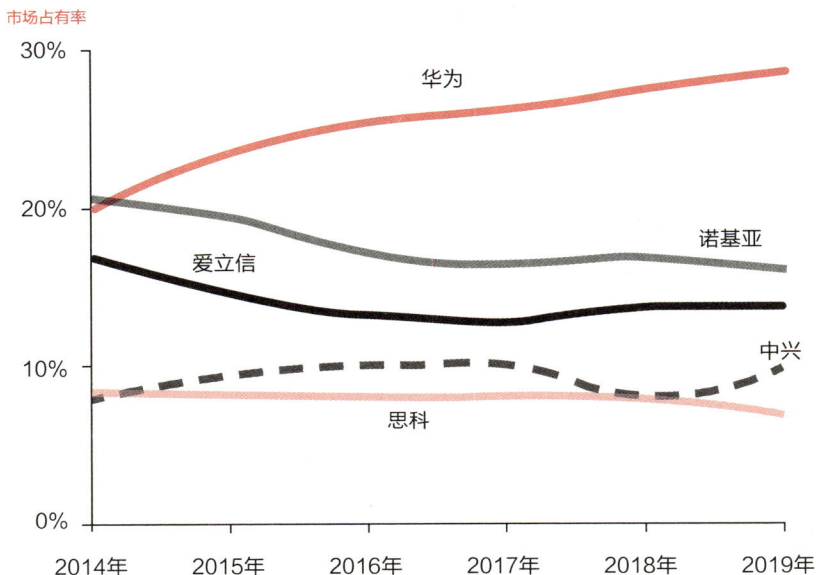

图11-1 德罗洛集团发布的世界电信设备市场占有率情况

　　根据图11-1所示，华为2019年市场占有率与2018年相比持平，同样持平的还有爱立信，中兴的市场占有率有一定增长，而诺基亚和思科的市场占有率却出现了下降。华为之所以能够保持这样的业绩，源于自身的"以客户为中心"的管理体系。

　　2003年，在题为"在理性与平实中存活"的内部讲话中，任正非就谈过此问题。17年后，任正非再次重申了这个观点。2020年4月22日上午，《龙》杂志总编辑贾正以"任总，我读过您撰写的很多关于华为的文章，类似《华为的红旗到底能打多久》，我想知道，如果有一天华为迈入'后任正非'时代，传承了33年的企业文化基因会变异吗？您对华为的未来10年甚至更长期的发展，有怎样的规划？"为提纲采访了任正非。

　　任正非一方面对之前不再担任分公司董事职务进行回应，另一方面也介绍了华为的权力在流程而非个人。任正非说道:"我在与不在都不会有什么影响,华为一样会惯性前进。我现在也影响不了华为,我在华为是没有权力的人。权力不在我手上,权力在公司的流程里,我可以讲讲我的想法和看法,但不影响决策和规划。"①

任正非之所以这样认为,是因为他理解了美国的制度优势。2020年3月24日,任正非接受《南华早报》商业财经新闻主编郑尚任采访时再次回应了这个问题。任正非说道:"我们从一开始就认为美国很强大,认真向硅谷的公司学习他们是如何奋斗的,我们是努力奋斗走过来的。美国的法制也很健全,我们也努力学习美国的法制,如何能够使自己公司规范;美国的三权分立也很妥善,我们公司要避免一个人说了算。这些都是促成我们公司今天良好发展的基础。在我们发展的过程中,没有任何里程碑的事件,如何走到今天,我们也是糊里糊涂的,也可能糊里糊涂走到明天。总之,任何时候不放弃自我努力、不放弃自我批判。我们公司最大的优点就是自我批判,找个员工让他说他哪里做得好,他一句话都讲不出来,但是让他说自己哪里不行,他可以说得滔滔不绝。因为管理团队只要讲自己好,就会被轰下台;只要讲自己不好,大家都会理解,越讲自己不好的人可能是越优秀的人。只要他知道自己不好,就一定会改,这就是华为的文化——'自我批判'。美国就是自我批判的典范,美国电影情节从来都设定美国政府会输。现在美国一边弹劾特朗普,一边让他干活儿,这就是自我纠偏机制。我们要学习这些机制,不能让一个人说了算,否则公司将来就很危险。美国哪一点好,我们就学习哪一点,不至于与我们的感情有冲突,这没关系。"②

① 《龙》杂志:《任正非接受〈龙〉杂志总编独家专访》,中国青年网,2020年4月24日,https://t.m.youth.cn/transfer/index/url/news.youth.cn/jsxw/202004/t20200424_12302466.htm,访问日期:2021年6月10日。
② 华为:《任正非接受〈南华早报〉采访:我们一直在做6G,与5G同步》,观察者网,2020年5月11日,https://www.guancha.cn/politics/2020_05_11_549984.shtml,访问日期:2021年6月10日。

第12章

没有自我批判，
就会陷入以自我为中心

2018年1月17日，在"烧不死的鸟是凤凰，在自我批判中成长"专题仪式上，任正非发表了题为"从泥坑中爬起来的是圣人"的讲话。

相比10年前的讲话，其标题几乎相同（2008年9月2日在核心网产品线表彰大会上的讲话）。但是两篇讲话"不同的是，10年前，我们做自我批判，是为了生存，是为了认真听清客户的需求，是为了用生命的微光点燃团队的士气，是为了打破游击队、土八路的局限和习性，是为了不掉入前进道路上遍布的泥坑、陷阱中；而10年后的今天，我们做自我批判，是为了创造一个伟大的时代，是为了成为一个伟大的战士，是为了开动航母，是为了践行人生的摩尔定律"。①

对此，任正非告诫华为人说："如果我们没有坚持这条原则，华为绝不会有今天。没有自我批判，我们就不会认真听清客户的需求，就不会密切关注并学习同行的优点，就会陷入以自我为中心的陷阱，必将被快速多变、竞争激烈的市场所淘汰。"

---

① 任正非：《任正非谈自我批判：不是自卑　只有强者才会自我批判》，新浪网，2019年10月5日，http://finance.sina.com.cn/stock/t/2019-10-05/doc-iicezzrr0174496.shtml，访问日期：2021年6月10日。

"从HJD48的模拟PBX交换机研发开始，到JK1000，再到A型机、C型机、B型机，128、201校园卡，A8010，无一不是在不断地优化改进自己的昨天。"

在华为，一切产品研发、设计战略都必须遵循"以客户为中心"，否则就可能形成"以我为中心"的产品研发、设计格局，结果可想而知。

当任正非看到华为潜在的风险时，不得不呼吁华为人实行自我批判。任正非说道："二十多年的奋斗实践，使我们领悟了自我批判对一个公司的发展有多么重要。如果我们没有坚持这条原则……必将被快速多变、竞争激烈的市场所淘汰；没有自我批判，我们面对一次次的生存危机，就不能深刻自我反省、自我激励，用生命的微光点燃团队的士气、照亮前进的方向；没有自我批判，我们就会故步自封，不能虚心吸收外来的先进东西，就不能打破游击队、土八路的局限和习性，把自己提升到全球化大公司的管理境界；没有自我批判，我们就不能保持内敛、务实的文化作风，就会因为取得的一些成绩而少年得志、忘乎所以，掉入前进道路上遍布的泥坑、陷阱中；没有自我批判，就不能剔除组织、流程中的无效成分，建立起一个优质的管理体系，降低运作成本；没有自我批判，各级干部不讲真话，听不进批评意见，不学习不进步，就无法保证做出正确决策和切实执行。只有长期坚持自我批判的人，才有广阔的胸怀。" ①

任正非解释道："只有长期坚持自我批判的人，才有广阔的胸怀；只有长期坚持自我批判的公司，才有光明的未来。自我批判让我们走到了今天；我们还能向前

---

① 任正非：《从泥坑里爬起来的人就是圣人》，搜狐网，2016年12月6日，https://www.sohu.com/a/120764692_205354，访问日期：2021年6月10日。

走多远，取决于我们还能继续坚持自我批判多久。别人说我很了不起，其实只有我自己知道自己，我并不懂技术，也不懂管理及财务，我的优点是善于反省、反思，像一块海绵，善于将别人的优点、长处吸收进来，转化成为自己的思想、逻辑、语言与行为。孔子尚能一日三省，我们又不是圣人，为什么做不到呢？"[①]

为了让华为人警醒，任正非回顾华为创业二十多年的经验教训。任正非说道："回顾核心网二十年的历史，我们一直是在自我批判中前进的。从HJD48的模拟PBX交换机研发开始，到JK1000，再到A型机、C型机、B型机，128、201校园卡，A8010，无一不是在不断地优化改进自己昨天的产品。没有昨天，就没有今天，在对错误、落后进行批判的同时，我们也自我陶冶，培养了一批有奋斗精神的英雄。但对真理的认识是反复的，由于我们过去在程控交换机上的成功，我们在下一代产品的规划上偏离了客户需求。2001年底我们用iNET应对软交换的潮流，中国电信选择了包括爱立信、西门子、朗讯、阿尔卡特、中兴在内的五家做实验，华为被排除在门外，遭受了重大挫折。GSM的MSC从G3到G6一直没有市场突破。UMTS V8也遭遇失败。3G电路域核心网、PS分组域和HLR长期投入没有回报，短期也没有抓住机会……我们在核心网上面临着严冬。当我们认识到错误，在NGN（下一代网络）上重新站起来后，我无数次去北京，仍然得不到一个开试验局的机会。我们提出在华为坂田基地进行试验的要求也没有得到同意。我们为我们偏离客户需求、故步自封、以我为中心付出了多少沉重代价。当然，我们最终得到中国电信的宽容，才使我们在中国的土地上，重新站起来。"[②]

正因为如此，任正非才认为，自我批判是无止境的，就如活到老学到老一样，学到老就是自我批判到老，学了干什么，就是使自己进步。进步就是改正昨天的不正确。任正非反思说道："当我们在NGN上重获成功的时候，我们G9在泰国AIS再

---

① 任正非：《从泥坑里爬起来的人就是圣人》，搜狐网，2016年12月6日，https://www.sohu.com/a/120764692_205354，访问日期：2021年6月10日。

② 同上。

次摔了大跟头，被退网。HLR在泰国和中国云南的'瘫局'，又一次敲响警钟。没有我们已形成的自我批判的习惯，就不会有我们在中国移动的T局交付上取得的成功。对沙特阿拉伯HAJJ的保障，使自我批判的成果走向辉煌，改变了世界通信技术发展的历史，也改变了我们核心网的发展方向。自此以后，我司核心网席卷全球，到2008年6月30日止，有线核心网销售了2.8亿线；GU核心网销售了8.3亿用户；CDMA核心网1.5亿用户。其中移动核心网新增市场占有率43.7%；固定核心网新增市场占有率为24.3%，均为世界第一。"

在产品改进方面，除了华为，日本的花王株式会社（Kao Corporation）也在改进自己的产品。成立于1887年的花王，拥有130多年的历史，总部位于日本东京都中央区日本桥茅场町。

花王的前身是1887年6月开业的长濑商店，该商店由长濑富郎创办，位于日本东京都日本桥马喰町，主要经营一些进口的妇女日用品。1890年后，长濑商店开始贩卖洗脸用的高级肥皂，取名为"花王石碱"。[①]而今，花王拥有员工约33000人。在东京日用化学品市场上，花王有较高的知名度，其产品包括美容护理用品、健康护理用品、衣物洗涤及家居清洁用品及工业用化学品等。[②]

然而，大多数人可能不知道，花王从肥皂开始，产品逐渐涉及洗发液、洗衣粉及食用油，等等。花王一直从事家庭日用品的制造，其中很多产品是经过反复升级的，花王以小幅改良的老牌产品为消费者所熟知。

花王能保持24年的业绩连续增长，其实是花王经营者不断地改良产品，让产品跟上时代，有时也要做出痛苦的经营抉择。在10多年前，花王经营者决定裁掉营业收入达800亿日元的软盘业务。这样的战略收缩让媒体和研究者大吃一惊。

媒体和研究者吃惊的原因是，在当时，花王的软盘业务市场占有率位居世界第一。然而，随着光碟机等新记录媒体的陆续普及，导致软盘业务的收益日益减少。

---

① 吴润荣：《花王石碱公司》，《现代化工》1985年第6期。

② 王紫薇：《花王的商品开发》，《财讯》2017年第31期。

对此，花王的社长尾崎元规在接受日本放送协会记者采访时坦言："因为这项业务超出了日用品范围，因此我们将其放弃了。我们重新把重点集中于家庭日常用品，花王的历史，就是从清洁的、美的东西开始的，就公司的成长过程和目标而言，软盘与此格格不入，所以我们要重返基点，在战略收缩问题上取得了共识。"

为什么花王在战略收缩后业绩依然维持增长呢？这家长寿企业的优势是什么呢？

其实，花王的很多商品独占市场鳌头，清洁剂的市场占有率达四成以上、漂白剂的市场占有率达七成以上。长年占据市场领先地位的背后是花王创业以来从未间断过的去污研究。

对于改良，尾崎元规说，自创业以来，花王从未间断过对去污技术的研究，每天都要搜集员工制服的衣领，对洗衣粉的洗净能力反复试验。花王通过对比试验，观察新产品和旧产品去污能力有何不同，以此对洗衣粉的洗净能力做出评价。

事实上，作为日用品的洗衣粉，市场竞争十分激烈，技术发展非常迅速。因此，即便是一点点的、不间断的改良也非常重要。一点点的、一步步不间断的改良就能够提高市场占有率。比如，1987年上市的洗衣粉已经改良过20多次了。花王改良的目的是用更少量的洗衣粉将衣服洗得更干净，尽管牌子都是一样的，但是产品在不断改进。

对此，花王集团社长尾崎元规在接受日本放送协会记者采访时坦言："周围环境与时代一起在变化，即使现在很好，环境一变，是否还能维持呢？这就很难说了，要保持信心，时刻临机应变进行变革，对于我们的经营是非常基本和重要的。"

在1890年，花王最初的商品是洗脸用的肥皂，其产品卖点的定位是优良的品质。日本当时生产的肥皂非常粗劣，而日本平民通常用其洗濯衣物。然而，花王生产的肥皂却可以用来洗脸，所以花王生产的肥皂大受日本消费者的欢迎。

花王创造了顾客需求，日本消费者开始用肥皂洗脸，这个习惯由此得以推广。尽管花王取得了阶段性胜利，但是花王第二代社长为鞭策因畅销而骄傲自满的员工，说："现在的花王肥皂，究竟是否为无与伦比的优良品，已成完美无缺的肥皂了呢？我们生产的肥皂仍然有改良的余地，即使一点点，也要不断改良。"

在花王第二代社长看来，即使是优良的产品，也有改良的可能。从花王第二代社长开始，花王肥皂的改良延续了百年。

在花王公司，历代社长都在强调和倡导持久改良的作用。历代社长强调，即使是成熟的产品，也有改良的余地；即使是新产品，必须改良的地方也会不断出现。在30年前，花王率先开设了消费者服务中心，按照消费者提出的合理建议改良商品。

为了更好地改良产品，花王工作人员每天从三百余条建议和投诉中寻找商品改良的要点。在产品开发会议中，必须有消费者服务中心的成员参加，甚至没有消费者服务中心工作人员的同意，新产品就不能上市。

花王持之以恒地不断改良，其产品已经深入人心，从而使得消费者更加信赖花王。花王的生存和发展源于不断地改良，只有不断改良，花王的产品才能跟得上时代，才能占据更多的市场份额，才能把竞争对手甩在后面，这便是这家长寿企业的哲学。

> **"把研发中由于工作不认真、测试不严格、盲目创新等产生的呆死料单板、器件和那些为了去'网上救火'产生的机票，用相框装裱起来，作为'奖品'发给研发系统的几百名骨干。"**

华为一直都在开展自我批判，这样做的目的"也不是要大家专心致志地闭门修身养性，或者大搞灵魂深处的革命，而是要求大家不断去寻找外在更广阔的服务对象，或者更有意义的奋斗目标，并且落实到行动上"。

任正非直言："担负时代命运的责任，已经落到了我们肩上，我们还有什么个人的小九九不能放下。任何一个时代的伟大人物都是在磨难中百炼成钢的。矿石不是自然能变成钢的，是要在烈火中焚烧去掉杂质的。思想上的煎熬、别人的非议都会促进炉火熊熊燃烧。缺点与错误就是我们身上的杂质，去掉它，我们就能变成伟大的战士。在伟大时代的关键历史转折，我们要跟上去，勇担责任、重担，向着光明，向着大致正确的方向前进，作为伟大公司的一员，光荣、自豪。永远不要忘记自我批判，摩尔定律的核心就是自我批判，我们就是要通过自我批判、自我迭代，在思想文化上升华，步步走高，去践行人生的摩尔定律。"①

任正非的理由是，"跌倒算什么，爬起来再战斗，我们的青春热血，万丈豪情，谱就着英雄万古流。伟大的时代是我们创造的，伟大的事业是我们建立的，伟大的错误是我们所犯的，渺小的缺点人人都有……改正它、丢掉它，朝着方向大致正确，英勇前进，我们一定能登顶珠穆朗玛峰。我们面临的时代空前伟大，信息社会、智能社会我们还根本不能想象，华为刚启航的航母正需要成千上万英雄划桨"。②

任正非解释称："因为无论你内心多么高尚，个人修炼多么超脱，别人无法看见，更是无法衡量和考核的。我们唯一能看见的是你在外部环境中所表现的态度和行为，并通过竭尽全力地服务于它们和实现它们，使我们收获一个幸福、美好、富有意义的人生。"

任正非举例补充道："核心网产品线提出做全球核心网领导者，我支持。定位决定地位，眼界决定境界。希望核心网产品线不要躺在暂时的成功上，要立足现实和未来，不断迎接挑战，坚持自我批判，坚持持续改进，坚持'统一架构，统一平台，客户化定制'的战略，在核心竞争要素上持续构筑领先优势，追求做到业界最佳。"

当然，任正非之所以告诫华为人要自我批判，一个重要的原因就是认真了解客户的需求，而不是以我为中心。任正非举例说道："在座的老员工应该记得，2000年9月1日下午，整整八年前，也是在这个会场，研发体系组织了几千人参加了'中研部将呆死料作为奖金、奖品发给研发骨干'的大会。把研发中由于工作不认

---

① 任正非：《烧不死的鸟是凤凰，在自我批判中成长》，搜狐网，2018年1月8日，https://www.sohu.com/a/217571877_366458，访问日期：2021年6月10日。

② 同上。

真、测试不严格、盲目创新等产生的呆死料单板、器件和那些为了去'网上救火'产生的机票，用相框装裱起来，作为'奖品'发给研发系统的几百名骨干。当时研发体系来征求我对大会的意见，我就把'从泥坑里爬起来的人就是圣人'这句话送给他们。我想，八年前的自我批判大会和八年后的这个表彰大会，是有内在的前因后果的。正是因为我们坚定不移地坚持自我批判，不断反思自己、不断超越自己，才有了今天的成绩，才有了在座的几千位圣人。"①

其实，华为这样的做法并非一时性起，而是一种文化。在2013年市场大会"优秀小国表彰会"上，任正非给徐文伟、张平安、陈军、余承东、万飚颁发了一项特殊的表彰——"从零起飞奖"。

所谓"从零起飞奖"，就是这些获奖的人员2012年年终奖金为"零"。2013年1月14日，华为召开了2013年市场大会。在"优秀小国表彰会"上，华为一如既往地对取得优秀经营成果的小国办事处进行隆重表彰。共有11个小国办事处因此获得二等奖，9个小国办事处获得一等奖，2个小国办事处获得特等奖，同时还分别颁发了奖盘、奖牌和高额奖金。

与以往不同的是，此次表彰会设立了一项特殊的表彰——"从零起飞奖"。颁发"从零起飞奖"的用意是，在过去的一年里，有一些团队虽然经历奋勇拼搏，取得重大突破，但是其结果并不尽如人意。在这样的背景下，没有取得理想业绩的团队负责人践行当初"不达底线目标，团队负责人零奖金"的承诺。

其后，主持人李杰宣布，"从零起飞奖"获奖人员为：徐文伟、张平安、陈军、余承东、万飚，获奖的人员2012年年终奖金为"零"。

实际上，在过去的一年里，华为终端公司取得了较大的进步，企业业务集团也在重大项目上屡屡突破。在此次"授勋"大会上，这些领导者自愿放弃奖金，意味着他们将来会有更大的起飞。

---

① 任正非：《从泥坑里爬起来的人就是圣人》，搜狐网，2016年12月6日，https://www.sohu.com/a/120764692_205354，访问日期：2021年6月10日。

据了解，华为2012年营业收入仅仅差2亿多元的任务没有完成。按制度规定，此次轮值CEO郭平、胡厚崑、徐直军，CFO孟晚舟，还有片联总裁李杰，包括任正非和孙亚芳，都没有年度奖金，即2012年年终奖金为"零"。

2013年4月8日，根据华为发布的2012年年报数据显示，实现营业收入人民币2201.98亿元，同比增长8.0%[①]，见表12-1。

表12-1　华为2008—2012年营业收入数据

单位：百万元人民币

项目	2012 年（百万美元）*	2012 年	2011 年	2010 年	2009 年	2008 年
营业收入	35353	220198	203929	182548	146607	123080
营业利润	3204	19957	18582	30676	22241	17076
营业利润率	9.1%	9.1%	9.1%	16.8%	15.2%	13.9%
净利润	2469	15380	11647	24716	19001	7891
经营活动现金流	4009	24969	17826	31555	24188	4561
现金与短期投资	11503	71649	62342	55458	38214	24133
运营资本	10155	63251	56728	60899	43286	25921
总资产	33717	210006	193849	178984	148968	119286
总借款	3332	20754	20327	12959	16115	17148
所有者权益	12045	75024	66228	69400	52741	37886
资产负债率	64.3%	64.3%	65.8%	61.2%	64.6%	68.2%

* 美元金额折算采用2012年12月31日汇率，即1美元兑6.2285元人民币

年报显示，2012年，华为构筑的全球化均衡布局使公司在运营商网络业务、企业业务和消费者业务领域，均获得了快速健康的发展[②]，见表12-2。

---

① 华为：《华为投资控股有限公司2012年年度报告》，华为官方网站，2014年3月31日，https://www.huawei.com/cn/annual-report，访问日期：2021年6月10日。
② 同上。

表12-2　运营商网络业务、企业业务和消费者业务领域营业收入占比

单位：百万元人民币

类型	2012 年	2011 年	同比变动
运营商网络业务	160093	149975	6.7%
企业业务	11530	9164	25.8%
消费者业务	48376	44620	8.4%
其他	199	170	17.1%
合计	220198	203929	8.0%

在海外市场，华为营业收入占比达到66.59%。在中国市场，华为实现营业收入735.79亿元人民币，同比增长12.2%，运营商业务仍保持了小幅增长，企业业务和消费者业务开始发力，特别是消费者业务增长超过30%。

在欧洲、中东、非洲区域市场，"受益于专业服务的持续拓展，以及西欧、尼日利亚、沙特阿拉伯等地区和国家的基础网络的快速增长"，华为实现营业收入人民币774.14亿元，同比增长6.1%。

在亚太区域市场，"受益于日本、印度尼西亚、泰国、澳大利亚等市场的发展，保持了良好的增长势头"，华为实现营业收入人民币373.59亿元，同比增长7.2%。

在美洲区域市场，受益于"拉丁美洲基础网络增长强劲，北美洲消费者业务持续增长"，华为实现营业收入人民币318.46亿元，同比增长4.3%。[1]上述数据，见表12-3。

---

[1]　华为：《华为投资控股有限公司2012年年度报告》，华为官方网站，2014年3月31日，https://www.huawei.com/cn/annual-report，访问日期：2021年6月10日。

表12-3　华为2012年区域市场营业收入占比

单位：百万元人民币

区域	2012 年	2011 年	同比变动
中国	73579	65565	12.2%
欧洲、中东、非洲	77414	72956	6.1%
亚太	37359	34862	7.2%
美洲	31846	30546	4.3%
合计	220198	203929	8.0%

　　任正非在颁发"从零起飞奖"后，发表讲话说："我很兴奋能给他们颁发了'从零起飞奖'，因为他们五个人都是在做出重大贡献后自愿放弃年终奖的，他们的这种行为就是英雄行为。他们的英雄行为和我们刚才获奖的那些人，再加上公司全体员工的努力，我们除了胜利还有什么路可走？未来人力资源政策的改进还会更加激励我们。我们在讲热力学第二定律的时候，就是反复说要拉开差距，现在人力资源政策刚刚在拉开差距，以后人力资源政策还会有进一步的改进，会让优秀员工得到更多的鼓励。"

　　"零奖金"的主要原因是消费者业务集团和企业业务集团的两位CEO因为没有达到年初的个人承诺，余承东等人主动放弃了高额奖金。同时，华为此措施只针对核心管理层，员工不包括在内。相反，员工有着高达125亿元的总奖金，比2011年增长了38%。

　　2012年，时值中国首架舰载战斗机歼-15在辽宁号上首次起飞成功。拥有军旅经历的任正非，就选用了歼-15战斗机模型作为"从零起飞奖"的奖品。

　　其后，很多媒体解读称，可能是由于任正非也是军人出身，看到歼-15飞鲨舰载机成功起飞与项目总指挥罗阳操劳牺牲后深有感触。

　　这样的观点源于余承东在得奖后发表在其个人微博上的"感言"："华为也是

这样，玩儿命战斗，敢于挑战。"

在当时，余承东负责华为消费者业务，但是销售却并不理想。余承东发布微博，见图12-1。

图12-1 余承东微博

的确，歼-15的成功给余承东带来希望，也是他当时的心境："我的痛苦来自反对声，很多不同的异议、很多噪声，我的压力非常大。""华为手机这几年的发展经历其实不是战胜任何一个友商的过程，而是一个战胜自己的过程。"

对于华为的自我批判，任正非坦言，华为倡导自我批判，不是因为自卑，而是因为自信。只有强者才会自我批判，也只有自我批判才会成为强者。鉴于此，任正非说道："我们敢于提出媒体网关UMG，关键技术及市场世界第一的口号；PS、HLR十年来不离不弃，持续奋斗，已经构筑了业界最强的产品竞争力；STP从诞生到现在一直是信令网上性能最强、质量最好的产品。随着整个核心网的架构及平台统一，核心网竞争力将得到进一步的提升，所有核心网主力产品都提出了做到业界竞争力第一的目标。我也特别欣赏终端公司提出的，每次行业的变迁都会造就一个伟大的公司，如个人电脑的普及和兴起造就了微软；IP基础网络的部署造就了思科；互联网搜索和广告成就了谷歌。今天，我们又迎来了宽带业务从固定网络向移动网络迁移，运营商加强终端定制和转售的行业变迁，我们相信这次的变迁同样会造就一个伟大的公司，也许就是华为终端。那么核心网产品线如何办呢？我们真诚地希望和在座的各位一起，共同把握这次历史的机遇，创造一个新的传奇！"①

---

① 任正非：《从泥坑里爬起来的人就是圣人》，搜狐网，2016年12月6日，https://www.sohu.com/a/120764692_205354，访问日期：2021年6月10日。

第13章

低价竞争是华为过去
走过的错路

在很多外人看来，华为总是以低价赢得竞争的胜利，这样的逻辑是有问题的。早在2013年，华为就放弃价格战竞争了。在《任总和广州代表处座谈纪要》中，任正非说道："终端也没有格局问题，都要以盈利为基础稳健发展。在这种市场上，不能动不动就搞什么价格战，别老是想低价竞争的问题，这是历史了，这是华为过去走过的错路，要终止，否则我们就会破坏这个世界、破坏社会秩序了。我们还是要以优质的产品和服务打动客户，价格战、低价竞争是没有出路的。"

任正非的观点很明确，要想赢得客户，只有提供极致的产品和服务，否则终将被客户遗忘。

"华为将来在市场上的竞争不靠低价取胜，而是靠优质的服务取胜，这就需要依靠服务职业化来保证。"

2019年，华为被美国列入"实体清单"，此举被媒体视为是对华为有重大影响的一个标志性事件，然而华为仍毅立于世界市场。对此，一些研究者好奇地问任正非："华为为什么只用30多年就能够成长为一个国际化企业，是不是靠低价战略？"

任正非回答说："你错了，我们是高价。"

对方又问："那你们凭什么打进了国际市场？"

任正非回答说："我们是靠技术领先和产品领先打进国际市场的。而这其中重要因素之一，就是数学研究在产品研发中起到的重要作用。"

在任正非看来，只有服务好客户，才能赢得客户的认可。2020年3月24日，《南华早报》商业财经新闻主编郑尚任以"现在华为的业务遍布全球，您个人也跑过七大洲、五大洋，视察过所有你们在新兴市场的业务，您个人觉得在哪个市场的开拓和发展最让您觉得骄傲、最有成就感？哪个市场最有挫折感？"为提纲采访了任正非。

任正非说道："中国当然是最大的市场；在海外市场，成就感最大的是欧洲，基本所有的欧洲国家都很喜欢我们。我们在欧洲的崛起，也是公司改革的结果。欧洲有很多旧房子，街道很窄，不能修很多铁塔，如果设备很重就会把旧房子压塌，那怎么办呢？我们的无线系统SingleRAN又轻又小、功率又强大，就这样我们就进入了欧洲市场，从那时开始这个口子就越撕越大。我们现在的5G基站也是目前世界上最轻的，只要一个人手提着就可以安装，随便挂在墙上、下水道上、电杆上……就可以，很简单。为什么欧洲那么多人喜欢我们的东西？因为我们能解决问题。"

任正非提到的无线系统SingleRAN，就是华为独创的分布式基站。正是凭借分布式基站，华为赢得了沃达丰的认可。

2006年，作为世界上最大的移动通信网络公司之一的沃达丰，在西班牙市场的竞争中遇到了强劲的对手，甚至不敌西班牙电信业龙头企业——西班牙电信公司（Telefonica）。

不甘心就此落败的沃达丰，毅然在困境中求生。于是，沃达丰想到了之前华为研发的分布式基站，以此来与对手正面竞争。

虽然此刻的沃达丰节节败退，但是在华为面前，沃达丰依旧十分傲慢。沃达丰在与华为的谈判中说道："只有一次机会。"

此刻的华为，为了提升欧洲市场的占有率，决定将其视为决定胜负的一战。一旦分布式基站不能帮助沃达丰打败对手，欧洲市场的拓展将更加艰难，甚至可能再也没有华为的立足之地。

令人欣慰的是，幸运之神眷顾了华为。沃达丰凭借华为提供的分布式基站技术，赢得客户的认可，其技术指标已经超过西班牙电信公司。

在消费者中，很少有人知道，华为消费者业务集团的CEO余承东就是分布式基站的第一发明人。更不为人知的是，华为凭借该技术，打开欧洲通信行业的缝隙市场，硬是在欧洲市场拼出了自己的未来。

基于此，华为产品就这样逐渐地开始登上了欧洲客户的采购清单。2007年，华为凭借分布式基站技术，斩获一连串的大订单。

华为在有条不紊地拓展市场的时候，面临一个艰难选择，准备将产品升级换代。华为在欧洲的主要竞争对手就是行业巨头爱立信。华为只有通过采用非爱立信技术的架构，研发一个颠覆性的产品，从而让其产品在升级换代的过程中超越爱立信。然而，这样的思路，不管是诺基亚，还是其他对手，都没有试过。对华为来说，做出何种选择都是极其艰难的。

在某天，余承东、邵洋和一位负责产品管理的同事约定攀登深圳海拔最高的山——梧桐山。在攀登梧桐山的途中，余承东反复问另外两个同事同样的问题："要不要做第四代基站？"

面对余承东的问询，邵洋如实回答。邵洋的观点是，此类思路不可行，尤其是成本太高，会增加1.5倍，导致产品的价格过高，会给一线销售增加太大的市场压力。

另一位同事的答案，与邵洋一致。该同事的理由是，"因为有很多技术风险无法克服"。在攀登梧桐山的5个小时途中，余承东不停地打电话问询相关负责人，总共有十多个人。据邵洋事后回忆称，当电话一接通，接听方就坦言该思路有难度、风险较高。

正因为如此，华为必须做出抉择。在华为内部，也争论不休，在余承东征询华为内部意见时竟然遭遇众多反对声，一个关键的原因是，升级第四代基站的成本会增加1.5倍，而且存在诸多技术风险无法克服。如果贸然大规模投入，一旦失败，几年的营业收入都会付诸东流。

面对棘手的选择，余承东排除万难地说道："我们必须做，不做就永远超不过爱立信。"经过华为团队的众志成城，该技术取得实质性进展。2008年，华为第四代基站技术优势非常明显。例如，基站需要插板，爱立信需要插12块板。华为的第四代基站技术只需要插3块板。

凭借此次技术的突破，华为在欧洲市场打下坚实的基础。此后，华为通过自己的创新产品艰难拓展，成功地拿下欧洲市场。数据显示，2010年前，历经多年艰难耕耘，华为占据西欧通信设备市场9%的份额。2012年后，华为在欧洲通信设备市场份额占比飙升至33%，高居第一。

> **"拿自己的长板去比别人的短板，还沾沾自喜。坚持走一条正确的路是非常困难的，我希望消费者业务集团不要在胜利之后就让自己泡沫化，不要走偏了。"**

2014年4月，任正非告诫华为人说："我今天之所以与大家沟通，就是担心你们去追求规模，把苹果、三星、小米作为目标，然后就不知道自己是谁了。当然，你们要学习苹果、三星、小米的优点，但不要盲目对标这些公司。你们说要做世界第二，我很高兴。苹果年利润500亿美元，三星年利润400亿美元，你们每年若是能交出300亿美元利润，我就承认你们是世界第三。你们又说电商渠道要卖2000万部手机，纯利润1亿美元，一部手机赚30元，这算什么高科技、高水平？现在赚几亿美元就牛起来了，拿自己的长板去比别人的短板，还沾沾自喜。坚持走一条正确的路是非常困难的，我希望消费者业务集团不要在胜利之后就让自己泡沫化，不要走偏了。所以也不要说电商渠道的营业收入有多少，以后汇报就说能做到多少利润。营业收入是实现利润的手段，不是奋斗的目标。终端没有黏性，量大而质不优，口口相传，利润反而会跌下来。不要着急，慢慢来，你们别因为互联网而发烧。"

任正非之所以告诫华为要把优质的产品和服务放到首位，是因为通过价格战、低价竞争的草莽策略不过是杀鸡取卵。与任正非有类似观点的还有格力电器董事长董明珠。在很多场合下，董明珠强调，价格战的行为是"伤敌一千，自损八百"的做法，不可取。尽管如此，依然有"很多企业急功近利，目光比较短浅，用简单的价格战，或者是跟渠道之间做一个交易，来实现自己的利润"。

面对竞争对手来势汹汹的价格战，董明珠却非常理智。"格力空调不会参与价格战。"董明珠说，"什么是价格战，低于成本销售的竞争行为就是价格战。"董明珠如此解读价格战的含义。

不过，董明珠拒绝参与价格战，有其深层含义，董明珠介绍说："其实我们是最有实力打价格战的，格力家用空调的市场占有率已经是世界第一了。"

为什么格力电器就不参与价格战呢？是对销售不重视，还是其他原因呢？媒体记者采访了董明珠，她认为，价格战看起来是一个企业的市场行为，消费者暂时可以受益，但从长远看，最终会伤害消费者。

董明珠分析称，很多空调厂家参与价格战，慢慢把自己"打不见"了，消费者在购买了这些厂家的空调后，企业却倒闭了，每次修理空调都要数百元，修理几次花的钱都够买一台新空调了，"这是对消费者不负责任"。

不过，对于价格战，董明珠坦言："格力不率先挑起价格战，并不意味着格力害怕竞争，如果有竞争对手挑起价格战的话，格力也肯定会慎重以对。"

在言语中，董明珠依然透着自信，因为董明珠深知，对于"一个真正的好企业，价格战是不可取的"。董明珠说："价格战年年都有，每个企业都希望自己在这个过程中多卖一点，我非常能够理解这些企业的想法。"

面对持续不断的价格战，董明珠坦言，在价格战中，消费者其实是受害者。董明珠说："消费者实际上不是价格战真正的受益者，因为如果价格低于成本，企业持续生存唯一的办法就是偷工减料，企业不可能亏损经营。消费者买了一个不好的产品，他后续每年遇到的维修或者使用效果不好等一系列的问题都会反映出来。"

这就是董明珠为什么不赞成用低价的市场竞争策略打价格战，而是将品质摆在第一位的根本原因。董明珠认为，要通过扩大生产规模，尽量保证在高品质的情况下降低价格，使消费者受益。董明珠说："所以我始终坚持不打价格战。"

客观地讲，"低价竞争"在中国20世纪80年代末期和90年代早期是比较有效的策略。当时，日本和韩国家电品牌在中国市场所向披靡。那个阶段的中国家电企业不管是实力，还是营销战略都比不过日韩家电企业。为了打败日韩家电企业，中国家电企业就采取了价格战，结果收回了日韩家电企业一度称霸的中国家电市场。

为什么中国企业钟情于低价竞争呢？原因有如下三个，见表13-1。

表13-1 中国企业采用价格战的三个原因

序号	说明
1	在中国，由于企业的人力成本低，这就为价格战提供了足够的空间，据资料显示，中国企业的人力成本只有美国企业的十分之一
2	在20世纪80年代至21世纪初，由于中国消费者，特别是农村的消费者还不富有，这就为价格战的实施提供了广阔的市场
3	中国企业在研发、管理等其他能力不及跨国企业，价格战就是一个好的竞争手段

在2000年以后，中国日化洗涤用品、手机、饮料等行业的企业同样利用价格战，曾经一度使得在中国市场大行其道的外国企业不得不向中国企业越来越多地出让其所占领的市场。此后，价格战的硝烟又出现在空调、汽车、电信、软件等众多行业。

> **"通过自己的努力，通过提供高质量的产品和优质的服务来获取客户认可，不能由于我们的一点点销售来损害整个行业的利润，我们决不能做市场规则的破坏者。"**

在中国企业的国际化过程中，一味强调价格战，必然遭遇海外市场的抵制。2005年7月，任正非在《华为与对手做朋友：海外不打价格战》一文中谈道："在拓展海外市场时，我们强调不打价格战，要与友商共存双赢，不扰乱市场，以免被西方公司群起而攻。我们要通过自己的努力，通过提供高质量的产品和优质的服务来获取客户认可，不能由于我们的一点点销售来损害整个行业的利润，我们决不能做市场规则的破坏者。通信行业是一个投资类市场，仅靠短期的机会主义行为是不可能被客户接纳的。因此，我们拒绝机会主义，坚持面向目标市场，持之以恒地开拓市场，自始至终地加强我们的营销网络、服务网络及队伍建设，经过九年的艰苦拓展，屡战屡败，屡败屡战，终于赢来了今天海外市场的全面进步。"

在很多人看来，华为与很多中国企业一样，凭借低价打开国际市场。不可否认的是，在进军国际市场的最初阶段，价格优势的确帮助华为打开了陌生的国际市场的大门。

在达沃斯论坛上，任正非回顾了早年创业时销售通信产品的真实想法。刚开始时，其思路就是"卖便宜点，多卖点"，但是随着华为技术和创新的积累，以及全球化推动，华为已经完成了从低价到高价、高质量的转型。

华为的这一做法，得到了欧洲市场的认可。刚开始拓展欧洲市场时，由于要与科技实力和资金实力雄厚的爱立信、诺基亚、阿尔卡特等领先设备商直接竞争，华为不得不以低价策略作为自己开拓市场的手段，从边缘运营商的边缘业务做起。

经过一段时间的拓展，华为团队很快就发现，对欧洲的大型电信运营商来说，"品质和服务"才是他们最看重的，而不是低价。基于此，华为围绕大型电信运营商设置客户中心，内部的研发、不同产品事业部全部打通，以便能给客户提供从基站、网络到终端的全套解决方案。

华为打破以前同质化的竞争模式，开始采用"一切以客户为中心"的全新的竞争模式，加上华为在SingleRAN等技术方面的突破，直接提升了华为产品和服务的层级。

其后，几乎所有欧洲主流电信运营商都将华为纳入合作"白名单"。至此，华为在国际化过程中，竞争优势已经悄然具备了。

2012年夏天，当华为在欧洲市场遭遇低价倾销指控时，作为创始人的任正非积极地与欧洲各国政府沟通，最后以提升产品价格的模式解决了该问题，最终欧盟撤销低价倾销的指控。

如今，华为的产品在欧洲市场的价格已经略高于阿尔卡特和诺基亚，与爱立信相当。作为与思科、爱立信比肩的全球最大电信设备商之一的华为，从技术能力到市场地位都要求华为转轨。

2017年8月4日，在《构筑全联接世界的万里长城》一文中，任正非这样回忆道：

"天下大事，必作于细"，只有在更小颗粒度的项目层面上经营，才能知道哪些钱该花、哪些钱不该花。项目经理才能把"好钢用在刀刃上"，用最合理的成本，帮助客户解决大问题。

丹麦TDC作为老牌运营商，网络老化，成本居高不下，用户体验又不好，在激烈的市场竞争中江河日下。为了重振雄风，TDC要华为做全网无线搬迁、优化和管理服务。谈判结束后，TDC的CEO说："这是我几十年职业生涯中最大的一次冒险，如果TDC项目无法达成既定目标，我不得不去跳海了，你们到时去丹麦的海边捞我。"

为了达成目标，向客户兑现承诺，项目经理周瑞生带领交付团队，用了九个月的时间，将一个一个作业流程优化，对一个一个站点进行规划，或搬迁、或扩容、或优化，进站高效运作……最终把TDC的网络质量做到了第三方测试排名第一、数据流量增长三倍、ARPU值增长10%，把TDC的网络从"丑小鸭"变为"白天鹅"。根据合同中的奖励计划，TDC特意给华为发了1300万丹麦克朗的奖金。

2012年，华为启动以项目为基本经营单元的管理体系建设，不断强化项目经理的经营责任，完善项目八大员的训战和协同，同时也把项目奖和人员考核评价权给到了一线项目组，快速提拔"上过战场、开过枪"有成功经验的人做主官，东北欧的张大伟成为最年轻的五级项目经理。

在赖朝森、段连杰等中方和一大批本地优秀项目经理（中东的穆罕默德·塞义德·汗、拉丁美洲的雷内、南非的迈克尔、西欧的休伯特、北非的哈齐姆、中亚的埃姆雷等）共同努力下，项目年度贡献毛利率较预算提升了2%，项目经理正加速从施工队长向项目CEO转型。

任正非还提及，2013年11月，国务院总理李克强在罗马尼亚访问，问及华为在欧洲的运营情况，当时他就向李克强总理汇报："华为现在是卖高价。因为卖低价就把西方公司都搞死了。"

正是因为提升产品价格，华为由此增加了不少利润。根据华为年报数据显示，

2012年到2013年，华为的营业利润从206.58亿元增长到291.28亿元，利润率从9.4% 增至12.2%；与此同时，营业收入也从2201.98 亿元增至2390.25亿元。

一位爱立信中层在接受媒体采访时称，华为的产品性能确实不错，价格也与爱立信不相上下，在全球通信设备市场很有竞争力。

第14章

我们无法左右客户，
只能从内部找原因

在很长一段时间内，华为持续高速发展，由此使得一些华为人信心爆棚。针对这种情况，2015年，任正非在内部讲话中告诫华为人说："前期的成功，也许会使我们的自信心膨胀。这种膨胀不合乎我们的真实情况与需求。我们还不知道未来的信息社会是什么样子，怎么知道我们能引领潮流？我们包着白头巾走出青纱帐，不过十几年，知道全球化也才是近几年的事。我们要清醒地认识到，我们还担不起行业领袖的担子，任重而道远！"

在任正非看来，只有解决好客户的需求，才能解决华为的发展路径。在华为，始终坚持"以客户为中心"，这意味着，作为华为人，必须为客户做好服务，不能有任何借口。

2002年，在内部讲话"我们未来的生存靠的是质量好、服务好、价格低"中，任正非说道："所有怨天尤人、埋怨客户的观念都是不正确的。我们不可能从外部找原因，我们是无法左右客户的，唯一的办法是从内部找原因。怨天尤人、埋怨他人是没有用的，我们只能改造我们自己。"

"必须有正确的面对问题的态度，必须找到
解决问题的正确方法，问题才会越来越少，才能
挽回客户对我们的信任。"

在进军国际市场的过程中，华为始终坚持"以客户为中心"，及时地解决客户的投诉和问题。2010年，任正非在内部讲话中告诫华为人说："走遍全球，我发现到处都是质量事件、质量问题，我们是不是越来越不把客户当回事了？是不是有些干部富裕起来就惰怠了？问题不可怕，关键是我们面对问题的态度。我们必须有正确的面对问题的态度，必须找到解决问题的正确方法，问题才会越来越少，才能挽回客户对我们的信任。"

在任正非看来，只有勇敢地承认产品的问题，及时地、正确地解决问题，才是赢得客户的不二法门。与华为相反的是，在每年的"3·15晚会"上，屡屡有大型企业，特别是跨国公司的产品被曝光，如尼康相机、苹果手机、惠普笔记本，等等。这些企业之所以让个案的顾客投诉事件演变成危机事件，是因为这些跨国企业应对顾客投诉过于自信，甚至可以说是相当傲慢。在这里，我们从消费者投诉尼康企业开始谈起。

在百度以"尼康D600"和"投诉"为关键词搜索，结果竟然高达数百万个，即使在2020年5月27日23时51分33秒，显示的结果也有2360000个，见图14-1。

图14-1 百度搜索"尼康D600 投诉"关键词显示结果

之所以有数百万个搜索结果，是因为存在大量的投诉。例如，在"3·15投诉网"上，其投诉的帖子就很多，我们就选择如下两个案例。

投诉一：

尼康D600"掉渣王"更换快门组件后仍旧严重掉渣[①]

投诉主题：尼康D600"掉渣王"更换快门组件后仍旧严重掉渣

投诉目标：尼康中国

投诉人：郑先生

投诉时间：2013年11月18日

投诉地区：安徽省

我于2013年5月24日买了尼康D600相机，使用几天后便发现相机图像传感器有灰尘，后来仔细查看，从保存的第一张照片就能看到灰尘。

5月底，我将相机送去尼康合肥售后服务点（合肥伟中电子有限责任公司，电话：0551-65535516，地址：安徽省合肥市淮河路266号香港广场2109室）清洗了，用了没几天又发现有灰尘。

6月上旬，我将相机送去尼康杭州售后服务点再次去清洗，不久又有很多灰尘。

7月下旬，我再次将相机送去尼康合肥售后服务点清洗，不多久，依旧存在灰尘。

由于出国，我9月中旬回到合肥。

10月12日左右，我又将相机送去合肥售后服务点清洗，这次被告知：该

---

① 郑先生：《尼康D600"掉渣王"更换快门组件后 仍旧严重掉渣》，中国质量万里行官网，2013年11月18日，http://www.315online.com/tousu/it/297300.html，访问日期：2021年6月10日。

机型一律寄回上海总部清洗。

当时工作人员说清洗需要一周左右的时间。11月11日，我终于从尼康合肥售后服务点拿到返修了近一个月的相机，维修单上注明：更换了快门组件和图像传感器。我对尼康擅自更换图像传感器表示不能理解和接受。回家试拍后，我发现F22快门下依然有10个灰尘点。

后来，我加入了"尼康D600维权群"，得知：① D600机型的灰尘分布全部集中在左上角；②和我一样，好多用户根本没有更换镜头。③尼康现在属于秘密召回更换快门组件（有网友的维修清单为证）。

综合上述①、②可知，该机型的灰尘不是用户使用所致，而是内部掉下来的碎屑，这应该是尼康产品设计、制造的缺陷。

因此，我强烈要求尼康公司向全体中国用户道歉并召回有问题的机型，并给予用户退货处理和相应的补偿！ 该事件应该适用举证责任倒置原则！我请求中国工商总局介入！

我认为，应责令尼康拿出中国政府认可的第三方无尘实验室，1000台D600相机，每台1万次快门的灰尘的实验报告。否则，就认定尼康D600设计缺陷，全部召回！！！ 本次追加内容：2013年11月16日，出去拍了400张照片回来，发现换过快门组件后的相机"掉渣"更厉害了，照片上粗略数了一下就有超过100个灰尘点。无耻的尼康，你必须道歉、召回！

投诉二：

　　　　　天津超越摄影器材出售劣质尼康D600[①]

　　投诉主题：天津超越摄影器材出售劣质尼康D600

---

① 孟先生：《天津超越摄影器材出售劣质尼康D600》，中国质量万里行官网，2013年11月14日，http://www.315online.com/tousu/it/296833.html，访问日期：2021年6月10日。

投诉目标：尼康中国

投 诉 人：孟先生

投诉时间：2013年11月14日

投诉地区：天津市

作为尼康D90的多年老客户，本着对尼康高端相机品牌及质量的信赖，本人于2013年9月19日在尼康旗下经销商——天津超越摄影器材有限公司选购了一台型号为D600、货号为9044542的全画幅单反相机。

在一个半月的时间内，该机器出现了各类质量问题，前后两次送达北京维修中心维修且维修时间长达一个月之久，严重影响本人正常使用且使作为消费者的我身心俱疲。

以下是我们在购机后所遇到的一系列质量问题，请参见：

（1）新机器出厂故障。在购买相机的第5日（2013年9月24日），本人第一次使用该机进行了试拍，发现从第一张照片起，照片左上部位有3~5处色斑、污斑，并且在随后的拍摄中，这种斑点现象愈加严重（有照片为证）。因本人于9月25日出差，故而无法亲自回津向售后中心反映此问题（有机票为证）。本人在返津后的第一时间向经销商反映此问题，但经销商以超过15日质保期为由介绍本人去天津售后维修中心解决。随后，我送机到天津售后维修中心，并强烈主张退机，但工作人员仍以超过15日质保期为由，确认只能邮寄北京维修中心去做检测、维修。出于对尼康品质的一贯信赖，我当时接受了工作人员的提议。之后的检测结果为进灰，需要进行清洁维修。但作为消费者，我实在不能理解，作为相机领域顶级品牌——尼康旗下高端产品的D600相机，为何其新品在出厂密封的状态下，第一次使用时就会存在灰尘，并出现照片瑕疵？工作人员对此解释为正常进灰，我作为一个使用单反相机多年的消费者，实在不能接受此解释。

（2）进灰问题无法解决及对故障的界定。在经历了将近两周的维修后，在拿到机器的10月23日（10月12日—22日初次维修后的第二天），我就再次进行了试拍。但上述质量问题依然存在，无奈之下，相机也再次被送到北京维修，得到的答复依然为进灰，并需要通过拆机、换件来进行维修，且时至今日尚未返还。北京、天津维修售后的工作人员再三将进灰归为正常情况并否定为质量故障，对此我持有完全不同的见解，新出厂的机器为何会接连出现进灰问题且无法处理，为何只能通过拆机、换件才能进行处理？种种迹象证明，D600相机的产品设计存在质量缺陷。

（3）其他质量问题——新故障频发。除了进灰问题没有解决，在两次试拍中还存在其他质量问题：①照片上部出现不明亮点；②相机自动从FX全画幅模式跳转DX半画幅模式；③相机机顶内置闪光灯间或性在可达到闪光条件下不能闪光；④经北京售后维修站检测，还出现相片存在横纹等之前未发生的新故障。这些问题不仅对相机使用和照片质量产生巨大影响，更让消费者对D600相机的品质产生巨大疑问。

作为消费者，我无法理解维修站之前提出的所谓以上质量问题都为"非重要的所谓正常的细微故障"的行为。我购买尼康相机看中的就是尼康的品牌和质量，但为何一台新出厂未经使用过的高端产品会频频出现如此多的故障？而且对于尼康做出的种种解释，我也无法认同并接受，这不仅伤害了我对尼康的情感而且也让我觉得自己的权益受到了严重的侵害。

综上所述，此台D600相机劣质的质量，使我付出了巨大的时间成本、精神成本及额外费用，让我身心疲倦。在此，我要维护本人权益，并免于日后无休止地往返于维修。

面对众多投诉，尼康公司并没有认真对待这些投诉。因为有些日本企业对中国市场存在偏见，有研究者这样表述：日本企业把全球市场分为三等，最好的产品卖给本国，二流产品卖给欧美，而基本符合使用标准的，就全部在中国市场倾销。[①]

这绝不是空穴来风，而是日本企业已经或者正在做的事情。不管任何产品存在问题，日本企业召回产品时，绝大多数都是不包括中国市场，这反映的是日本企业对中国市场轻忽和不屑的傲慢事实。

在改革开放初期，由于中国相对较为落后，日本企业利用资金和技术的相对优势迅速占领了中国市场，使得像日立、松下、索尼这样的日本企业品牌在中国20世纪80年代后期到21世纪初，在短短20年的时间内成为中国家喻户晓的知名品牌。

当然，这样的成绩也让日本企业陶醉，因为中国市场的产品采用的技术从来都是二流的，甚至是快要被淘汰的。在日本企业的意识中，一流的技术和产品留在日本，二流的技术和产品出口欧美，只有几乎淘汰的产品和技术才出口中国。

日本企业常常戴着有色眼镜对待中国消费者，尽管中国市场非常有潜力，日本企业却从未像对待欧美市场那样认真地对待中国市场。

这些日本企业没有想到的是，欧美企业却利用日本企业不重视中国市场的时机，悄然杀开一条血路，使得欧美企业品牌也迅速以星火燎原之势占领了中国市场，赢得了中国消费者的认可。这就是为什么在中国市场上，欧美企业火爆而日本企业频频失守的根本原因。

正是基于这样的思维，当中国媒体大规模报道后，特别是在2014年"3·15晚会"上曝光后，尼康公司在官方网站上回应了消费者的投诉。详细内容如下：

致尊敬的尼康数码单反相机D600用户

您好！感谢您选用尼康数码相机产品。

我公司曾于2013年2月22日，发布了一篇《致尼康数码单反相机D600

---

① 张锐：《日本电器的中国"病灶"》，《南风窗》2006年第7期。

用户》公告。针对用户指出的所拍摄画面内出现多个黑色颗粒状影像的现象，我们会收下用户的相机，检查并采取适当的处理措施。

对发生上述现象但已超出保修期的尼康D600数码单反相机，今后我们也将免费为用户提供相应的服务。

数码单反相机的结构使得彻底防止这一现象在技术上极其困难，而在某些罕见的情形下，这些尘埃在影像中非常明显。因此我们希望以此服务来减轻该现象。

【解决方案】

如您按照用户手册"低通滤镜使用注意事项"中的记载步骤，对相机图像传感器进行清洁，或用气吹手动清洁后仍无法清除尘埃颗粒时，请与您最近的尼康售后服务中心或尼康特约维修站联系。我们将免费对相机进行检查、清洁，并进行快门等相关零部件的更换（相机的往返寄送费用由尼康公司承担）。

关于售后服务申请相关事宜，请咨询尼康客服支持中心：

尼康客服支持中心服务热线：4008-201-665

（周一至周日 9:00—18:00，除夕9:00—12:00）

或请咨询尼康售后服务机构（各地维修站）。

我们真诚地为此事给用户带来的不便表示深切的歉意。

今后我们将尽全力进一步提高产品品质，希望您继续选择使用尼康公司的产品。

希望广大用户今后能够继续给予我们大力支持，非常感谢！

尼康映像仪器销售（中国）有限公司

在这次危机事件中，尼康依然回避问题，并没有实质性地为消费者解决问题。按照国家的"三包"规定，相机因质量问题返修两次之后，可以退换产品。不过尼康辩称清理灰尘不算修理，并以此拒绝给消费者更换新机，甚至以雾霾为借口来推卸责任。

据媒体报道，尼康D600是2012年9月发布的全画幅数码单反相机，总像素达2466万，当时市面上的单机参考售价约为9600元。在上市后的一段时间里，这款相机一直被质疑存在设计制造缺陷。[①]其后，由于尼康公司的推诿，中国媒体集中大规模报道，使得尼康问题相机的危机二次发酵。

不可否认的是，尼康公司漠视客户的投诉并非个案。由于一些企业不重视消费者投诉，使得诸多消费者投诉发酵，结果成为影响企业发展的大危机。这给企业有效地应对危机管理增加了难度。

在最近几年中，一些因为消费者投诉而导致的危机事件给中国企业提供了很好的反面教材，如"日航中国乘客事件""东芝笔记本事件""尼康问题相机事件""丰田汽车召回事件"，等等。这些事件都是因为企业没有对消费者的投诉给予足够的重视，采用了错误的处理方式，使得事件恶化，给企业带来了巨大的直接和间接损失。当然，从长远来分析，这些企业的间接损失比直接损失要大得多。

究其原因，因为消费者的投诉而引起的蝴蝶效应足以让企业付出惨重的代价。蝴蝶效应是指因为蝴蝶扇动翅膀会导致其身边空气系统发生微小的变化，产生的微弱气流会引起周围空气产生相应变化，由此引起一个一个的连锁反应，最终导致空气系统发生极大变化。

蝴蝶效应给中国企业的启示是，一件看似微不足道的消费者投诉，在经过一段时间发展、变化后，极有可能成为一个无法控制的危机事件。在企业的日常经营中，消费者投诉可能就是引发企业危机事件的一只"蝴蝶"。

---

① 张钰芸：《尼康D600拍出照片黑斑点点》，《新民晚报》2014年3月16日，第4版。

> ## "什么叫无理要求？除了客户说你的这个设备给我，我一分钱都不付，别的都不是无理要求，而是我们自己骄傲自大。"

关于华为的服务边界，任正非有其特有的定义。2008年，在地区部向EMT（经营管理团队）进行年中述职会议上的讲话中，任正非讲道："什么叫无理要求？除了客户说你的这个设备给我，我一分钱都不付，别的都不是无理要求，而是我们自己骄傲自大。当我们强大到一定程度就会以自我为中心。"

任正非解释说："Marketing（市场营销）做的客户满意度调查，结果要全面公开，我们花了这么多钱，客户有批评，为什么不公开呢？不公开就不会促进我们的改进，那有什么用呢？竞争对手知道有什么关系呢？他们攻击我们，我们怕什么呢？只要是我们自己改了就好了。"

任正非之所以有这样的认识，与华为拓展日本市场有关。查阅资料发现，华为能够拿下日本市场，一方面源于华为本身的产品质量，另一方面就是以客户为中心。

在2015年7月20日举行的对日投资论坛（北京）上，华为技术日本株式会社公共关系部部长魏新举回忆华为当初拓展日本市场时的遭遇。魏新举称，华为在拓展日本市场之初，客户提出了非常苛刻的质量要求。魏新举说道："在这个过程中，华为意识到必须积极改进产品质量，提升自身的质量管理体系。"

在魏新举看来，正是因为日本市场要求极高的产品质量，促使华为一方面满足了当地客户的需求，另一方面也提高了自己的质量管理水平。魏新举说道："现在华为产品不仅能满足日本市场的要求，而且能满足全球市场的需求。"

2006年，华为日本株式会社拓展到日本电信运营商NTT的订单。NTT很强势，一方面，没有任何合同、协议；另一方面，NTT要求华为提供一款新产品，其技术要求非常高，也非常细，甚至可称为前所未有。

为了能够顺利开局，同时也为了更好地按时完成NTT交代的任务，华为研发部门开启了一个非常规模式。他们不得不牺牲掉休息日，连续工作60天后，顺利地完成该项目。

虽然拓展日本市场异常艰辛，却解决了一个高标准的质量问题。因为日本市场不仅具有欧美市场的高标准，还精益求精，同时又具有东方匠心文化的人文情怀。

对此，魏新举说道："德国和日本是全球公认的质量领袖，在质量管理方法和文化方面非常值得我们学习。可以说，满足了日本市场的质量要求，也就等于基本满足了全球市场的质量要求。"

对于高质量问题，不仅NTT，KDDI（凯迪迪爱通信公司）也是如此。据了解，KDDI在日本电信运营商中排名第二，同时也位居世界电信运营商第12位。

当华为日本株式会社完成了NTT的项目后，华为的实力也被KDDI看重。2008年7月，KDDI决定考察华为的生产现场。

在当时，自信的华为一厢情愿地认为，通过KDDI的审核是没问题的，因为华为的认证证书多如牛毛。然而，这样的自信却栽倒在KDDI面前。为了更好地合作，KDDI派出自己的主审员福田到华为考察。福田为了不辱使命，随身携带手电筒、放大镜、照相机和白手套。

在现场考察中，福田按照在日本企业的现场管理要求开始检查，其细致程度和严谨性让很多华为员工目瞪口呆，甚至可以说是不可理喻。

福田在生产现场审核中，用白手套擦拭灰尘，用放大镜勘验焊点的质量，用手电筒观察设备和料箱是否有灰尘，当出现相关问题时，福田用照相机拍摄实物图片。

福田此行给每个华为人留下了深刻的印象。就这样，福田完成了自己的首次审核。其后，福田把他发现的93个问题交给了华为，返回了日本总部。

对于此行，福田评价说："华为质量水平不行，而且华为工程师太骄傲，不够谦逊。"

不仅是福田，其他的KDDI专家也批评了华为，尤其是华为自身太过乐观的态度，KDDI专家告诫华为称，别做"井底之蛙"。

当收到福田的93个问题后，华为对此展开了一场辩论。福田的93个问题震惊了华为人。此刻的华为在质量管控上已经做得很好了，尤其是行业规范方面，华为早已达标了。对此，有的华为人认为，福田的做法就是"吹毛求疵"而已。因此，此刻的华为各部门，很难接受福田的93个问题，虽然每天晚上都讨论到12时，但是针对福田提出的93个问题，依旧争论不休。

华为人为此争论不休的93个问题，涉及厂房环境温湿度控制、无尘管理、设备ESD（静电放电）防护、周转工具清洁、印锡质量、外观检验标准、老化规范等。每个问题的要求都较高，很多要求甚至远超出行业标准。不得已，华为通过相关渠道打听摩托罗拉有没有通过整个认证，结果是，作为世界500强企业的摩托罗拉，同样未通过整个认证。来自摩托罗拉的回复称，要是华为能够通过KDDI的认证，其他公司的认证也都能通过。

综合各方的意见后，华为的领导层经过讨论一致认为，作为客户的KDDI提出的93个问题是真诚的、认真的。否则，KDDI也不会让福田和其他专家一行检查得如此之细致，提出如此多的问题。于是，华为达成一致意见，必须拥有开放的心态，在质量方面，华为必须有更高的进取心，要迎难而上，不能退缩，不能放弃。只有这样，华为才能"更上一层楼"。

为了解决福田提出的93个问题，在接下来的4个月时间内，华为坚持以KDDI的要求为标准，以客户的思维和视角改进生产现场，加大投入资源优化改造设备和生产现场，做好迎接第二次现场生产的审核。

2008年12月，尽管华为经过了四个月的准备，但是依旧觉察到自己离KDDI的高要求存在巨大的差距。

华为市场部和日本代表处倾尽全力，以足够的诚心，才打动了福田等专家。因为华为人给福田留下了不好的印象，所以福田不愿意进行二次审核。在福田看来，华为工程师过于喜欢争论文件条文和标准，且封闭和自满。

正因为如此，当面临再次审核时，尤其是在审核过程中，华为人如履薄冰，可以说是如坐针毡。

当审核完毕后，福田此次依旧列出了57个问题。虽然列出了57个问题，此次审核结果却有了很多的改进。福田说道："这次做得不错，其中ESD改善得很好。质量控制（Incoming Quality Control, IQC）部门在所有区域中做得最好，只有9个问题，而有些做了10多年的公司审核问题都不下30条。装配部门做得不是很好，指导书还需要再完善下才能更上一个台阶。大家以后再接再厉！"

就这样，华为通过了福田的现场生产考核。2009年10月，华为赢得了KDDI首份合同。虽然如此，但是KDDI对华为的信任依旧有限。

为了更好地监控华为的现场生产，在2009年11月16日至23日，KDDI派出8名专家蹲点华为生产现场。

在此次审核中，8名专家在生产线上全过程查看华为的产品生产。从产品生产的第一个流程开始，即从最开始的原材料分料，到成品的最后装箱，8名专家都必须亲自过目、检查，这才让他们放心。

就这样，KDDI的 8名专家为期8天的光网络OSN1800生产全过程厂验，让华为学习到了日本质量管理。不管是一线员工，还是高层主管，都在生产现场，而且一丝不苟，全身心投入生产和管理。通过真诚和努力，华为人终于感动了日本KDDI 的8名专家，使得KDDI认可了华为。

此刻的华为，虽然需要改善的问题依旧很多——KDDI提出的问题及建议还有24个，但是KDDI的专家对华为生产过程质量控制系统非常认可，也很满意华为员工的工作态度。

第五部分

客户的价值主张
决定了华为的价值主张

在企业实践中，我们不断将客户需求导向的战略层层分解并融入所有员工的各项工作之中。不断强化"为客户服务是华为生存的唯一理由"，提升了员工的客户服务意识，并深入人心。从这个角度讲，华为企业文化的特征也表现为全心全意为客户服务。

——华为创始人任正非

第15章

华为只有一个鲜明的价值主张，那就是为客户服务

在华为的发展历程中，始终坚持"以客户为中心"，其核心价值观从未改变。2010年，任正非更是把"以客户为中心，以奋斗者为本，长期坚持艰苦奋斗"正式确定为华为的核心价值观。

2009年，任正非在"CFO要走向流程化和职业化，支撑公司及时、准确、优质、低成本交付"的内部讲话中说："华为公司只有一个鲜明的价值主张，那就是为客户服务。大家不要把自己的职业通道看得太重，这样的人在华为公司一定不会成功；相反，只有不断奋斗的人、不断为客户服务的人，才可能找到自己的机会。"

在任正非看来，华为想要生存和发展，就必须"以客户为中心"。然而，这看似最朴素的常识，却是华为登上巅峰的法宝。

> "也许大家觉得可笑，小小的华为公司竟提出这样狂的口号，特别在前几年。但正因为这种目标导向，才使我们从昨天走到了今天。"

在2009年的年报中，华为详细地介绍了华为的愿景、使命和核心价值观，详情如下。

（1）愿景：丰富人们的沟通和生活。

（2）使命：聚焦客户关注的挑战和压力，提供有竞争力的通信解决方案和服务，持续为客户创造最大价值。

（3）核心价值观：公司核心价值观是扎根于我们内心深处的核心信念，是华为走到今天的内在动力，更是我们面向未来的共同承诺。它确保我们步调一致地为客户提供有效的服务，实现"丰富人们的沟通和生活"的愿景。[①]

根据2009年的年报显示，华为的核心价值观涵盖成就客户、艰苦奋斗、自我批判、开放进取、至诚守信、团队合作六个方面，见图15-1。

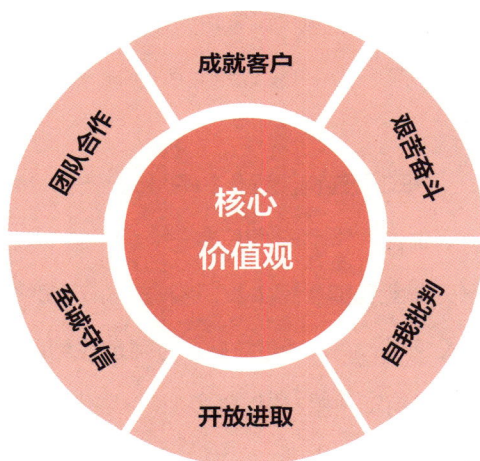

图15-1 华为的核心价值观

第一，成就客户，"为客户服务是华为存在的唯一理由，客户需求是华为发展的

---

① 华为：《华为投资控股有限公司2009年年度报告》，华为官方网站，2010年3月31日，https://www.huawei.com/cn/annual-report?page=2，访问日期：2021年6月10日。

原动力。我们坚持以客户为中心，快速响应客户需求，持续为客户创造长期价值进而成就客户。为客户提供有效服务，是我们工作的方向和价值评价的标尺，成就客户就是成就我们自己"。

第二，艰苦奋斗，"我们没有任何稀缺的资源可以依赖，唯有艰苦奋斗才能赢得客户的尊重与信赖。奋斗体现在为客户创造价值的任何微小活动中，以及在劳动的准备过程中为充实、提高自己而做的努力。我们坚持以奋斗者为本，使奋斗者得到合理的回报"。

第三，自我批判，"自我批判的目的是不断进步、不断改进，而不是自我否定。只有坚持自我批判，才能倾听、扬弃和持续超越，才能更容易尊重他人、与他人合作，实现客户、公司、团队和个人的共同发展"。

第四，开放进取，"为了更好地满足客户需求，我们积极进取、勇于开拓，坚持开放与创新。任何先进的技术、产品、解决方案和业务管理，只有转化为商业成功才能产生价值。我们坚持客户需求导向，并围绕客户需求持续创新"。

第五，至诚守信，"我们只有内心坦荡诚恳，才能言出必行、信守承诺。诚信是我们最重要的无形资产，华为坚持以诚信赢得客户"。

第六，团队合作，"胜则举杯相庆，败则拼死相救。团队合作不仅是跨文化的群体协作精神，也是打破部门墙、提升流程效率的有力保障"。[1]

关于华为的核心价值观，任正非在《华为的红旗到底能打多久》一文中做了明确的解释，共七条：

第一条（追求）。华为的追求是在电子信息领域实现客户的梦想，并依靠点点滴滴、锲而不舍的艰苦追求，使我们成为世界领先企业。

第二条（员工）。认真负责和可有效管理的员工是华为最大的财富。尊重知识、尊重个性、集体奋斗和不迁就有功的员工，是我们的事业可持续成长的内在要求。

---

① 华为：《华为投资控股有限公司2009年年度报告》，华为官方网站，2010年3月31日， https://www.huawei.com/cn/annual-report?page=2，访问日期：2021年6月10日。

第三条（技术）。华为广泛吸收世界电子信息领域的最新研究成果，虚心向国内外优秀企业学习，在独立自主的基础上，开放合作地发展领先的核心技术体系，用我们卓越的产品自立于世界通信列强之林。

第四条（精神）。爱祖国、爱人民、爱事业和爱生活是我们凝聚力的源泉。责任意识、创新精神、敬业精神与团结合作精神是我们企业文化的精髓。实事求是是我们行为的准则。

第五条（利益）。华为主张在顾客、员工与合作者之间结成利益共同体。努力探索按生产要素分配的内部动力机制。我们决不让"雷锋"吃亏，奉献者定当得到合理的回报。

第六条（文化）。资源是会枯竭的，唯有文化才会生生不息。一切工业产品都是人类智慧创造的。华为没有可以依存的自然资源，唯有在人的头脑中挖掘出"大油田""大森林""大煤矿"……精神是可以转化为物质的，物质文明有利于巩固精神文明。我们坚持以精神文明促进物质文明的方针。

第七条（社会责任）。华为以产业报国和科教兴国为己任，以公司的发展为所在社区做出贡献，为伟大祖国的繁荣昌盛、为中华民族的振兴、为自己和家人的幸福而努力。

在这七条价值观中，华为把为客户提供服务作为第一条。在该文中，任正非写道："现在社会上最流行的一句话是追求企业的最大利润率，而华为公司的追求是相反的，华为公司不需要利润最大化，只将利润保持在一个较合理的范围。我们追求什么呢？我们依靠点点滴滴、锲而不舍的艰苦追求，成为世界领先企业，来为我们的客户提供服务。"

1998年，在题为"华为的红旗到底能打多久——向中国电信调研团的汇报以及在联通总部与处以上干部座谈会上的发言"内部讲话中，任正非解释了为什么把为客户提供服务作为第一条："也许大家觉得可笑，小小的华为公司竟提出这样狂的口号，特别在前几年。但正因为这种目标导向，才使我们从昨天走到了今天。今年

（1998年）我们的产值在100亿元左右，年底员工人数将达8000人，我们和国际市场的距离正逐渐减小。今年我们的研发经费是8.8亿元，相当于IBM的1/60；我们的产值是它的1/65。和朗讯比，我们的研发经费是它的3.5%，产值是它的4%，这个差距还是很大的，但每年都在缩小。我们若不树立一个企业发展的目标和导向，就建立不起客户对我们的信赖，也建立不起员工的远大奋斗目标和脚踏实地的精神。因为对于电子网络产品来说，大家担心的是将来能否升级，将来有无新技术的发展，本次投资会不会在技术进步中被淘汰。华为若不想消亡，就一定要有世界领先的概念。我们最近制定了要在短期内将接入网产品达到世界领先水平的计划，使我们成为第一流的接入网设备供应商。这是华为发展的一个战略转折点，华为经历了十年的卧薪尝胆，开始向高目标冲击。"①

> **"服务的含义是很广的，不仅仅指售后服务，从产品的研究、生产到产品生命终结前的优化升级，员工的思想意识、家庭生活……"**

在《资源是会枯竭的，唯有文化生生不息》一文中，任正非再次讲道："华为是一个功利集团，我们所做的一切都是围绕商业利益的。因此，我们的文化叫企业文化，而不是其他文化或政治。因此，华为文化的特征就是服务文化，因为只有服务才能换来商业利益。服务的含义是很广的，不仅仅指售后服务，从产品的研究、生产到产品生命终结前的优化升级，员工的思想意识、家庭生活……因此，我们要以服务来定队伍建设的宗旨。我们只有用优良的服务去争取用户的信任，从而创造资源。这种信任的力量是无穷的，是我们取之不尽、用之不完的源泉。有一天我们不用服

---

① 任正非：《华为的红旗到底能打多久——向中国电信调研团的汇报以及在联通总部与处以上干部座谈会上的发言》，《华为人报》1998年6月20日。

务了，就是要关门、破产了。因此，服务贯穿于我们公司及个人生命的始终。当我们生命结束了，就不用服务了。因此，服务不好的主管，不该下台吗？"

在任正非看来，"以客户为中心"的含义不仅体现在产品的售后服务，还应该延伸到产品研究、生产，甚至是员工的家庭生活。这样的转变无疑使得华为更早地将"以客户为中心"上升为企业战略。

在这里，我们从一个真实的案例开始介绍。库克群岛（The Cook Islands）位于南太平洋上，介于法属波利尼西亚与斐济之间，面积240平方千米，是由15个小岛组成的群岛国家，是新西兰的王国自由结合区。库克群岛的首都阿瓦鲁阿（Avarua），位于拉罗汤加岛。之所以命名为库克群岛，是因为詹姆斯·库克船长在远征南太平洋的过程中发现了这些岛屿。

2017年10月，一场突如其来的大火烧毁了库克群岛上唯一移动运营商的核心网机房。其后，库克群岛上的语音业务和数据业务全部中断。

在通信不畅的情况下，库克群岛上的运营商向华为斐济代表处寻求解决方案。具体的要求是，在12月25日圣诞节前恢复库克群岛上的语音业务和数据业务。

由于时间紧迫，而且代表处及地区部核心网人员有限，华为全球服务中心接到库克群岛的求援后，在第一时间组建支持小组，并展开救援行动。

2017年11月6日，殷塔华参与了此次行动。虽然面临巨大的挑战，但是当了解到详情后，殷塔华团队支持小组第一时间与库克群岛上的同事联系。

通过联系，殷塔华团队得知库克群岛上的通信恢复形势较为严峻，运营商机房内的设备几乎全部烧毁。

一般来说，按照正常的进度，完成机房的建设、调试，以及正常投入使用的时间，大概为60~90天。

第一，库克群岛上的机房建设需要的硬件设备，即使最快也要到12月初才筹集到位。然而，库克群岛运营商把圣诞节作为该项目的交付日，留给华为的时间仅有不到21天。对于殷塔华团队来说，用正常进度所需时间的四分之一完成该项目，几乎是一项不可能完成的任务。但是，客户的需求已经摆在桌上，接下来考虑的就是如何解决问题。

第二，殷塔华团队准备签证材料、及时办理手续，同时还在做一些相关的准备工作。例如，收集现场网络的资料，脚本制作，等等。

第三，华为在确保预安装工作有序完成的前提下，殷塔华团队把可供参考的备份信息与预安装部门的华为工程师逐一核对。殷塔华团队这样做，是为了更好地确保预安装版本信息的准确无误，同时还一一核对配置清单（BOQ），以及装箱单（Packing List），为准时交付上了双保险。

在核对的过程中殷塔华团队得知，库克岛上的现场网络质量较差。其后，殷塔华团队对照了配置清单上的"准备版本文档""验收材料""版本软件""补丁"，并不厌其烦地反复跟研发、GTAC（全球技术支持中心）确认版本差异、脚本信息、软件参数等，评估各项风险，一遍又一遍地整理刷新网络设计、端口规划表、VLAN/IP等信息。[①]

前期的充分准备在解决此次客户需求的过程中发挥了巨大的作用，在后续的调测中，不仅节省了很多时间，还走了很多捷径，为顺利交付打下了坚实的基础。

经过40个小时的飞行后，殷塔华团队终于辗转抵达拉罗汤加机场。虽然前期做了充分的准备工作，但是不可控的问题依旧很多。殷塔华举例说道："比如，设备清关比预计时间晚了两天、客户的人手不够、机房建设进度缓慢、机房供电电缆老化、空调无法安装等一系列的问题。"

为了尽可能地降低对旅游业的损失，客户殷切地期望华为能够尽快地解决问题。殷塔华团队和所有的华为人都明白，他们需要与时间赛跑，参与该项目的华为人加入机房的建设中，刷墙、抬物料……2017年12月7日，殷塔华团队终于完成机房建设。其后的几天时间内，殷塔华团队与来自马来西亚、澳大利亚的同事们并肩作

---

① 殷塔华：《最特别的圣诞礼物》，《华为人》2020年第1期。

战。2017年12月9日，殷塔华一行人完成机房内所有硬件设备的安装工作，同时督促客户解决供电问题。2017年12月11日深夜，设备供电系统开始正常运行。[①]

当设备灯开始闪烁时，恢复通信的"战斗"刚刚正式开始。由于库克群岛的地理原因，通信只能通过卫星。当时，正值库克岛的雨季，云层偏厚，严重影响卫星的通信质量。

但凡遇到棘手问题时，殷塔华一行人只能通过断断续续的越洋电话和微信语音等手段与总部沟通，所有的图片都无法发送，机房恶劣的环境，以及繁重的恢复工作，给殷塔华一行人完成交付工作带来了巨大的困难。

殷塔华回忆说道："记得第一天调试的时候，我没有想到机房会那么冷，只能把仅有的背包直接背上，那一天我就靠着背包带来的'温暖'撑过去了，晚上从机房出来的那一刹那，我感觉自己竖了一天的汗毛才服帖下来……调试的那几天，我们都是迎着太阳出门，伴着的月亮和星星回去休息，回去之后简单地吃点干粮，再沟通一下工作上的问题，就已经凌晨1时多了。那几天总感觉刚躺下还没睡着，天就亮了。"

殷塔华团队的付出得到客户的谅解和支持，客户尽可能地减轻华为人非工作的负担。例如，为了照顾殷塔华团队的饮食习惯，客户甚至为殷塔华团队准备了他们并不擅长烹饪的中餐。

经过一段时间艰辛工作，调试的进度迅速展开，当殷塔华一行人打通首个电话时，客户满意地露出一丝笑容。

2017年12月19日，在殷塔华一行人的努力下，库克群岛所有的语音和数据业务全部恢复，且KPI（关键绩效指标）指标正常。客户CEO带着当地电视台来机房采访，他跟殷塔华一行人一一握手，说："Good job, guys!"（干得好，各位！）殷塔华一行人的内心久久无法平静，是激动、喜悦，也是成就感，更是社会责任感！第二天

① 殷塔华:《最特别的圣诞礼物》,《华为人》2020年第1期。

的《库克群岛新闻报》上刊登了这一喜讯，同时也在报道中也提到了华为——"主要设备是来自中国华为公司"（Production of key mobile core equipment by vendor Huawei in China.）。当看着"Huawei"出现在当地报纸上时，殷塔华团队心中满满的都是自豪感。[①]

华为在库克群岛上的服务仅仅是举不胜举的案例中的一个。众所周知，在华为发展较长的一个阶段，"低价格、次产品、优质的服务"是华为留给客户的第一形象。某运营商老板至今对华为的优质服务依然记忆深刻：早年，华为的交换机大多在县级邮电部门使用，产品稳定性差，经常出问题。但华为的跟进服务做得好，24小时随叫随到，而且邮电部门的职工做主人习惯了，动不动就把华为的员工包括任正非训斥一顿，他们不但没有任何的辩驳，而且总是诚恳检讨，马上改正，与西方公司的习惯把责任推给客户、反应迟钝相比，华为让人印象深刻。谁能拒绝把客户真正当作"上帝"的人呢？要知道，20世纪90年代前后，"服务"的概念在中国尚属稀缺产品，华为却把它做到了极致。[②]在该老板看来，华为的优质服务已经超过当时的跨国企业了。

---

① 殷塔华：《最特别的圣诞礼物》，《华为人》2020年第1期。
② 田涛、吴春波：《下一个倒下的会不会是华为》，中信出版社，2012，第18—19页。

第16章

客户的信任与支持是我们谋生的机会

对于业界诸多美国企业的案例，任正非始终保持学习的态度。在接受采访时，任正非多次坦言美国是世界科技的"灯塔"。然而，震惊世界的"美国联合航空公司（简称美联航）事件"发生后，任正非在题为"从'美联航事件'看巴塞的火爆与坂田的冷清"的内部讲话中告诫华为人说："'美联航事件'为我们提供了警示，我们需要以此为鉴，深刻反思。华为公司没有任何可垄断的资源，没有任何可依赖的保护政策，全靠客户的信任与支持，才有了谋生的机会。华为公司实行的是获利共享、风险共担的利益共同体机制，一旦我们失去客户的信任，不能再为客户创造价值，华为公司将一文不名，最终受到最大损失的是我们每个员工。"

在任正非看来，当员工背离"以客户为中心"的价值观时，各种层级的官僚体系无疑会产生惰性，使得整个组织远离客户。基于此，任正非才在"美联航事件"发生不久后，告诫华为人，华为不做"美联航"。

"华为会不会是下一个美联航？我们认为最宝贵的财富是客户，一定要尊重客户。我们以客户为中心的文化，要坚持下去，越富越要不忘初心。"

"美联航事件"发生后，暴风骤雨般的批评随即而至。作为华为创始人的任正非也在内部展开"整风运动"，同时也在强化"以客户为中心"的落实问题。在题为"在战略预备队座谈会上的讲话"中，任正非分析道："美联航不以客户为中心，而以员工为中心，导致他们对客户这样恶劣的经营作风。"

基于此，任正非忧虑地反思道："华为会不会是下一个美联航？我们认为最宝贵的财富是客户，一定要尊重客户。我们以客户为中心的文化，要坚持下去，越富越要不忘初心。"

在内部讲话中，任正非多次提及"美联航事件"，那么到底是什么事件让任正非如临大敌呢？

据了解，美国当地时间2017年4月9日晚间，在美联航的一架航班上发生了震惊世界的客户服务危机：一段视频中，一名年近七旬的乘客由于不愿配合机组人员的安排改乘其他航班，拒绝下飞机。随后，机场保安强行将该乘客拖走，导致该顾客流血受伤。

事件是这样的，美联航UA3411航班即将从芝加哥奥黑尔国际机场（O'Hare International Airport）飞往肯塔基州路易斯维尔（Louisville）市。

当乘客陆续登机后，美联航UA3411航班机组人员突然宣布，因为该航班机票超售问题，得有4名乘客改乘其他航班。美联航UA3411航班机组人员这样做是为了让该公司的4名机组人员能抵达路易斯维尔，为隔日的航班飞行做准备。

为了寻求乘客主动改乘其他航班，机组人员承诺赠送旅行代金券（价值400美元和50美元的各一张，每购一张机票可抵用一张，有效期一年），但是乘客们都不为所动，拒绝美联航UA3411航班机组人员的建议。

随后，美联航UA3411航班机组人员将代金券的面值增至800美元，但是依旧没人回应。于是，美联航UA3411航班机组人员决定通过"随机抽取"改乘其他航班的乘客。

所谓"随机抽取"其实是有选择标准的。根据美联航官网介绍，美联航会优先保障残疾人和儿童的权利，其他人则将根据舱位、行程、会员信息来决定优先顺序。

就这样，发生了随后传遍全球网络的惊人一幕：69岁的越南裔美国人陶大卫（David Dao）被美联航UA3411航班机组人员"随机抽中"，但是陶大卫称，自己是医生，次日早晨还需要给自己的病人看病，因此不能改乘其他航班。

英国《每日邮报》报道称，陶大卫与他同为69岁的妻子住在美国肯塔基州伊丽莎白镇（Elizabeth town），距离路易斯维尔约40英里（64千米），是一名内科医生。他的妻子名叫特雷莎，是一名儿科医生。两人育有5名子女，其中有4人也是医生。

在僵持不下的情况下，美联航UA3411航班机组人员叫来3名机场保安，强行把陶大卫拖下飞机。

其他乘客拍摄的视频显示，在被拖拽的过程中，陶大卫大声惨叫，头部更疑似撞到邻近的座位，额头及嘴角磕破出血，眼镜几乎掉落，衬衫被拉拽使得他的肚皮裸露，还有乘客说陶大卫被打晕了……此时，有乘客表示可放弃飞行，但美联航还是让陶大卫改乘其他航班。

陶大卫被拖走约10分钟后挣脱了，并返回到机上，喃喃自语说："我要回家，我要回家。""杀死我吧！"最后，陶大卫还是被拖下美联航UA3411航班，4位美联航机组人员坐在腾出的4个座位上。

作为美国《芝加哥邮报》的专栏作家，罗伯特·里德撰文称，这起事件是"丑陋的"，如果美联航自己不为此负责，航空管理部门、执法部门和国会就应该介入调查。

美国《洛杉矶时报》也发表评论文章批评美联航UA3411航班机组人员此件事件的做法，通过这起事件可以看出许多公司的客服"考虑不周、不人性化、不体贴、不负责，甚至愚蠢"。

面对如潮的媒体批评，美联航CEO奥斯卡·穆尼奥斯 （Oscar Munoz）不得不做出道歉声明，内容见图16-1。

This is an upsetting event to all of us here at United. I apologize for having to re-accommodate these customers. Our team is moving with a sense of urgency to work with the authorities and conduct our own detailed review of what happened. We are also reaching out to this passenger to talk directly to him and further address and resolve this situation.

- Oscar Munoz, CEO, United Airlines

图16-1 "美联航事件"后奥斯卡·穆尼奥斯发出的道歉声明

然而，在媒体披露的美联航CEO奥斯卡·穆尼奥斯给该公司员工的一份备忘录中，穆尼奥斯称，美联航的工作人员遵守了"规定程序"，并称受伤乘客在过程中拒绝配合，"具有破坏性且咄咄逼人"。

"我们试图征集志愿者，之后又按照我们的非自愿拒绝登机程序"，包括向愿意让出座位的乘客提供补偿，穆尼奥斯写道，"当我们找到其中一名乘客解释，我们很抱歉他被拒绝登机时，他提高自己的音量拒绝配合机组人员的指示。"

"为了让他配合下飞机，（机组人员）几次接近他，每一次他都拒绝，而且他变得越来越具有破坏性和咄咄逼人，"穆尼奥斯在这份备忘录中写道，"我们的工作人员别无选择，只能求助于芝加哥航空局安全官员协助将那名乘客弄下飞机。"

奥斯卡·穆尼奥斯的辩解使得此次事件第二次发酵。2017年4月11日，作为京东集团创始人的刘强东，在自己的头条号上公开痛斥美联航的服务态度，声称美联航的服务是"全球最烂"，没有之一。

刘强东写道："看到美联航员工对乘客动粗的新闻，想起三次乘坐美联航的噩梦般的体验！我负责任地说：美联航的服务绝对是全球最烂的！没有之一！"

作为中国企业家的刘强东，很少公开这样批评跨国公司的服务。此次事件让刘强东"火力全开"的"美联航事件"，足以说明其恶劣的服务态度。

当"美联航事件"持续发酵时，脱口秀演员黄西在头条问答上也持类似的观点，痛斥服务质量非常差的美联航。

黄西为此还提到了自己不愉快的经历："我攒了很多里程，坐飞机的时候给一家人用里程数换了头等舱，到了机场之后被告知不行，然后被告知可以使用抵用券，但实际上抵用券使用起来非常困难，后来只能就不使用。"

此外，今日头条高级副总裁柳甄也在2017年4月12日回顾自己乘坐美联航航班的糟糕经历："念书的时候，我有一次从芝加哥回湾区，用里程兑换了商务舱，在已经登机坐下的情况下被请到了经济舱，然后一个貌似成功人士的白人坐在了我本来坐的位置。其他乘客对此见惯不惯，比较麻木。"

事后，美联航CEO奥斯卡·穆尼奥斯在推特上发表声明确认事件，他称："在美国，这是一个令人不快的事件，需要重新安置这些旅客，我表示道歉。美联航已经在配合当局调查和检讨事件处理经过，也已经与这名乘客直接对话寻求解决事件方法。"

"如果有人不热心见客户，坐而论道，就要让这类人群从专家岗位和主官岗位退到职员岗位上去，将来人力资源会做相关考核。"

当美联航粗暴对待客户的新闻被世界媒体集中炮轰时，一直倡导"以客户为中心"的任正非却觉察到华为可能成为"美联航"，在"在战略预备队座谈会上的讲话"中分析道："巴塞的火爆与坂田的冷清，标志着华为正在淡化以客户为中心的文化。"

任正非举例说道："现在有些客户不远万里来到坂田，很多专家和主官都不愿意去展厅为客户提供讲解咨询，不愿多抽一些时间接触客户。这是否标志着华为正滑向美联航的道路？如果有人不热心见客户，坐而论道，就要让这类人群要从专家岗位和主官岗位退到职员岗位上去，将来人力资源会做相关考核。富了就惰怠，难道是必归之路吗？"

在任正非看来，作为产品经理与客户经理，其主要工作职责就是要与客户接触，没有这种热情及对成功渴望的人，不能担任主官。因此，任正非认为，"每个代表处都要明确'如何以客户为中心'，干部、专家要考核与客户交流的数量与质量。考核是全流程，从机会、获得、交付、服务……缺失这个热情的要改正，以后的考核要量化、要公开"。

任正非的忧虑不无道理。不管是柯达，还是曾经风光无限的诺基亚，其没落都与没有 "以客户为中心"有关。为此，任正非告诫华为人说："公司机关既然不愿意好好为客户服务，为什么机关要建立这么庞大的机构。每年管理者的末位淘汰比为10%，但淘汰不是辞退，他可以进入战略预备队重新去竞争其他岗位。通过淘汰主官，将压力传递下去。在这个时代，每个人都要进步，时代不会保护任何人。不要认为华为公司是五彩光环，我们已处于风口浪尖，没人知道未来将走向何方。因此，我们各项工作都要以'多产粮食、增加土地肥力'为目标。"

大量的事实证明，华为始终坚持把"以客户为中心"植入自己的企业文化之中——只要服务的阵地还在，即使发生核灾难也不退缩。

正是因为华为"以客户为中心"，2017年，华为聚焦管道战略，加强经营质量管理，坚持为客户创造价值，全年实现营业收入人民币6036.21亿元，同比增长

15.7%。运营商业务、企业业务、消费者业务均有所提升①，见图16-2。

单位：百万元人民币

类型	2017 年	2016 年	同比变动
运营商业务	297838	290561	2.5%
企业业务	54948	40666	35.1%
消费者业务	237249	179808	31.9%
其他	13586	10539	28.9%
合计	603621	521574	15.7%

图16-2 华为2017年运营商业务、企业业务、消费者业务收入占比

根据2017年年报显示，华为在海外市场的收入占比达到49.50%②，见图16-3。

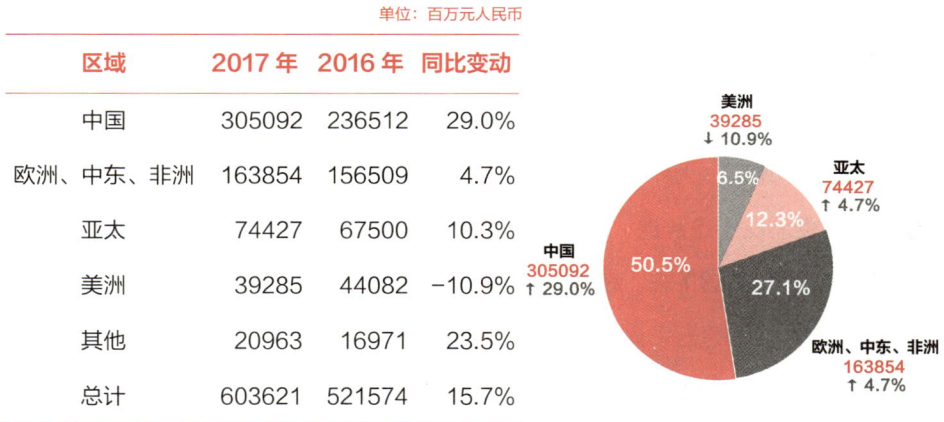

单位：百万元人民币

区域	2017 年	2016 年	同比变动
中国	305092	236512	29.0%
欧洲、中东、非洲	163854	156509	4.7%
亚太	74427	67500	10.3%
美洲	39285	44082	−10.9%
其他	20963	16971	23.5%
总计	603621	521574	15.7%

图16-3 华为2017年区域市场营业收入占比

① 华为：《华为投资控股有限公司2017年年度报告》，华为官方网站，2018年3月30日，https://www.huawei.com/cn/annual-report，访问日期：2021年6月10日。

② 同上。

在中国市场，"受益于运营商4G网络建设、智能手机持续增长以及企业行业解决方案能力的增强"，华为实现营业收入人民币3050.92亿元，同比增长29.0%。

在欧洲、中东、非洲区域市场，"受益于企业业务数字化转型加速和智能手机市场份额的提升"，华为实现营业收入人民币1638.54亿元，同比增长4.7%。

在亚太区域市场，"受益于企业业务数字化转型加速和智能手机市场份额的提升，保持了良好的增长势头"，华为实现营业收入人民币744.27亿元，同比增长10.3%。

在美洲区域市场，"受拉丁美洲运营商业务市场投资周期波动影响"，华为实现营业收入人民币392.85亿元，同比下滑10.9%。[①]

---

① 华为：《华为投资控股有限公司2017年年度报告》，华为官方网站，2018年3月30日，https://www.huawei.com/cn/annual-report，访问日期：2021年6月10日。

第17章

战略家的目标永远是
以为客户服务为中心

2014年，任正非在内部讲话中高调地提及"蓝血十杰"，尤其在"蓝血十杰"表彰会上，任正非给予了"蓝血十杰"较高的评价，同时也在讲话中一如既往地强调了华为"以客户为中心"价值观的企业文化。

任正非说道："华为'以客户为中心'的核心价值观是我们永远不可动摇的旗帜。'蓝血十杰'是一批职业经理人，是将军。我们也需要一批各方面的统帅人物，需要在管理、研发等领域造就出一批战略家。战略家的目标永远是以为客户服务为中心。我们也需要一批仰望星空的思想家，他们要能假设未来。只有有正确的假设，才有正确的思想；只有有正确的思想，才有正确的方向；只有有正确的方向，才有正确的理论；只有有正确的理论，才有正确的战略。"

在任正非看来，战略家的目标，永远是"以为客户服务为中心"的，脱离了这个理论，不管是"职业经理人"，还是"将军"，都不能创造历史。

"继续'蓝血十杰'的数字工程的目的，就是为用互联网的精神改变内部的电子管理打下坚实基础，并实现我们与客户、与供应商的互联互通。"

2014年，互联网思维红遍中国大江南北。顷刻间，互联网思维成为"标配"，然而，任正非却很理性。2014 年 6 月 16 日，在"蓝血十杰"表彰会上，任正非讲道："有一种流行的观点认为，在互联网时代，过去的工业科学管理的思想和方法已经过时了，现在需要的是创新、是想象力、是颠覆、是超越。我们认为互联网还没有改变事物的本质，现在汽车还必须首先是车子，豆腐必须是豆腐。当然不等于将来不会改变。"

在这场互联网思维运动中，任正非也客观地评价了互联网的贡献——互联网现在已经改变了做事的方式，使信息传送层级减少、速度加快。

正因为如此，任正非讲道："我们今天坚持用五年时间推行LTC（从线索到现金）落地，实现账实相符、'五个一'工程，继续'蓝血十杰'的数字工程的目的，就是为用互联网的精神改变内部的电子管理打下坚实基础，并实现我们与客户、与供应商的互联互通。"

不可否认的是，"蓝血十杰"改变了福特公司，也给世界企业的管理变革提供了一个可以借鉴的范本。对此，任正非回答了两个问题：华为向"蓝血十杰"学习什么？怎么向"蓝血十杰"学习？

鉴于"蓝血十杰"对福特公司在管理体系建设和完善上做出突出贡献，创造出重大价值，同时也为了鼓励华为优秀管理人才，任正非对此提出表彰。任正非讲道："'蓝血十杰'为福特公司建立了财务控制、预算编列、生产进度、组织图表、成本和定价研究、经济分析和竞争力调查等，这些构成现代企业管理体系的基本要素。当然，这些是工业革命时代的成就，虽然我们现在是处在一个信息革命的时代，还不知如何预测未来，但汹涌澎湃的技术革命浪潮，还是离不开通信基础设备。"

这样的战略逻辑在于，如果华为要持续向前发展，就需要提升内部管理的价值体系和流程体系。关于"蓝血十杰"，还得从1945年开始谈起。1945年5月8日，以美国、苏联为首的同盟国战胜了轴心国的德国后，尤其是盟军攻占德国首都柏林后，德国宣布投降，欧洲战场宣告结束。同年8月15日，日本政府向同盟国投降，轴心国集团宣告彻底灭亡。

战争的结束，意味着一部分军人的使命由此终结。此刻，一些有着战略远见的军官开始谋划自己士兵兄弟的前途和命运。其中，查尔斯·桑顿（Charles Thornton）上校就是这样一位。

为了击败轴心国，华盛顿一个投身军旅的年轻行政官员查尔斯·桑顿上校亲赴哈佛大学商学院挑选了一批优秀学员到美国陆军航空队（美国空军的前身）担任统计分析军官。

桑顿上校需要解决的问题是拟订适当的计划，确保在制定的时间表里，使分布于全球、拥有两百多万人员和十几万架飞机的美国陆航部队，能够配置适当的装备和物资。这批优秀的人才不负众望，解决了此问题。

然而，战争结束后，这些优秀的人才不得不开始自己的另一段人生之路。于是查尔斯·桑顿上校和这批人才以"打包"的形式集体加盟尚在困境中的福特公司。

1943年，福特公司创始人亨利·福特的独子爱德塞·福特因为不得志而养成了酗酒的恶习，50岁不到就因癌症去世。

爱德塞·福特算得上标准的接班人，一直按照亨利·福特安排的接班路径往下走，但由于亨利·福特迷恋权力，让爱德塞·福特很受伤。

随着T型车的成功，作为福特帝国创始人的亨利·福特清醒地意识到，只有牢牢把控福特公司的控制权，才能拥有最大的发言权。

此后，亨利·福特建立自己的专制王国，直到把福特公司变成福特家的私人财产。1906年，亨利·福特按照自己的计划，陆续收购其他股东的股份，持股比例上升到58.5%。即使自己的独子爱德塞·福特上任后，亨利·福特的收购也没有停下，而是继续让爱德塞·福特收购剩余股权。

1918年，亨利·福特终于实现了自己的战略目标——福特家族完全控股了福特汽车公司。不仅如此，让亨利·福特更为欣慰的是，独子爱德塞·福特在自己的影响下，从小就对汽车表现出异常浓厚的兴趣。

在公开场合，亨利·福特说道："我有一个好儿子，他天生就是我事业的最佳继承人。"

为了培养爱德塞·福特，亨利·福特的观点很直接，培养接班人最好的场所是在企业，而不是大学。

1913年，中学毕业的爱德塞·福特在父亲亨利·福特的身边边学边干。1918年，爱德塞·福特担任福特公司总裁，其后更是获得了公司42%的股份。

虽然如此，作为总裁爱德塞·福特却没有大权在握，福特公司的实际控制人依然是其父亲亨利·福特。

此刻，摆在爱德塞·福特面前的问题是，想超越亨利·福特这个商业传奇，就必须面临更大的挑战。

爱德塞·福特展示了自己的领导力，主持和设计了Y型车，畅销海外市场，同时还推出了林肯和风、水星车等受欢迎的车型，不仅大大丰富了福特公司的产品线，还开拓了海外市场。

有了业绩的爱德塞·福特准备开启重新设计T型车，但遭到亨利·福特的强烈反对。慑于亨利·福特的威严，爱德塞·福特最终妥协了，停止了所有现代化的改进努力。亨利·福特拒绝在福特公司的策略上做任何变化，也不接受职业经理人的建议，哪怕是独子爱德塞·福特的建议。

由此可以看到，在爱德塞·福特的人生规划，甚至是整个职业生涯中，爱德塞·福特都只是亨利·福特的命令执行者。

在修改T型车受挫后，作为福特公司总裁的爱德塞·福特只有三个选择：接受亨利·福特的建议；自己单干；撂挑子不干。

然而，懦弱的爱德塞·福特选择了第三个。由于无法摆脱亨利·福特的阴影，只要爱德塞·福特还在福特公司，他就注定是亨利·福特的执行者。

不得志的爱德塞·福特以酒浇愁，结果养成酗酒的恶习，死于癌症。

爱德塞·福特的去世让亨利·福特饱尝丧子之痛，更让他痛苦的是，他曾经的接班人培养计划竹篮打水一场空，加上其经营观念僵化和过时，阻碍了福特公司的发展。

让亨利·福特欣喜的是，作为家族第三代爱德塞·福特的两个儿子亨利·福特二世和本森·福特陆续进入福特公司。

在两兄弟中，亨利·福特二世比本森·福特更有才干，亨利·福特看到了亨利·福特二世身上的潜能，但是亨利·福特担心自己在家族的至尊地位会受到威胁，一直打压、否定亨利·福特二世，对亨利·福特二世在工作中的表现视而不见，甚至不让他搬进爱德塞·福特的办公室。

亨利·福特二世终于明白了父亲爱德塞·福特壮志难酬和英年早逝的原因，一种强烈的冲动驱使亨利·福特二世放弃了懦弱，致力于完成父亲在福特公司未完成的事业。

此刻，珍珠港事件的爆发，美国参加第二次世界大战，亨利·福特二世与本森·福特两兄弟都应征入伍，一度失控的家族矛盾暂时搁置了起来。但是，福特家族的内部纷争已经拉开了帷幕。

1945年，胜利归来的亨利·福特二世走向前台。福特汽车公司的继位之争终于走向公开，1945年9月21日，亨利·福特迫不得已任命孙子为公司的总裁，但是亨利·福特二世要求获得"大刀阔斧进行改革"的权力，否则就不接受任命。

此刻的亨利·福特已经病得很重，虽然极不情愿，但他已经有心无力，别无选择。随后，在亨利·福特二世的授意下，为亨利·福特起草的辞职信在一次董事会上被宣读。1947年4月7日，亨利·福特逝世于故乡德宝的住宅中，享寿83岁，葬于底特律的福特墓地。

在当时历经战争和经济大萧条的背景下，通用公司和克莱斯勒不断出现的新型和优质汽车已经超过福特公司了，福特公司还要面对战后新涌现的汽车制造商们的激烈竞争。

福特公司的情况不太乐观，为了使福特公司重新崛起，亨利·福特二世在走马上任后进行了大规模的改革，大量招聘优秀人才，甚至从通用汽车公司挖来许多管理人才，推出更多车型，迅速恢复了竞争优势，成为仅次于通用汽车的全美第二大汽车公司，开启了福特公司的新时代。就这样，"蓝血十杰"就进入了人们的视野。

他们的加盟，改写了福特公司的历史，因此被称为"蓝血十杰"。他们是：查尔斯·桑顿、罗伯特·麦克纳玛拉、法兰西斯·利斯、乔治·摩尔、艾荷华·蓝迪、班·米尔斯、阿杰·米勒、詹姆斯·莱特、查尔斯·包士华和威伯·安德森。

在古老的西班牙人看来，只有贵族才流淌蓝色的血液，后来西方人用"蓝色"泛指那些高贵、智慧的精英才俊。

效力于福特公司的"蓝血十杰"，不仅就读于哈佛大学商学院，更是第二次世界大战期间美国空军后勤的战斗英雄，卓有成效地将数字化管理模式用于战争，为盟军节余了10亿美元的经费，大大提高了美国空军的轰炸效率。

加盟福特公司后，"蓝血十杰"把数字化管理引入福特公司的研发和管理中，帮助陷入泥潭和衰退的福特公司走出困境，开全球现代化企业科学管理的先河，让福特公司实现了惊人的业绩增长。

对于"蓝血十杰"，他们30岁即各有建树，在自己的领域出类拔萃。他们之中产生了美国国防部长、世界银行总裁、福特公司总裁、商学院院长和一批巨商。他们信仰数字，崇拜效率，成为美国现代企业管理之父。

第二次世界大战不知毁了多少人的生命和事业，却有十个人因为这次战争而展开无比辉煌耀眼的一生。这十个人不只是开现代企业管理制度的先河，更导引了战后至今数十年的美国产业走向，左右了美国国力。

"基于数据和事实的理性分析和科学管理，建立在计划和流程基础上的规范的管理控制系统，以及客户导向和力求简单的产品开发策略。"

"蓝血十杰"对现代企业管理的主要贡献，可以概括为：基于数据和事实的理性分析和科学管理，建立在计划和流程基础上的规范的管理控制系统，以及客户导向和力求简单的产品开发策略。

对此，任正非讲道："我们要科学地掌握生产规律，以适应未来时代的发展，是需要严格的数据、事实与理性的分析的。没有这些基础，就谈不上科学，更不可能作为技术革命的弄潮儿。科学管理与创新并非对立的，两者遵循的是同样的思维规律。"

既然如此，那么华为怎么向"蓝血十杰"学习？在向西方企业学习中，华为可谓是耗费巨资。任正非坦言："当然，今天的主题是要创新，但创新的基础，是科学合理的管理。创新的目的是为客户创造价值。"

任正非介绍说："近二十年来，我们花费十数亿美元从西方引进了管理体系。今天我们来回顾走过的历程，我们虽然在管理上已取得了巨大的进步，创造了较高的企业效率，但还没真正认识到这两百多年来西方工业革命的真谛。郭平、黄卫伟提出了'云、雨、沟'的概念，就是所有的水都要汇到沟里，才能发电。这条沟在ITS&P（信息技术战略与规划）、IPD（集成产品开发）、IFS、ISC（集成化供应链）、LTC、CRM（客户关系管理）……的相关文献中已描述过了，我们还没有深刻理解。没有挖出这么一条能汇合各种水流的沟，还没有实现流程的混流。

我们现在就是要推动按西方的管理方法，回溯我们的变革，并保证流程端到端的贯通。"

基于此，华为学习"蓝血十杰"的内容，包括尊重数据和事实的科学精神、从点滴做起建立现代企业管理体系大厦的职业精神，敬重市场法则，在缜密调查、研究的基础上进行理性主义的决策。

在任正非看来，在管理实践中，最佳的管理体系是各部门、各岗位在承担主要职责（业务管理、财务管理、人员管理）时，获得集成化的、高效的流程支持。

有些企业各类流程表面都各自实现端到端，但在现实中是流程部门和岗位部门存在"九龙戏水"，压根就不配合，效率相当低下。

对此，任正非说道："西方公司自科学管理运动以来，历经百年锤炼出的现代企业管理体系，凝聚了无数企业盛衰的经验教训，是人类智慧的结晶，是人类的宝贵财富。我们应当用谦虚的态度下大力气把它系统地学过来。只有建立起现代企业管理体系，我们的一切努力才能导向结果，我们的大规模产品创新才能导向商业成功，我们的经验和知识才能够积累和传承，我们才能真正实现站在巨人肩膀上的进步。"

任正非也清醒地认识到，虽然"蓝血十杰"以其强大的理性主义精神奠定了战后美国企业和国家的强大，但任何事情都不可走极端，在20世纪70年代，由"蓝血十杰"所倡导的现代企业管理也开始暴露出弊端。对数字的过度崇拜、对成本的过度控制、对企业集团规模的过度追求、对创造力的遏制、事实上的管理过度，使得福特等一批美国大企业遭遇困境。基于此，"以客户为中心"的核心价值观是华为永远不可动摇的旗帜。

第六部分

华为的可持续发展，
归根结底是满足客户需求

　　我们产品中有些十分艰难的研究、设计、中试都做得非常漂亮，而一些基本的简单业务长期得不到解决，这是缺乏市场意识的表现。面向客户是基础，面向未来是方向，没有基础哪来的方向？土夯实了一层再撒一层，再夯，这样才会大幅提高产品的市场占有率。

　　　　　　　　　　　　　　　　　　　——华为创始人任正非

第18章

要真正理解最终客户的
真正需求

对任何一个企业来讲，能够前瞻性地分析客户潜在的需求，关注客户未来的需求，就会在竞争中占据优势。这样的话，企业不仅可以满足客户当下的现实需求，还可以创造需求，引导客户的潜在需求向现实需求转化。

2014年，任正非在内部讲话"做谦虚的领导者"中说道："我们既要关注客户的现实要求，也要关注他们的长远需求。真正理解最终客户的真正需求是什么，帮助客户适应社会发展。"

在任正非看来，只有关注客户的长远需求，并满足其需求，才能有效地解决华为的生存和发展问题。

> "我不主张产品线和区域结合得太紧密，结合太紧密的结果，就是满足了低端客户的需求。因为区域反映上来的客户需求不是未来的需求，而是眼前的小需求，会牵制华为公司的战略方向。"

在任何一个时代，一部分企业家总是在试图利润最大化，即使在当下也是如此。比如，2020年新冠疫情很严重的时候，一些企业家就把目光盯在口罩、体温计等产品上，不仅借贷创建工厂，甚至不惜一切代价，把主营业务关停，以后也全力寻找类似的商机，结果使得自己完全丧失竞争力。

客观地讲，作为企业家，尽可能地满足用户需求，这并没有什么错，但是一味寻求短期利润最大化，势必会牺牲企业在中长期的战略机会，毕竟企业的生存和发展，不是短暂的。

2015年，任正非在"战略务虚会上的讲话"中说道："我不主张产品线和区域结合得太紧密，结合太紧密的结果，就是满足了低端客户的需求。因为区域反映上来的客户需求不是未来的需求，而是眼前的小需求，会牵制华为公司的战略方向。"

在任正非看来，华为的发展必须建立在制订合理的中长期战略规划之上，这样的发展才能保证华为在未来活下来。华为当年错失小灵通市场的战略就是如此。

1997年，时任杭州余杭市（今为杭州市余杭区）邮电局局长的徐福新赴日考察，以自己专业的眼光觉察了PHS（Personal Handy phone System，低功率移动电话系统，俗称小灵通）技术的市场潜力。

考察结束后，徐福新向主管领导汇报PHS技术的商用前景。经过慎重考虑后，主管领导赞成引进此技术。

据了解，PHS技术采用的微蜂窝技术，通过微蜂窝基站来实现无线覆盖，把用户端（即无线市话手机）通过无线方式接入本地电话网，解决了传统固定电话总是固定在单一位置的问题，只要在无线网络覆盖范围内，用户可以便捷地移动使用。

其后，火爆的小灵通证明了徐福新的判断。究其原因，小灵通辐射较小、绿色环保，更为关键的是，小灵通的资费与固话价格一样。

面对PHS技术的引入，华为高层争论不已。作为创始人的任正非坚决不同意涉足PHS技术的开发。任正非的理由很简单，小灵通只是一个救急的、较为短暂的赚钱项目，很快就会被淘汰，华为宁可不赚钱，也不做即将淘汰的技术项目。

任正非的判断是对的，经过几年的迅猛发展，小灵通产品慢慢落幕。由于PHS技术本身的局限，尤其是小灵通无法解决快速移动情况下稳定通话的问题。例如，当用户乘坐汽车时，会连接多个通信基站，极有可能导致通话的不连续，甚至可能随时掉线。

任正非并非大权独揽，但经过慎重考虑，华为在此阶段最终放弃了小灵通技术的研发。当然，之所以放弃PHS技术的研发，一个更为重要的原因是任正非更看好当时主流的GSM通信技术。数据显示，1998—2002年，中国通信市场处于高速扩张阶段，仅广东省，中国移动在扩容GSM的订单价值就高达百亿元。

在第二代通信网络建设如火如荼进行时，CDMA技术开始应用于民用通信市场。在GSM技术研发上，华为已经投入了16亿元。

然而，一路狂奔的中国联通也在此刻发力，在资本市场如鱼得水。1998年春，中国联通与高通公司就有关CDMA知识产权的问题展开相关谈判，但是由于没有达成共识，中国联通不得不暂停首次CDMA95招标。

对于正在与高通艰难谈判的中国联通，何时再次招标，没有一个明确的时间表。此刻，对于期望竞标成功的华为，尤其是作为华为创始人的任正非来讲，要做出选择，是继续保留CDMA95项目的研发，还是把研发重心转向其他领域。华为犹如站在一个十字路口，艰难地选择前行的道路，必须做出战略取舍。

在任正非看来，开局不顺的中国联通不太可能在短时间内上马CDMA项目，即使进展顺利，再次招标该项目时，中国联通肯定会选择更为先进的CDMA2000，放弃相对落后的CDMA95。

基于这样的判断，任正非把该项目的攻关重点放在了CDMA2000的研发上，同时迅速地撤掉原来的CDMA95研发小组。在当时，全球CDMA用户不过区区2000万左右。于是，华为集中火力全力攻坚GSM技术。

1998年，华为集中资源研发的GSM产品，由于技术不够成熟，无法突破重点市场。更为严峻的是，华为擅长的战术失效了。

在创业初期，华为通过"农村包围城市"的竞争手段，击败了跨国企业。纵使技术和质量不占优势，但是华为的立足点就是跨国公司无暇顾及的偏远地区。例如，在东北的黑龙江省，爱立信仅仅有三四个人负责黑龙江本地网的维护。

为了击败爱立信，华为居然派出200多人常年驻守黑龙江每个县电信局本地网项目，在做好维护工作的同时提升自己的壁垒。

遭遇华为的竞争，截至2000年，跨国企业开始阻击华为的"套路"，吸取了教训。只要华为研发出某款产品，跨国企业的竞品立即降价销售，让华为的产品失去竞争力。例如，在当时的广东市场，中国移动的GSM扩容订单高达百亿元，而近在咫尺的华为没有拿到一分钱的订单。2019年2月13日，华为轮值董事长徐直军接受六家英国媒体的采访时介绍了这个信息，他说："比如说，深圳旁边的城市——广州的广州移动就没有选择我们的4G设备，这很正常。澳大利亚的移动设备市场还不如广州大，新西兰的市场还不如我的老家益阳的大。华为连广州移动都没有提供产品，少几个国家也无所谓。我们无法服务所有的国家、所有的客户，我们精力也是有限的，不可能垄断全球市场。深圳周边的市场都没有机会，对我们产业界来说都是很正常的事情。我们集中精力服务好愿意选择华为的客户和国家，把这些市场做得更好。"

与任正非持的观点相反，时任中兴董事长的侯为贵却认为，中国联通在较快地上马CDMA项目，虽然GSM是主流市场，CDMA95标准却不逊于GSM。即使从安全性能角度分析，中国联通的移动网络必须是稳健发展，即先经过CDMA95的检验后，再使用CDMA2000。在侯为贵看来，即使研发CDMA2000，也需要相关的CDMA95标准作为基础。基于此，侯为贵把研发重心集中在CDMA95项目上，同时投入一小部分资源研究CDMA2000标准。

2001年5月，中国联通一期CDMA项目再次招标，选用的标准是CDMA95的加强版。中兴成功地拿下中国联通10个省共7.5%的份额。

当华为得知联通采用CDMA95加强版后，再回头研发CDMA95，时间已经来不及了。在2001—2002年中国联通的一、二期招标中，华为接连败北。

相比于华为，中兴凭借自身优势，梅开二度。2002年11月底，中兴再次中标中国联通CDMA二期项目建设，共获得12个省份总额为15.7亿元的一类主设备采购合同。

两次投标颗粒无收让华为创始人任正非倍感压力。然而，更令任正非纠结的事情还在继续。

从专业的角度来说，任正非等人组成的华为管理层判定小灵通是落后技术，这样的判断是科学的、合理的。但是，中国市场异常特殊，尤其是当时处在变革中的中国。虽然小灵通是落后技术，但是中国网通、中国电信急切地想抢占移动市场，加上没有什么技术储备，他们看到PHS技术犹如饿汉看到馒头。虽然小灵通技术不够先进，但在特殊时期，尤其是中国电信和中国网通当年没有移动牌照的背景下，这不得不说是一种没有选择的选择。

华为管理层否决了PHS技术，却让UT斯达康的创始人吴鹰如获至宝。1991年，就职于贝尔实验室的吴鹰与赴美留学的薛村禾，共同在美国创建斯达康公司；同年，原8848董事长薛必群与美籍人士陆宏亮共同成立UNITECH TELECOM（UT）公司。

1995年，斯达康公司与UNITECH TELECOM（UT）公司合并。其后，陆宏亮带领吴鹰、薛村禾、薛必群奔赴日本，与软银创始人孙正义洽谈融资问题，结果孙正义投资3000万美元，持有30%的UT斯达康股份。

此后，吴鹰接触中国电信高层，觉察到中国固话运营商有意开展移动通信。于是，UT斯达康从松下公司引进PHS技术，将其带到中国。2000年，UT斯达康在纳斯达克上市。

当UT斯达康引进PHS技术，推出小灵通产品后，迅速赢得用户的认可。当然，小灵通的火爆，一方面因为网络运营商的建网速度快、投资小；另一方面是因为用户通话费经济实惠，相比手机，花固话的钱就能享受手机的服务。

在小灵通火爆的市场背后，一场关于小灵通技术是否落后的大辩论由此开始。在华为内部，同样也在谈论小灵通技术的市场前景。华为的结论认为：一方面，PHS技术比较落伍，PHS技术不出5年就会被市场淘汰；另一方面，电信主管部门对PHS技术的政策不明朗。因此，华为理智地放弃了PHS技术研发。

当华为放弃小灵通业务的拓展后，侯为贵却把小灵通作为中兴后续的市场主攻产品。在侯为贵看来，当时中国移动的移动业务发展迅速，直接冲击中国电信的固话业务，中国电信的固话业务增长缓慢。在此刻，中国电信自然想布局移动网络，小灵通就是一个绝佳的选择。

侯为贵的判断得到印证，截至2004年底，小灵通用户达到6000万。此刻的华为，不得不看着中兴和UT斯达康飘红的报表。

2003年，中兴营业收入达到251亿元，而华为当年的营业收入为317亿元。中兴的营业收入一度达到了华为的79.18%，双方差距越来越小。更让华为恼火的是，之前默默无闻的UT斯达康，通过小灵通业务竟然一跃成为营业收入超过100亿元（2003年）的明星企业。

与中兴和UT斯达康相反的是，华为作为中国通信设备制造商"一哥"在此阶段收获甚微，巨额的3G投入不仅没有得到期望的回报，还失去了瓜分小灵通市场的最佳进入时机。

不仅如此，华为的国际竞争对手摩托罗拉、诺基亚、爱立信得益于中国手机用户的爆发式增长也高歌猛进。中国市场俨然成为全球手机厂商最主要的市场。

此阶段的华为，依然落寞地徘徊在手机万亿元级的市场大门外。2002年，一向如同狮子一样发展迅猛的华为，首次出现了负增长。

面对国际竞争对手在中国市场上赚得盆满钵满，在战略聚焦的指导思想下，任正非遇到了另外一个难题：面对蓬勃发展的手机市场，华为到底做不做手机业务。

在任正非看来，华为就是一个为运营商提供通信技术的设备服务商。为了打消运营商的疑虑，任正非曾承诺华为不会进入通信消费品领域。这或许是华为迟迟不愿意涉足手机研发领域的一个重要原因。

虽然如此，迅速发展的移动手机市场，让华为人按捺不住研发手机产品的激情。2002年，华为员工就在内部会议向任正非提议称，华为3G设备最多只能销售一次，但是华为可以满足消费者几年换一部手机的需求，中国的手机消费者数量巨大。

基于此，华为必须尽快立项3G手机研发，否则将会失去一个潜力巨大的蓝海市场。任正非的观点是，反对华为做手机业务，甚至生气地拍着桌子说道："华为公司不做手机这个事，已早有定论，谁又在胡说八道！谁再胡说，谁下岗！"

此后，在较长一段时间内，立项做手机项目，就成为华为内部一个非常忌讳的话题。面对2002年经营数据不理想的局面，2003年后，以任正非为班底的华为管理层，开始纠正之前的战略误判，华为重启小灵通业务，涉足小灵通市场。

此刻显然不是华为进入小灵通业务的最佳时机，尤其是在华为已经失去进入小灵通最佳窗口期的背景下。华为既要面临小灵通厂家中兴和UT斯达康在前方的堵截，还要面临低价手机和CDMA在后方的进攻。业界并不看好华为涉足小灵通的前景，有业界人士毫不隐讳地批评华为说道："华为已错过了发展小灵通的最佳时机。"

在困境中，以任正非为班底的华为管理层痛定思痛，以华为高效的执行力为基础，以客户为中心和以奋斗者为本为指导，在短短半年时间内，华为就攻克了小灵通技术。

其后，华为凭借自己强大的供应链系统，以及成本管理，把当时售价高达2000元左右的小灵通终端产品的出货价拉低到了令人难以置信的300元。

在华为强攻小灵通市场时，遭受影响最大的是UT斯达康，不仅之前的高速增长没有保持住，同时还陷入亏损。2004年第四季度，UT斯达康出现亏损，2005年营业亏损更是高达5.3亿美元。

为了集中优势，UT斯达康砍掉可能给华为带来竞争压力的3G业务。UT斯达康从此一蹶不振，再也没有奔跑在潮头，直到被通鼎互联收购。

2019年2月11日，曾经喧嚣一时的小灵通之王——UT斯达康被通鼎互联收购，UT斯达康用这种最为悲壮的方式谢幕，借此印证以任正非为班底的华为管理层在涉足小灵通业务时的纠结和自我救赎。

虽然以任正非为班底的华为管理层纠正了战略误判，但是华为耗费巨资研发的GSM和WCDMA业务并没有起色。在中国本土市场，由于遭遇跨国企业的围追堵截，华为竟然拿不到订单。不得已，以任正非为班底的华为管理层认为，华为只有征战海外市场，方有可能存活。

2000年12月27日，华为在深圳五洲宾馆召开向海外进军誓师大会，任正非动情地说："我们的游击作风还未退尽，而国际化的管理风格尚未建立，员工的职业化水平还很低，我们还完全不具备在国际市场上驰骋的能力，我们的帆船一驶出大洋，就发现了问题。我们远不如朗讯、摩托罗拉、阿尔卡特、诺基亚、思科、爱立信……那样有国际工作经验。我们在国外更应向竞争对手学习，把他们作为我们的老师。我们总不能等待没有问题才去进攻，而是要在海外市场的激烈竞争中熟悉市场、赢得市场，培养和造就干部队伍。我们现在还十分危险，完全不具备这种能力。若三至五年之内不能建立起国际化的队伍，那么中国市场一旦饱和，我们将坐以待毙。今后，我们各部门选拔干部时，都将以适应国际化为标准。对那些不适应国际化要求的人员要逐步下调职务。"

在此次誓师大会上，"青山处处埋忠骨，何须马革裹尸还"等醒目的大标语，似乎在为悲壮的国际化远征吹响集结号。

此刻的华为，为了生存，在不熟悉国际市场的情况下，踏入了茫茫的"五洲四洋"。华为人通过国际化攻坚之路，拯救了华为。在《华为的冬天》一文中，任正非诚恳地承认自己在几件事上的重大失误，并对华为的现状进行反思。任正非说道："我们一定要推行以自我批判为中心的组织改造和优化活动。自我批判不是为批判而批判，也不是为全面否定而批判，而是为优化和建设而批判。自我批评总的目标是要提升公司整体核心竞争力。为什么要强调自我批判？我们倡导自我批判，但不提倡相互批评，因为批评不好把握尺度，如果批评的火药味很浓，就容易造成队伍之间的矛盾。而自己批判自己呢，人们不会自己下猛力，对自己都会手下留情。即使用鸡毛掸子轻轻打一下，也比不打好，多打几年，你就会百炼成钢了。自我批判不光是个人进行自我批判，组织也要对自己进行自我批判。通过自我批判，各级骨干要努力塑造自己，逐步走向职业化、国际化。公司认为自我批判是个人进步的好方法，还不能掌握这个武器的员工，希望各级部门不要对他们再提拔了。两年后，还不能掌握和使用这个武器的干部要调整工作岗位。在职在位的干部要奋斗不息、进取不止。"

此后的任正非带头开展自我批评，反思之前的错误，并开始纠正错误。2002年末，任正非召集华为干将，展开手机立项讨论会。

之前，曾提议做手机而被任正非严厉批评过的张利华再次汇报。听完汇报后，任正非不再拍桌子，而是心平气和地说了两句话："纪平（时任华为CFO），拿出10亿元来做手机。为什么中兴GSM手机没有做好，亏损了好几年，你们要想清楚。做手机跟做系统设备不一样，做法和打法都不同，华为公司要专门成立独立的终端公司做手机，独立运作！"

任正非的自我批评，并纠正错误。华为进军手机业务，宣告手机行业一匹黑马出现。经过十多年的攻城拔寨，华为成就了如今能研发高端芯片，具备核心技术，令国人骄傲的国产手机品牌。

2019年4月30日，国际研究数据研究公司（IDC）发布第一季度全球智能机市场统计报告。其中华为表现最为抢眼，大幅超越苹果，2019年第一季度，华为智能手机出货量大幅增长，坐稳全球第二的宝座。

报告表明，华为占据了全球智能手机市场19%的份额，这是华为智能手机有史以来的最高比例。

报告显示，2019年第一季度全球智能手机出货量为3.108亿部，比2018年第一季度的3.327亿部下降了6.6%，苹果（APPle）iPhone出货量下降30%。三星出货量同比下降8%，见图18-1。

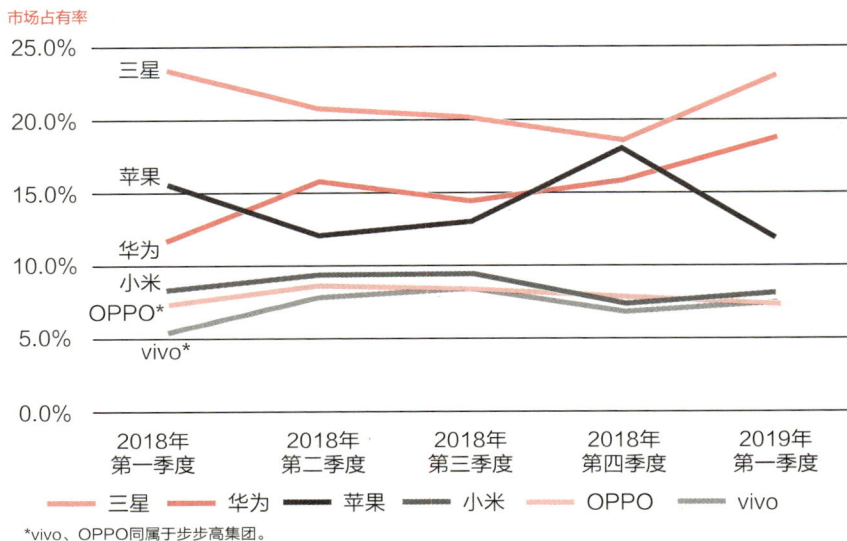

图18-1　世界五大手机厂商2019年第一季度市场占有率

　　2019年，华为在被美国政府四处围堵的情况下，之所以能够在2019年第一季度拿下如此高的市场份额，离不开多款新机的功劳。

　　在2019年第一季度，华为和荣耀相继发布荣耀畅玩8A、华为nova 4e等多款新产品，加上之前发布的旗舰产品。例如，华为Mate 20系列产品的发力，助力华为手机拿下5910万台的销量成绩。相对于2018年第一季度销量，华为手机实现50.3%的增长。在华为之后，苹果排名第三，2019年第一季度的全球销量为3640万台，市场份额下降到了11.7%，见表18-1。

表18-1 2018年第一季度—2019年第一季度世界手机厂商排名

排名	公司	2019年第一季度销售量（百万部）	2019年第一季度市场占有率	2018年第一季度销售量（百万部）	2018年第一季度市场占有率	市场占有率增减值
1	三星	71.9	23.1%	78.2	23.5%	−8.1%
2	华为	59.1	19.0%	39.3	11.8%	50.3%
3	苹果	36.4	11.7%	52.2	15.7%	−30.2%
4	小米	25.0	8.0%	27.8	8.4%	−10.2%
5	vivo	23.2	7.5%	18.7	5.6%	24.0%
6	OPPO	23.1	7.4%	24.6	7.4%	−6.0%
—	其他	72.1	23.2%	91.9	27.6%	−21.5%
—	共计	310.8	100%	332.7	100%	−6.6%

资料来源：IDC季刊移动电话销量跟踪，2019年4月30日

大量的数据表明，2019年第一季度，华为超过苹果成为全球第二大智能手机厂商。

"我们以这种方式来满足客户需求，就不会让客户牵着鼻子走。否则刚满足了客户这个需求，新的需求又出现，太碎片化，我们就完全束手无策。"

在公开场合，任正非强调，"满足客户需求，我们才会有生存之路"。2018年11

月，索尼公司第11任总裁吉田宪一郎拜访任正非并探讨企业管理。

据了解，吉田宪一郎是2018年2月才就任索尼总裁的。公开信息显示，2018年2月2日，索尼对外宣称，现任CFO、执行副总裁、公司执行代表、董事吉田宪一郎将出任总裁兼CEO、执行副总裁、公司执行代表，于2018年4月1日起生效。

即将卸任的平井一夫说道："自2012年4月被委任总裁兼CEO以来，我一直表示，我的使命是保证索尼始终是一家为用户带来感动的公司，用情感打动他们，激发并满足他们的好奇心。为此，我一直致力于公司转型，提高其盈利能力，而且在当前中期企业计划的第三年也是最后一年，我们预计将超额完成财务目标。为此，我感到很自豪。我也非常高兴听到越来越多人开心地表示索尼又回来了。随着公司逐渐进入关键时期，我们即将开始新的中期计划，为索尼的未来，也为个人生活开始的新篇章，我认为这是一个理想时机，把领导的重任托付给新一任管理层。自2013年12月回归索尼后，我的继任者吉田宪一郎先生一直支持我。当我们一起承担改革索尼的挑战时，无论是作为CFO，还是作为知己、业务伙伴，他都做出了卓越的贡献。吉田先生把深度的战略思考和坚定不移的决心结合起来，以达到既定目标，并具备全球视野。我相信他拥有丰富的经验和视野，以及管理索尼多元化业务需要的坚定的领导素质，是推动公司迈向未来的理想人选。作为董事长，我当然会全力支持吉田先生和新的管理团队，尽我所能促成顺利过渡，保证未来的成功。"

对于平井一夫给出的极高评价，吉田宪一郎回应说："非常感谢平井一夫先生和索尼董事会给予我的信任和信心，我将继任索尼总裁兼CEO这个重要职位，同时我也感受到了担任这个职位需要承担的责任。我将连同索尼的优秀人才，致力于在平井先生建立的业务基础上进一步执行改革措施，提高索尼作为全球性企业的竞争力，并使我们能够实现长期的利润增长。我的首要任务是实现于2018年4月开始的下一个中期企业计划，并稳步执行2018财年的业务计划。在这令人激动的时刻展望索尼未来，我和我的管理团队将满足不同利益相关者的期望，寻找前进的最佳路径，为创造更好的索尼全力以赴。"

9个月后，带着好奇，吉田宪一郎拜会任正非说道："索尼公司从创业至今有72年历史，我是第11任总裁，于2018年4月开始任职。我从索尼公司的创始人盛田先生身上主要学习到三点：第一，我们需要拥有危机感；第二，我们需要保持谦虚的态度；第三，要有长期的视野。任总您的经营哲学是否与此相似？"

任正非回答道："基本相似。但是我认为，第一点应该是要有方向感，包括客户需求的方向感、未来技术创新的方向感。当然，技术创新实际也是客户需求，是未来的客户需求。要不断调整方向，保证方向大致正确。方向并不一定要求绝对正确，绝对正确的方向是不存在的，否则太机械、太教条了。第二，组织要充满活力，这与您讲的三点基本一致。因此，要敢于在内部组织与人员中迭代更新。比如，我们的作战组织，要保证一定比例的基层人员参与决策。最高层司令部的'战略决策'，允许少量新员工参加；再下一层级叫'战役决策'，如区域性决策、产品决策等，不仅是新员工，低职级员工也要占有一定比例。我们层层级级都实行'三三制'原则，要让一些优秀的'二等兵'早日参与最高决策。以前大家排斥他们，有人问：'新兵到最高决策层做什么？'让他们帮领导'拎皮包'也可以呀！他们参加了会议，即使很多内容听不懂，但是脑袋开了'天光'，提早了解未来作战，而且他们还年轻。新生力量就像鲇鱼一样，把整个鱼群全激活了。因此，迭代更新很容易，我们不担心没干部，而是担心后备干部太多了，不好安排他的工作。后备干部太多，在职干部就不敢惰怠，否则很容易被别人取代。"

在任正非看来，客户需求的方向感是作为掌舵者必须把握的。当然，决策者可能因为自己的局限出现决策错误，那么华为通过华为轮值机制解决此问题。任正非解释称：

首先解释一下我们的轮值制度。如果公司某一个人有绝对权威，随意任命干部，其他人又不得不承认，这样公司的用人机制就会混乱。

我们公司有三个最高领袖，一个人说了不算，必须征求其他两个人的看法和支持。他们三个人的思维方式达成一致以后，还要经过常务董事会讨论，举手表决，少数服从多数；常务董事会通过以后，提交董事会表决，也是少数服从多数。这就制约了最高权力，维护了公司干部体系的团结，避免了个别领导不喜欢的干部在公司受到排斥。

这个决策过程是慢的，四慢一快。

董事长代表持股员工代表大会对常务董事会进行运作规则管理，监事会对其行为进行管理，这样我们就形成一个机制：第一，"王"在法下，最高领袖要遵守规则制度，"法"就是管理规则；第二，"王"在集体领导中，不能一言堂，他可以提出意见来，通过大家集体表决，这样保证最高领导层不会冲动。

我们从上至下的行动之所以非常一致，因为有一个制度"立法权高于行政权"。社会有种传统说法"县官不如现管"，立法权就被架空了，我们强调立法权大于行政权。我们建立规则时，广泛征求了基层干部意见。可以批评、可以反对，制度形成后就必须被执行，不执行就要被免职。

当然，华为完善决策的制度保证了决策快，同时还保证了决策之后的行动非常快。这样的制度其实就是为了产品的迭代和需求。

任正非这样解释：

比如我们现在要攻一个"山头"（指产品），主攻部队集中精力攻克"山头"，主攻部队的精力是聚焦在现实主义的进攻，"山头"攻占下来，主攻部队已经消耗殆尽了。我们还有第二梯队，不仅考虑"山头"，还要考虑"炮火"延伸问题，比如攻下"山头"下一步怎么办、未来如何管理、武器还有什么缺点需要改进……第二梯队要在更宽的范围内改进作战方式。

第一梯队"打完仗"以后，可能就分流了：有一部分人员走向市场、服务、管理……有一部分人员继续编成新队伍前进，和第二梯队融在一起，拓宽了战役面。分流到其他地方的人不是不行，攻下"山头"，他们是最明白产品的人，在市场里先知先觉，在服务方面是最明白、最有能力的人，在管理方面吸取了经验教训，这些人的成长根据每个人的特性也充满机会。

第二梯队在冲上去时，已经不是装备"步枪""机关枪"，而是装备"坦克""大炮"……各种新式武器进攻，所以进攻能力更强。

第三梯队，研究多场景化，攻打"大山头"和"小山头"的作战方式不同。比如，市场需求有东京、北海道，还有北海道的农村，这叫多场景化。不能把东京的设备放到北海道的农村去，那太浪费了。同一个产品在对应不同客户需求时，表现为不同形态，可以把成本和能耗降下来了。

第四梯队，从网络极简、产品架构极简、网络安全、隐私保护入手，进一步优化产品，研究前面进攻的武器如何简化，用最便宜的零部件造最好的设备。第四梯队根据第一、二、三梯队的作战特点，简化结构，大幅提高质量与降低成本，加强网络安全与隐私保护。

在表彰的时候，我们往往重视第一梯队，攻下"山头"光荣，马上给他戴一朵大红花。其实第四梯队是最不容易做出成绩的，他们要用最差的零部件做最好的产品，还面临着零部件的研发等一系列问题。如果我们对第四梯队一时做不出成绩就不给予肯定，就没有人愿意去做这个事情。总结起来，我们研发就是几句话：多路径、作战队列多梯次、根据不同客户需求多场景化。

对于客户需求会分场景去开发，索尼中国区总裁高桥洋问道："您刚才提到，对于客户需求会分场景去开发，具体顺序是如何的呢? 比如，有了客户需求，按照需求去开发技术；还是有了技术，按照客户需求去选择？"

任正非说道："客户需求是一个哲学问题，而不是与客户沟通的问题，不是客户提到的就是需求。我们要先瞄准综合后的客户需求理解，做出科研样机，科研样机可能是理想化的，它用的零件可能非常昂贵，它的设计可能非常尖端，但是它能够实现功能目标。第二梯队才去把科研样机变成商业样机，商业样机要综合考虑可实用性、可生产性、可交付性、可维护性，这个产品应该是比较实用的，可以基本满足客户需求，新产品投入时的价格往往比较高。第三梯队分场景化开发，这个时候我们要多听客户意见，并且要综合性考虑各种场景的不同需求以后才形成意见，并不是客户说什么就是意见，这就是适合不同客户的多场景化，可能就出现价廉物美的产品了。第四梯队再开始研究用容差设计和更便宜的零部件，做出最好的产品来。比如，电视机的设计就是容差设计。"

任正非补充说："我们以这种方式来满足客户需求，就不会让客户牵着鼻子走。否则刚满足了客户这个需求，新的需求又出现，太碎片化，我们就完全束手无策。"

第 19 章

满足客户需求，
我们才会有生存之路

在华为，任正非强调，做任何事情，都要因时因地而改变，不能教条主义，关键是满足客户需求。究其原因，华为的老师——IBM就曾经犯过错误。经过多年的高歌猛进，IBM患上了傲慢和官僚主义的大企业病，由此错过20世纪90年代初期发生的市场大变化，市场份额暴跌。这样的失误也让任正非警醒，任正非说道："也许我们不能在很短的时间内找到真理，但只要抓住了客户需求，我们就会慢慢找到。"

2002年，任正非在内部讲话"公司的发展重心要放在满足客户当前的需求上"中说道："满足客户需求，我们才会有生存之路。市场部在全世界刨那么多坑是好事，我们得赶紧去种树。市场需求还是要满足的，困难还是要克服的，研发不能说我们的小树没有长大，市场部也不可以说等我兵练好了再给你打仗。如果员工说我们现在年轻，还嫩，长大后再给你打仗，这是不行的。市场不相信眼泪，我们只有拼，才能冲过去。"

"什么叫以业务为主导？这就是要敢于创造和引导需求，取得'机会窗'的利润。也要善于抓住机会，缩小差距，使公司和世界同步而得以生存。"

在产品的设计和研发中，用户的需求往往是被创造的，比如人类第一辆汽车就被称为"无马车厢"。

其后，用户就可以通过没有电线的盒子收听广播，在接二连三的创新中，汽车创新不仅满足了用户的需求，同时也创造了用户的需求。在这里需要说明的是，在产品创新的早期阶段，由于用户需求没有充分被满足，或者没有充分被激活，这意味着产品创新与用户之前所知道的有诸多不同。

产品只能满足用户抱怨或者缺失的需求，使得产品发挥自己应有的创新价值。比如，卡尔·本茨建造的首辆汽车就是通过创新满足了人们更快出行的需求。

1844年，奔驰汽车创始人卡尔·本茨（Karl Benz）出生在德国，其父亲是一位火车司机，但是在1846年因事故去世。

家庭的变故并未影响卡尔·本茨对自然科学的浓厚兴趣。1860年，卡尔·本茨进入卡尔斯鲁厄综合科技学校学习。其间，卡尔·本茨系统地学习了机械构造、机械原理、发动机制造、机械制造经济核算等方面的知识，这为卡尔·本茨日后在汽车工业制造和设计领域取得成就打下了坚实基础。

其后，历经当学徒工、服兵役、娶妻生子等人生阶段后，卡尔·本茨的人生开始绚丽多彩。1872年，卡尔·本茨与奥格斯特·里特（August Ritter）创建"奔驰铁器铸造公司和机械工厂"，专门生产建筑材料。

建筑业的不景气，导致卡尔·本茨的工厂遭遇危机，甚至面临倒闭。万般无奈之下，卡尔·本茨决定制造发动机，以此获取更高的利润摆脱工厂经营艰难的困境。

之后，卡尔·本茨获得生产奥托四冲程煤气发动机的营业执照。经过一年多的设计与试制，1879年12月31日，卡尔·本茨制造出第一台单缸煤气发动机（转速为200转/分，功率约为0.7千瓦）。

遗憾的是，该台发动机并没有使卡尔·本茨摆脱经营困境，却使他面临破产的境地。不得已，卡尔·本茨只能投身于发动机的研究。经过多年努力，卡尔·本茨终于研制成单缸汽油发动机。

与对手不同的是，卡尔·本茨将发动机安装在自己设计的三轮车架上，发明了第一辆不用马拉的三轮车（现保存在慕尼黑的汽车博物馆）。

1885年，卡尔·本茨发明了世界上第一辆实用的内燃机汽车，但不能试车。因为德国政府的相关部门认为：一旦卡尔·本茨试车成功，势必会造出更多的汽车，一方面会用掉数以万计的汽油；另一方面还会毁掉公路。

与此同时，卡尔·本茨申请并获得了专利。1886年1月29日，卡尔·本茨顺利地获得德国政府相关部门颁发的专利证书（专利号：37435）。这标志着人类交通运输史从此掀开了新的篇章。

据了解，卡尔·本茨制造的首辆汽车整体重量不到300千克，发动机的重量就占了近一半，达到100多千克。

在当时，这样的产品并不被用户所接受。大多数人认为，卡尔·本茨制造的汽车显然不能撼动马车的统治地位，他们对这种自己会"行走"的交通工具相当抵触。

1865年，英国国会由此制定了通行欧洲的《红旗法》（Red Flag Act）[①]。根据《红旗法》第3条的规定："每一辆在道路上行驶的机动车辆必须遵守两个原则：其一是至少要由三个人来驾驶一辆车；其二是三个人中必须有一个人在车前50米以外步行做引导，并且要手持红旗不断摇动，为机动车开道。"

---

① 《红旗法》是1865年英国议会通过了一部《机动车法案》的简称。该法案扼杀了英国在当年成为汽车大国的机会，随后，美国汽车工业迅速崛起。1895年，也就是出台30年后，《红旗法》被废除。

第4条中又规定："机动车在道路上行驶的速度不得超过6.4千米/时（4英里/时），通过城镇和村庄时，则不得超过3.2千米/时（2英里/时）。"

这就是为什么每当卡尔·本茨试车时，警察都会出面制止的原因。然而，事件的变化因为卡尔·本茨的妻子贝塔·本茨的参与发生了惊天逆转。

1888年8月，贝塔·本茨实在不愿意再看到丈夫因为无法测试而焦头烂额，便果断地与儿子欧根（Eugen）和理查德（Richard）驾驶卡尔·本茨制造的汽车前往位于普福尔茨海姆（Pforzheim）的娘家，并安全返回，勇敢地进行了世界第一辆汽车首次长距离的路试（190千米的路程）。

随后，贝塔·本茨马上给卡尔·本茨发电报称："汽车经受住了考验，请速申请参加慕尼黑博览会。"1888年9月12日，卡尔·本茨发明的汽车在慕尼黑博览会上引起了非常大的轰动。

当时的报纸如此描述："星期六下午，人们怀着惊奇的目光看到一辆三轮马车在街上行走，前边没有马，也没有辕杆，车上只有一个男人，马车在自己行走，大街上的人们都惊奇万分。"慕尼黑博览会后，大批客户开始向卡尔·本茨订购汽车。[①]

就这样，卡尔·本茨面临的棘手问题竟然解决了。1894年，卡尔·本茨推出了奔驰"Velo"汽车，世界上第一款批量生产的汽车就此问世。此后，卡尔·本茨的事业开始蓬勃发展，奔驰拥有了德国最大的汽车制造厂，开始生产名扬四海的奔驰汽车。

奔驰汽车的道理与新时代的产品需求异曲同工，因为当今最重要的技术创新（如云计算）往往是引领客户需求的。在产品需求问题上，任正非时刻保持一种探寻的心态。2001年，任正非就以"管理工作要点"为纲要告诫华为人说："什么叫以业务为主导？这就是要敢于创造和引导需求，取得'机会窗'的利润。也要善于抓住机会，缩小差距，使公司和世界同步而得以生存。"

---

① 季美华：《卡尔·本茨：现代汽车工业的先驱者》，《智慧中国》2016年第11期。

> "面对未来大数据流量的潮流，技术的进步赶不上需求的增长是可能的，我们一定要走在需求增长的前头。除了力量聚焦外，我们没有别的出路。"

2015年，在题为"变革的目的就是要多产粮食和增加土地肥力"的内部讲话中，任正非说道："面对未来大数据流量的潮流，技术的进步赶不上需求的增长是可能的，我们一定要走在需求增长的前头。除了力量聚焦外，我们没有别的出路。"

在华为，任正非多次强调了聚焦战略对于华为的作用。任正非为此曾说："大家都知道水和空气是世界上最温柔的东西，因此人们常常赞美水柔、风轻。但大家又都知道，同样是温柔的东西，火箭可是空气推动的，火箭燃烧后的高速气体，通过一个叫拉法尔喷管的小孔，扩散出来的气流，产生巨大的推力，可以把人类推向宇宙。像美人一样的水，一旦在高压下从一个小孔中喷出来，就可以用于切割钢板。可见力出一孔，其威力之大。如果15万人的能量在一个单孔里去努力，大家的利益都在这个单孔里去获取，如果华为能坚持'力出一孔，利出一孔'，下一个倒下的就不会是华为。"

在任正非看来，特别是在创业初期，只有集中兵力，才能保证华为活下来。在2013年的轮值CEO的新年献词中，任正非在献词中告诫华为人说：

"我们的'聚焦战略'，就是要提高自己在某一方面的世界竞争力，也从而证明不需要什么背景，我们也可以进入世界强手之列。同时，我们还坚持'利出一孔'的准绳。EMT宣言，就是表明我们从最高层到主管层的全部支出，只能源于华为的工资、奖励、分红及其他，不允许有其他额外的支出。从组织上、制度上，堵住了从最高层到执行层的团体谋私利，经过关联买卖的孔，掏空团体利益的行为。

"20多年来，我们基本是'利出一孔'的，构成了15万员工的团结奋斗。我们知道自身管理上还有许多缺陷，我们正在努力改良之，相信我们的人力资源政策，会在'利出一孔'中越做越'科学'，员工越做干劲越大。我们没有什么不可战胜的。

"假设我们能坚持'力出一孔，利出一孔'，下一个倒下的就不会是华为；假设我们不能坚持'力出一孔，利出一孔'，下一个倒下的也许就是华为。历史上的大企业，一旦过了拐点，进入下滑通道，很少有回头重整成功的。我们不甘倒下，那么我们就要克己复礼，团结一心，努力奋斗。"[①]

对于外界不理解华为的聚焦战略，任正非曾经自我解嘲说："无知使我们跌进了通信设备这个天然的全球力量竞争最激烈的角力场，竞争对手是拥有数百亿美元资产的世界著名公司。这个角力场的生存法则很简单：你必须专注于战略产业。"

众所周知，作为一家高科技民营企业，华为在创建时十分弱小，注册资金只有区区2万元。然而，经过任正非等华为全体员工的艰苦创业，其营业额逐步增长，华为2020年的营业收入达到人民币8914亿元。

华为之所以能够取得火箭般的发展速度，是因为华为发展的核心其实就是毛泽东提出的"集中优势力量打歼灭战"转变成的华为的"压强战略"。这样的聚焦战略在《华为公司基本法》中可以找到答案。《华为公司基本法》第23条指出："我们坚持压强战略，在成功的关键因素和选定的战略生长点上，以超过主要竞争对手的强度配置资源，要么不做，要做就极大地集中人力、物力和财力，实现重点突破。"

创业公司要想与实力雄厚的巨型企业竞争，集中优势力量打歼灭战的战略优势就凸显出来。在华为创业初期，面对强大的、资金实力雄厚的竞争对手，羸弱的华为肯定实力不足。

在这样的背景下，进行全方位的追赶无疑是自寻死路。任正非决定，华为必须立足于当代计算机与集成电路的高新技术，在此基础之上进行大胆创新。对此，任正非在内部干部会上总结说："我们把代理销售取得的点滴利润几乎全部集中到研

---

① 任正非：《力出一孔，利出一孔》，新浪博客，2012年12月31日，http://blog.sina.com.cn/s/blog_54300dae0101htxf.html，访问日期：2021年6月10日。

究小型交换机上，利用压强原理形成局部突破，逐渐取得技术的领先和利润空间的扩大，技术的领先带来了机会和利润，我们再将积累的利润投入到交换机的升级换代产品的研究开发中，如此周而复始，不断地改进和创新。尽管今天华为的实力大大地增强了，但仍然要坚持压强原理，只在自己最擅长的领域做到业界最佳。"

华为之所以把战略聚焦作为华为的战略手段，是因为任正非认为，"未来的3~5年是华为抓住'大数据'机遇，抢占战略制高点的关键时期。我们的战略要聚焦，组织变革要围绕如何提升作战部队的作战能力"。

在任正非看来，只有战略聚焦，才能提升作战部队的作战能力。任正非告诫华为人说："在我们这个时代，最近的3~5年，对华为至关重要的就是要抢占大数据的制高点。这3~5年如果实现了超宽带化以后，是不可能再有适合我们的下一个时代的。那么什么是大数据的制高点呢？我们在东部华侨城会议已有决议，按决议去理解就行了。不是说那个400G叫制高点，而是任何不可替代的、具有战略地位的地方就叫制高点。那制高点在什么地方呢？就在10%的企业，10%的地区。从世界范围看大数据流量，在日本是3%的地区，汇聚了70%的数据流量；中国国土大，分散一点，那么10%左右的地区，也会汇聚未来中国90%左右的流量。那我们怎么能抓住这个机会？我认为战略上要聚焦，要集中力量。"

鉴于此，任正非坦言，华为人需要学会战略上的舍弃，只有舍弃才会战胜。任正非说道："当我们发起攻击的时候，我们发觉这个地方很难攻，久攻不下去，可以把队伍调整到能攻得下的地方去。我们只需要占领世界市场的一部分，不要占领全世界的市场。胶着在那儿，可能错失了一些未来可以拥有的战略机会，要以大地区来协调确定合理舍弃。未来3~5年，可能就是分配世界市场的最佳时机，这个时候我们强调一定要聚焦，要抢占大数据的战略制高点，占住这个制高点，别人将来想攻下来就难了，我们也就有明天。大家知道这个数据流量有多恐怖，现在图像要从1k走向2k，从2k走向4k，走向高清，人们拿着手机拍很多照片，不删减，就发送到数据中心，你看这个流量的增加哪是你想象的几何级数的增长，是超几何级数的增长，这不是平方关系，是立方、四次方关系的增长的流量。这样管道要增粗，数据中心要增大，这就是我们的战略机会点，我们一定要拼抢这种战略机会点，所以我们不能平均使用力量，组织改革要解决这个问题，要聚焦力量，要提升作战部队的作战能力。企业业务在这个历史的关键时刻，也要抢占战略制高点。你们也有战略要地，也做了不少好东西。"

事实证明，华为正是通过战略聚焦，使得其更加专注于通信行业，从而形成一股强大的推动力量，让华为如火箭般高速增长。

关于客户需求，任正非认为，要坚持客户需求导向，走集成产品开发（Integrated Product Development, IPD）变革之路。2003年5月26日，任正非在"PIRB（产品投资评审委员会）产品路标规划评审会议"上说道："很庆幸的是，IPD、ISC在IBM顾问的帮助下，我们现在终于可以说没有失败。注意，我们为什么还不能说成功呢？因为IPD、ISC是否成功还依赖于未来数千年而不是数十年实践的努力和检验。是的，不是数十年，是数千年。因为即使一代代人不在了，这个世界还会留下管理，管理还会不断地优化、发展下去。"

任正非强调说："管理做得如何，需要很长时间的实践检验。我们已经成熟的管理，不要用随意创新去破坏它，而是在使用中不断严肃、认真地去完善它，这种无生命的管理，只会随时间的推移越来越有水平。一代代人死去，而无生命的管理在一代代优化中越来越成熟。在管理上，有时候需要别人带着我们走路，就像一个小孩，需要靠保姆、靠幼儿园的老师带着走路一样。但是，一个人终究要自己站起来走路，一直走下去，我们的管理也要靠自己。师傅领入门，修行靠个人。我们的IPD、ISC变革也是这样的道理。"

任正非回忆说："现在分析一下，IBM顾问提供的IPD、ISC有没有用，有没有价值？我认为是有价值的。回想华为公司到现在为止所犯过的错误，我们怎样认识IPD是有价值的？我认为，IPD最大的价值是使营销方法发生了改变。我们以前做产品时，只管自己做，做完了向客户推销，说产品如何好。这种我们做什么客户就买什么的模式在需求旺盛的时候是可行的，我们也习惯于这种模式。但是现在形势发生了变化，如果我们埋头做出'好东西'，然后再推销给客户，那东西就卖不出去。因此，我们要真正认识到客户需求导向是企业生存发展的一条非常正确的道路。从本质上讲，IPD是研究方法、适应模式、战略决策的模式改变，我们坚持走这一条路是正确的。"

鉴于此，要让所有人理解集成产品开发、集成供应链管理的确很困难，尤其在新旧体制转换的时候，需要做大量的协调工作。"有些员工，尤其是不善于协调的专家型人员因为接受不了这样的协调工作而离开了，这是可惜的。"任正非惋惜地说。但是，华为终于走出了泥沼，有了良好的协调方法，经过一两年的努力，协调难度减小了，有效度增强了，集成产品开发、集成供应链管理的作用越发明显。

> **"波音公司在设计波音777时，不是说自己先去设计一架飞机，而是把各大航空公司的采购主管纳入PDT中，由各采购主管讨论下一代飞机是怎样的、有什么需求、有多少个座位。"**

在产品的研发中，任正非始终都强调把需求融入客户，理解需求的基础。2003年5月26日，任正非在"PIRB产品路标规划评审会议"上说道："我们说，我们要客户需求导向，但是客户需求是什么呢？不知道，因为我们没有去调查，没有融进去。"

任正非举例说："让我们看一个例子。波音公司在波音777客机上是成功的。波音公司在设计波音777时，不是说自己先去设计一架飞机，而是把各大航空公司的采购主管纳入PDT（Product Development Team，产品开发管理团队）中，由各采购主管讨论下一代飞机是怎样的、有什么需求、有多少个座位、有什么设置，他们所有的思想就全部体现在设计中了。这就是产品路标，就是客户需求导向。产品路标不是自己画的，而是来自客户。"

对此，任正非把当时去美国工作的行为戏称为"冬天去北极"。为什么？因为当时美国的信息产业不景气，美国信息产业从业人员大量失业。因此，华为在开发上不能"冬天去北极"，华为一定要真正明白客户需求导向，在客户需求导向上坚定不移。

对此，任正非强调说："在任何时候都不要忘记客户需求导向。我们在NGN上走过一段弯路。在3G产品上，我也提出，只有能让一个外行随随便便打通手机，那才说明我们的系统是好的。我们要真正认识到客户需求导向这个问题，大家不要因为我批评了某个人而不高兴，我们都是为了客户需求而进行自我批判的，要认识客户需求导向这个真理。"

鉴于此，华为人必须重视客户需求。任正非强调："以后的IRB（投资评审委员会）人员，要有对市场的灵敏嗅觉，就像香水设计师一样，能够灵敏区分各种香味，不能区分就不能当IRB人员。这种嗅觉就是对客户需求的感觉。"

既然如此，这种嗅觉能力来自哪里？任正非说道："来自客户，来自与客户聊天、吃饭。我一直给大家举郑宝用的例子。郑宝用为什么会进步很快？就是因为他与客户交流多。我们的接入网、商业网、接入服务器等概念都来自与客户的交流，实际上就是客户的发明。很多知识智慧在客户手中，我们要多与客户打交道，乐于听取客户意见。客户骂你的时候就是客户最厉害的地方，客户的困难就是需求。"

对任何一个企业来说，只有坚持创新，才能基业长青和永续经营。在内部讲话中，任正非回顾华为曾经的困难时说道："华为是在艰难的学习中成长起来的。十年前，华为十分落后，当时党中央发出号召，要发展高科技，连我们自己都信心不足。

十年来，在党的政策激励下，华为经历了艰难困苦的奋斗，终于在SDH光传输、接入网、智能网、信令网、电信级互联网接入服务器、112测试头等领域开始处于世界领先地位，密集波分复用DWDM、C&C0 8iNET综合网络平台、路由器、移动通信等系统产品挤入了世界先进的行列，明年（2001年）华为的宽带IP交换系统以及宽带CDMA也将商用化。这标志着在党的领导下，一群土生土长的中国人，争得了与世界著名公司平等的技术地位，为伟大祖国争了光。"

任正非回忆道："在华为创业初期，除了智慧、热情、干劲，我们几乎一无所有。从创建到现在华为只做了一件事，专注于通信核心网络技术的研究与开发，始终不为其他机会所诱惑。敢于将鸡蛋放在一个篮子里，把活下去的希望全部集中到一点上，华为从创业一开始就把自己的使命锁定在通信核心网络技术的研究与开发上……集中力量只投入核心网络的研发，从而形成自己的核心技术，使华为一步一步前进，逐步积累到今天的世界先进水平。"

有创新就有风险，但决不能因为有风险，就不敢创新。"回想起来，若不冒险，跟在别人后面，长期处于二三流水平，我们将无法与跨国公司竞争，也无法获得活下去的权利。若因循守旧，我们也不会取得这么快的发展速度。"[①]在任正非看来，创新本身就具有高风险，但是不能就此停止，所以必须敢于冒险、勇于创新。

> "我们产品开发中最大的问题是简单的功能做不好，而复杂的东西做得很好。为什么呢？简单的东西大家不喜欢，这就是因为技术导向，而不是客户需求导向。"

---

① 任正非：《创新是华为发展的不竭动力》，《光明日报》2000年7月18日。

在产品研发方面，华为必须坚持客户需求导向。任正非说道："我们产品开发中最大的问题是简单的功能做不好，而复杂的东西做得很好。为什么呢？简单的东西大家不喜欢，这就是因为技术导向，而不是客户需求导向。"

任正非认为，"在相当长一段时间内，不可能再有技术导向了。在牛顿所处的时代，一个科学家可以把一个时代所有的自然现象都解释清楚，一个新技术出现会带来商业价值。但现在的新技术突破，只能作为一个参考，不一定会带来很好的商业价值。可是，对于一个具有良好组织体系的公司，如具有IPD、ISC流程的公司，当发现一个新技术影响到客户需求的时候，就可以马上把这个技术吸纳进来。因此说，流程也是一种保证"。

有这样一句话：崇高是崇高者自己的墓志铭。任正非反思说道："这多少说明了我们在产品研发上不能技术导向，一味追求技术领先，在公司的运作发展上，也要把握好自己的节奏。现在技术发展很快，大大超过了客户需求，不能及时转化为效果，时代已经赋予你们新的使命。你们是负责产品路标的，这个路标是把华为带向天堂还是地狱，是决定于你们的，华为的前途也靠你们了。"

在"互联网+"时代，作为任何一家企业来说，都必须保持高强度的创新，特别是防范颠覆性技术对行业的冲击。其原因往往有如下两个：

第一，在技术创新引领的趋势下，不管企业经营者愿不愿意相信，其竞争者肯定会越来越关注技术创新。其结果是，竞争者关注创新使得其竞争优势增强。那些对创新不投入或者低投入的企业无疑将处于不利的局面。

第二，随着颠覆性技术的出现，可能使得行业进入的门槛变低。一些跨行业的小企业可能凭借自身的颠覆性技术，从某一细分市场着手，迅速成为某个领域的隐形冠军，进而威胁到整个行业的生存。

基于此，在华为的内部讲话中，任正非告诫华为人说："信息产业进步很快。昨天的优势，今天可能全报废，天天都在发生技术革命。在新问题面前，小公司不明白，大公司也不明白，大家是平等的。华为知道自己的实力不足，不是全方位地追赶，而是紧紧围绕核心网络技术的进步，投入全部力量，又紧紧抓住核心网络中软件与硬件关键中的关键，形成自己的核心技术。华为要在开放合作的基础上，不断强化自己在核心领域的领先能力。"

华为要想保持竞争力，就必须洞察未来技术创新的发展方向。在任正非看来，保证华为创新最有效的就是满足客户需求，以及建立一套与之相对应的管理体系。在华为的内部讲话中，任正非说道：

在公司一万五六千员工中，从事研发的有七八千人。而四五千名市场人员是研发的先导与检验人员。从客户需求、产品设计到售后服务，公司建立了一整套集成产品开发的流程及组织体系，加快了对市场的响应速度，缩短了产品开发时间，产品的质量控制体系进一步加强。我们在硬件设计中，采用先进的设计及仿真工具，加强系统设计、芯片设计、硬件开发过程质量控制体系、测试体系的建设，并在技术共享、模块重用、器件替代等方面加大力度。尤其是代表硬件进步水平的芯片方面，我们进行了巨大的投入。目前，公司已经设计出40多种数字芯片、几种模拟芯片，年产500万片，设计水平也从0.5微米提升到0.18微米。拥有自主知识产权的芯片，极大地提升了我们的硬件水平，降低了系统成本。

软件开发管理的难度在于其难以测评和过程的复杂性。公司坚持向西方和印度学习软件管理办法，在与众多世界级软件公司开展的项目合作中实践、优化。我们紧紧抓住量化评估、缺陷管理、质量控制、项目过程以及配置管理等SEI-CMM软件能力成熟度的标准要求，持续多年地进行软件过程的改善实践。目前，华为的软件开发能力有了质的进步，完全具备高质量、高效的大型软件工程作业能力。迄今为止，已成功开发出多种大型复杂的产品系统如C&C08交换机、GSM、数据通信和智能网等，其软件规模均接近千万行源代码，由数千人在2～3年的时间跨度内，分散在不同地域协同完成。

核心竞争力对一个企业来讲是多方面的，对高科技企业来说，管理创新比技术创新更重要。华为在发展中还存在很多要解决的问题，我们与西方公司最大的差距在于管理。四年前华为公司提出与国际接轨的管理目标，同时请来自西方国家大公司的顾问在研发、生产、财务、人力资源等方面与我们开展长期合作，我们在企业的职业化制度化发展中取得进步，企业的核心竞争力得到提升，企业内部管理开始走向规范化运作。

华为保持每年提取15％以上的营业收入用于研究开发，继续把最优秀的人才派往市场与服务前线，通过技术领先获得利润，又将利润用于研发，带动更多的突破，未来十年一定是华为大发展的十年。华为的员工平均年龄二十七八岁，十年后才三十七八岁，正当年华，他们一定会在未来十年内推动华为的发展与进步。①

任正非的忧虑是有道理的。在这里，我们来剖析一下柯达衰落的案例，就可以印证任正非的观点。

众所周知，柯达率先发明数码相机，却坚守曾经的优势业务，结果被数码相机和手机所替代。柯达因此被时代所遗弃。

2012年1月19日，柯达正式向法院递交破产保护申请。可能读者会问，柯达这个摄影界的一代霸主，曾被誉为美国荣光的企业，怎么就穷途末路了呢？

答案就是害怕颠覆性技术砸了自己的金饭碗。20世纪70年代，作为全球最著名胶卷生产企业，已经着手研发先进的数码照相技术，却不敢大胆使用。柯达最终走向没落，直至破产，罪魁祸首竟然是自家当初发明的数码照相技术。

1975年，柯达工程师史蒂文·萨森（Steven Sasson）把发明世界上第一台数码相机的喜讯汇报给直属部门领导，却没有得到嘉奖，甚至被告知要严格保守商业

---

① 任正非：《创新是华为发展的不竭动力》，《光明日报》2000年7月18日。

机密，以免影响胶卷的销量。

在现在看来，这是一个非常典型的颠覆性技术，却被柯达的官僚主义给忽略了。正是因为否定了这个颠覆性技术，让柯达错过了一个绝佳的引领潮头的机会。在后来的较量中，柯达因为走向衰败——不是别人发明的数码相机，而是害怕砸了自己的金饭碗，自己打败了自己。如今，柯达为企业高管敲响了警钟：在颠覆性技术侵入市场时，必须及时回应。为什么这样说呢？那就是颠覆性技术砸了自己的金饭碗，但是也可能砸了竞争者的金饭碗，机遇与挑战同在，只要能够自我变革和转型，那么依然可以引领时代。

客观地说，柯达之所以能够创造全球传统胶卷市场的神话，是因为柯达的创新机制。据公开数据显示，在鼎盛时期，柯达曾占据全球60%的胶卷市场，其特约经营店遍布全球各地。正是因为这样的金饭碗，才让柯达高管患得患失，最终决策失误。

2000年左右，随着数码成像技术的发展与普及，颠覆性的数码照相产品开始以迅雷不及掩耳之势遍布世界各地。面对如此冲击，传统胶片市场开始渐渐地萎缩。

当长期贡献业绩的传统胶片市场下滑时，柯达高层依然没有紧跟时代。学者评论道："在数字时代，没有核心技术，企业的经营就会随时处于危险的状态，过去的一切都会在瞬间贬值。数字科技的发展，无疑给以传统影像为重心的柯达带来了致命的冲击。加上柯达管理层满足于传统胶片市场份额和垄断地位，没有及时调整经营战略重心，决策犹豫不决，错失了良机。"

2003年，柯达的胶卷业务遭遇寒冬，营业收入大幅下降，传统影像部门的销售利润从2000年的143亿美元锐减至41.8亿美元，跌幅竟然超过70%。

在此刻，柯达不得不重视数码业务。2004年，尽管柯达推出6款数码相机，但是没有能够挽救其下滑的颓势，其利润率仅为1%。其82亿美元的传统业务的收入则萎缩了17%。几经折腾，柯达已经迷失在数码时代，2006年，柯达把其全部数码相机制造业务出售给新加坡伟创力公司。

2007年，柯达又将医疗成像部门以25.5亿美元的价格出售给加拿大资产收购公司OneXyi。同年，柯达为了自保，不得不实施第二次战略重组，裁员达2.8万人，可谓壮士断腕。但是由于2008年金融危机的不利影响，柯达的亏损竟然达到1.33亿美元，金融危机让仅凭出售资产勉强盈利的柯达失去了发展的机会。

2011年9月，柯达公司的股价下跌至0.54美元，为有史以来最低水平。在这一年，柯达公司股价的跌幅超过80%，全球员工的数量减少至1.9万人。

基于此，2012年，柯达公司不得不向法院递交破产保护申请。此时，辉煌不再的柯达不得不进行第三次战略重组。2013年11月，柯达完成第三次重组，不过这个昔日业界霸主的地位已经一落千丈，其市值不足10亿美元，且大部分股权被私募股权公司和投资公司收购。

至此，柯达依然聚焦在胶卷业务板块，其客户群定位在小众电影市场；此外，柯达也向报纸印刷、包装和一些相关企业出售设备。

2015年，柯达的营业收入达到18亿美元，比2014年的21亿美元减少了3亿美元，下降15%。2015年第四财季实现净利润2400万美元，而上年同期亏损4200万美元，实现扭亏为盈。

2017年3月，柯达公司公布2016年第四季度及全年财务报告，2016年共实现营业收入15亿美元，净利润为1600万美元，主要产品线持续增长。2016年年报主要数据见表20-1。

表20-1 柯达2016年全年年报

序号	内容
1	2016年度总收入为15亿美元，相比2015年的17亿美元，下降了1.66亿美元，即10%
2	截至2016年12月31日，全年GAAP（美国公认会计原则）净利润为1600万美元，比2015年增长9100万美元
3	2016全年运营EBITDA（税息折旧及摊销前利润）为1.44亿美元
4	主要产品线实现了高速增长： 柯达SONORA免冲洗印版年销量增长9%； 柯达FLEXCEL NX印版年销量增长16%
5	2016年度营业费用（总SG&A和R&D费用）为2.12亿美元，比2015年增加了3600万美元，即15%。其中1500万美元是由于养老金收入的非现金部分增加
6	2016财年末现金余额为4.33亿美元，可用于经营活动的现金相比2015年增加了8200万美元

当柯达开始盈利后，CRT资本集团证券公司的分析师阿莫尔·蒂瓦纳剖析柯达的问题时直言："柯达面临的问题是竞争，和技术无关。"

在他看来，尽管柯达已经盈利，但是要想重回巅峰时刻，还有一段很长的路要走。柯达的案例给中国企业经营者的启示是，当时代变化时，不要害怕颠覆性技术砸了自己的金饭碗，否则，即使自己不砸自己的金饭碗，竞争者也会砸，与其让竞争者砸，还不如自己主动地迎合时代。因此，对于任何时代、任何行业，中国企业都必须主动地变革、放弃原有优势，打破陈规，方能在快速变化的市场竞争中获胜。

"我们要永远抱着理性的客户需求导向不动摇，不排除在不同时间内采用不同的策略。"

在产品研发时，必须坚持理性的客户需求导向。2003年5月26日，任正非在"PIRB产品路标规划评审会议"中说道："我们说，一棵小草，如果上面压着一块石头，它会怎么长？只能斜着长。但是如果石头被搬走了，它肯定会直着长。如果因为石头压着两年，我们就做两年的需求计划，两年后，小草长直了，我们的需求计划也要改变。因此，我们要永远抱着理性的客户需求导向不动摇，不排除在不同时间内采用不同的策略。"

经过这么长时间的改革，华为已经接受了变革，但真正的变化在于华为的指导思想和世界观。如果指导思想和世界观不变，华为就难以开放、难以变革、难以成功。因此，需求错，则一切都错。任正非2003年提出的"需求是企业发展的路标"告诉我们："如果没有把需求管理好，就会错失太多发展良机，误解需求会让公司陷入无效的奋斗中。"

之所以有这样的观点，源于华为当年的处境。2019年3月1日，尘封已久的华为往事——华为以75亿美元出售给摩托罗拉的旧闻，重新被英国《金融时报》揭露了出来。不仅如此，英国《金融时报》还披露了此次并购流产的内幕和诸多细节。

顷刻间，此次报道犹如一枚重磅炸弹，引发中外媒体的深度挖掘和再次报道。英国《金融时报》报道称：

2003年12月的一个早晨，两名身穿色彩明亮的热带风衬衫的中国人和一名身着运动服的西方人在海南岛一片沙滩上散步，聊得很投机，还有一名翻译陪同。

其中两人来自摩托罗拉：总裁兼首席运营官迈克·扎菲罗夫斯基（Mike

Zafirovski）和负责中国业务的陈永正（Larry Cheng）。另外那个人是华为创始人，时年59岁，曾在中国人民解放军服役的任正非。[①]

英国《金融时报》披露称，华为创始人任正非与时任摩托罗拉总裁兼首席运营官的迈克·扎菲罗夫斯基和负责中国业务的陈永正密谈的内容，就是摩托罗拉并购华为的价格，以及更多的并购细节。

经过一系列的谈判，最终任正非同意以75亿美元的价格出售华为，并且还签署了并购意向书。然而，戏剧性的事情发生了，在双方几乎就要达成正式协议的关口，时任摩托罗拉CEO克里斯·高尔文（Chris Galvin）宣布辞职。

其后，太阳微系统（Sun Microsystems）公司前任总裁爱德华·詹德（Edward Zander）接任摩托罗拉的CEO，同意就并购华为的相关事宜展开继续谈判。

让研究者和克里斯·高尔文不理解的是，最终董事会拒绝了该项并购。其理由是，摩托罗拉以75亿美元的价格并购华为这个没有知名度的中国公司，并购价格过于昂贵，更为关键的是，需要支付巨额现金让摩托罗拉难以接受。

据了解，双方之所以达成并购意向，是因为经过多年高速发展的摩托罗拉逐渐陷入困境，面对诺基亚的围追堵截，摩托罗拉是向左转，还是向右转，争议较大。

面对来自诺基亚的巨大压力，一些来自不同层面的声音开始被重视。来自中国的华为此刻也面临困境，两个难兄难弟同病相怜。

2003年初，华为内外交困。这就是任正非要出售华为的原因，具体如下：

第一，2000年的互联网泡沫破灭，扑灭了炙热的全球科技热潮，直接把通信基建市场需求打入谷底。第二，由于华为知名度较低，即使其产品的性价比较高，欧洲大运营商还是不太认可华为。第三，中国3G牌照发放较晚，加上中国本土通信市场的竞争异常激烈，华为3G领域的技术研发又没有取得突破性的进展及领先优势。华

---

① 桑晓霓：《摩托罗拉是如何错失华为的？》，英国《金融时报》2019年3月1日。

为此刻面临现金流断裂的危险。第四，思科以知识产权为由起诉华为，华为要赢得知识产权胜利，必须拿出真金白银来应诉。第五，华为自身的变革，影响华为现金流的获取。

举步维艰的华为，为了渡过难关，在2001年不得不以7.5亿美元出售华为电气给美国的艾默生公司（Emerson）；其后，华为又以8.8亿美元的价格，将合资公司49%的股份出售给3com公司。

基于这样的判断，任正非出售华为，已经到了迫不得已的地步，否则不可能出售华为。

在内部，华为自身的"重头"大事依然严峻。2002年8月，华为向总监级以上干部传达《降薪倡议书》。

在《降薪倡议书》下达后的半年里，华为再次以"运动"的方式在公司高管中传递"降薪"的动因和价值观："自愿降薪只是大家理解压力传递的一种形式。最重要的是各级干部要认清责任，点燃内心之火，鼓舞必胜信心。"

在外部，"思科事件"如火如荼地发酵。在之前，华为创始人任正非发布《华为的冬天》。其后的2002年末，华为遭遇了创业15年以来首次业绩下滑，华为合同销售额从上年的255亿元下降至221亿元，利润更是从上一年的52亿元大幅减至12亿元。

此刻此景，面对不确定的未来，任正非就在这样的境遇下，接受了来自摩托罗拉的并购建议。2003年，摩托罗拉向华为抛出橄榄枝，摩托罗拉以75亿美元的价格并购华为。按照正常的逻辑，摩托罗拉并购华为已经是板上钉钉的事情，结果却出现意外。

天有不测风云， 2004年的摩托罗拉内部争论再起，董事会认为，摩托罗拉以75亿美元的价格并购华为不划算，加上并购华为需要支付巨额现金。在这样盘算下，爱德华·詹德最终否决了此次并购。

如果当初那笔交易达成，势必将改变电信业的历史进程。正如《金融时报》援引一位跨国公司高管在评论这笔未完成的交易时所说的："无法知道，最终会是华为挽救了摩托罗拉，还是摩托罗拉毁掉华为。"

此次事件由此尘埃落定。其后，摩托罗拉一落千丈，最终卖身给谷歌，后来摩托罗拉的品牌被转售给来自中国的联想。

华为却按照自己的步伐高歌猛进，不仅在全球拓展市场，且成为中国为数不多的成功跨国企业。2020年，华为的年度总营业收入达8914亿元。

因此，有人认为，假如当年摩托罗拉并购华为，如今的电信业的发展历史就得再次改写。

20世纪90年代，摩托罗拉在中国的市场占有率曾高达60%以上。时过境迁，2007年，摩托罗拉的市场份额已经跌至12%。其后，摩托罗拉被出售，曾经的电信巨头就此落幕。

多年前，以尖端技术著称的摩托罗拉曾傲视群雄，自从成立以来，一度前无古人地每隔10年便开创一个工业领域，其辉煌的战绩举不胜举：车载收音机、彩电显像管、全晶体管彩色电视机、半导体微处理器、对讲机、寻呼机、蜂窝电话，以及"六西格玛"质量管理体系认证，先后开创了汽车电子、晶体管彩电、集群通信、半导体、移动通信、手机等多个产业，并长时间在各个领域中独占鳌头。

但是任何一个高手都有落幕的时刻，摩托罗拉也不例外。虽然有着煊赫的历史，但是其下落的速度也超乎业界想象。

2003年，摩托罗拉手机的品牌竞争力排在世界第一位。2004年，摩托罗拉手机被诺基亚超过，排在第二位。2005年，摩托罗拉手机则又被三星超过，排到了第三位。

其后，摩托罗拉手机更是一泻千里。2008年5月，市场调研厂商IDC和战略分析公司（Strategy Analytics）断言，摩托罗拉将在2008年底之前失去北美市场占有率第一的位置。摩托罗拉的当季报也印证了这样的判断，财报数据显示，摩托罗拉2008年第一季度全球手机销量下降39%，手机部门亏损4.18亿美元，与上年同期相比亏损额增加了80%。

回顾摩托罗拉的发展史不难发现，为了夺得世界移动通信市场的主动权，并实现在世界任何地方都能使用无线手机通信，摩托罗拉为此开始了自己的颠覆性尝试。

1987年，摩托罗拉提出，将建设新一代卫星移动通信星座系统。20世纪90年代初，作为欧洲通信制造商的诺基亚，为了争夺控制权，积极地研发GSM，而摩托罗拉更加大胆，尝试构建新一代卫星移动通信星座系统，同时把大量的技术人员调往"铱星"的部门。

花开两朵，各表一枝。在当时，摩托罗拉为了提升用户的通信体验，摩托罗拉高层提出，通过发射77颗环绕地球的低轨卫星有效地构成一个覆盖全球的卫星通信网——铱星系统。

该计划的优势是，不需要建设太多的专门地面基站，用户都可以直接地在地球上任何地点进行有效通信。中国科学院把此事评为当年全球十大科技新闻之首，足以说明其全球影响力。

1998年，当耗时11年，投资50多亿美元后，摩托罗拉构建的这个全球首个大型低轨卫星通信系统，也是全球最大的无线通信系统运营陷入僵局。

究其原因，由于铱星系统卫星之间直接通过星际链路传送信息，虽然用户通话时不依赖地面网络，但是这也间接地导致了系统风险大、成本过高，甚至其维护成本比地面接收网络还要高很多。仅仅用于整个卫星系统的维护费，一年就需要投入几亿美元，加上铱星手机每部高达3000美元的价格，以及昂贵的通话费用，使得铱星电话不再是大众产品。在投放市场的前两个季度，全球市场只有1万铱星电话用户，即使是2000年铱星公司宣布破产保护时也才发展到2万多用户。如此业绩使得铱星公司前两个季度的亏损达到了10亿美元。其后，铱星手机虽然降低收费，但是仍未能扭转颓势。

分析摩托罗拉的失败，可以看到，摩托罗拉作为一个技术主导型企业，工程师文化异常浓厚。此种文化通常以自我为中心，唯"技术论"，最终导致摩托罗拉尽管有市场部门专门负责收集消费者需求的信息，但在技术导向型的企业文化里，消费者的需求很难被研发部门真正倾听，研发部门更愿意花费大量精力在那些复杂系统的开发上，从而导致研发与市场需求的脱节。

对此，曾任摩托罗拉资深副总裁梅勒·吉尔莫（Merle Gilmore）说："摩托罗拉内部有一种亟须改变的'孤岛传统'，外界环境变化如此迅捷，用户的需求越来越苛刻，你需要成为整个反应系统的一个环节。"

基于这样的判断，即使摩托罗拉成功并购华为，摩托罗拉也不会再次登顶世界。理由有如下三点：第一，应对市场变化需要伟大的企业家，我认为，摩托罗拉没有，后来的诺基亚手机业务也没有。第二，摩托罗拉的大企业病阻碍一线研发成果的商业化运作。第三，职业经理人过于短视，只重视短中期的漂亮报表。

第21章

客户需求代表着市场的真理

在华为，任正非始终强调客户需求。在华为的战略中，任正非更是把客户需求导向植入华为的组织、流程、制度及企业文化建设、人力资源和干部管理中。任正非说道："我们强调，要坚持客户需求导向。这个客户需求导向，是指理性的、没有歧变的、没有压力的导向，代表着市场的真理。"

一般来说，客户购买产品，通常关注五个方面：第一，产品质量高、可靠、稳定。第二，技术领先，满足需求。第三，及时有效和高质量的售后服务。第四，产品的可持续发展、技术的可持续发展和公司的可持续发展。第五，产品功能强大，能满足需要且价格有竞争力。为了落实这五条，华为紧紧地围绕客户关注的五个方面，且把这五条内容渗透到华为的各个方面。

（1）基于客户需求导向的组织建设。在华为，即使是组织建设也需要基于客户需求导向。在"华为公司的核心价值观"的专题报告上，任正非说道："为使董事会及经营管理团队能带领全公司实现'为客户提供服务'的目标，在经营管理团队专门设有战略与客户常务委员会。该委员会主要承担务虚工作，通过务虚拨正公司的工作方向。董事会及经营管理团队在方向上达成共识，然后授权经营管理团队通过行政部门去决策。该委员会为经营管理团队履行其在战略与客户方面的职责提供决策支撑，并帮助经营管理团队确保客户需求驱动公司的整体战略及其实施。在公司的行政组织结构中，建立了战略与市场体系，专注于客户需求的理解、分析，并基于客户需求确定产品投资计划和开发计划，确保以客户需求来驱动华为公司战略的实施。在各产品线、各地区部建立市场组织，贴近客户，倾听客户需求，确保客户需求能快速地反馈到公司并纳入产品的开发路标中。同时，明确贴近客户的组织是公司的'领导阶级'，是推动公司流程优化与组织改进的原动力。华为的设备用到哪里，就把服务机构建到哪里，贴近客户提供优质服务。在中国三十多个省区市和三百多个市（地、州、盟）都建有我们的服务机构，我们可以了解到客户的需求，我们可以做出快速的反应，同时也可以听到客户对设备运用和使用等各个方面的一些具体的意见。现在，我们在全球九十多个国家分别建有这种机构，整天与客户在一起，能够知道客户需要什么，以及在设备使用过程中有什么问题，有什么新的改进都可以及时反馈到公司。" ①

（2）基于客户需求导向的产品投资决策和产品开发决策。创新和研发新产品，产品投资决策和产品开发决策需要基于客户需求导向。在"华为公司的核心价值观"专题报告中，任正非说道："华为的投资决策是建立在对客户多渠道收集的大量市场需求的去粗取精、去伪存真、由此及彼、由表及里的分析理解基础上的，并以此来确定是否投资及投资的节奏。已立项的产品在开发过程的各阶段，要基于客户需求来决定是否继续开发，或停止，或加快，或放缓。"

（3）在产品开发过程中关注质量、成本、可服务性、可用性及可制造性。在"华为公司的核心价值观"专题报告中，任正非说道："任何产品一立项就成立由市场、开发、服务、制造、财务、采购、质量人员组成的团队，对产品整个开发过程进行管理和决策，确保产品一推到市场就满足客户需求，通过服务、制造、财务、采购等流程后端部门的提前加入，在产品设计阶段，就充分考虑和体现了可安装、可维护、可制造的需

---

① 任正非：《华为公司的核心价值观》，《中国企业家》2005年第18期。

求，以及成本和投资回报。这样，产品一旦推出市场，全流程各环节都做好了准备，摆脱了开发部门开发产品、销售部门销售产品、制造部门生产产品、服务部门安装和维护产品的割裂状况，同时也摆脱了产品推出来后，全流程各环节不知道或没有准备好的状况。"

（4）基于客户需求导向的人力资源及干部管理。在"华为公司的核心价值观"专题报告中，任正非说道："客户满意度是从总裁到各级干部的重要考核指标之一。外部客户满意度是委托盖洛普公司帮助调查的。客户需求导向和为客户服务蕴含在干部、员工招聘、选拔、培训教育和考核评价之中，要强化对客户服务贡献的关注，固化干部、员工选拔培养的素质模型，固化到招聘面试的模板中。我们给每一位刚进公司的员工培训时都要讲'谁杀死了合同'这个案例，因为所有的细节都有可能造成公司的崩溃。我们注重人才选拔，但是名牌大学前几名的学生不考虑，因为我们不招以自我为中心的学生，他们很难做到以客户为中心。要让客户找到自己需求得到重视的感觉。现在很多人强调技能，其实比技能更重要的是意志力，比意志力更重要的是品德，比品德更重要的是胸怀，胸怀有多大，天就有多大。" ①

（5）基于静水潜流的、客户需求导向的、高绩效的企业文化。在"华为公司的核心价值观"专题报告中，任正非说道："企业文化表现为企业一系列的基本价值判断或价值主张，企业文化不是宣传口号，它必须根植于企业的组织、流程、制度、政策、员工的思维模式和行为模式之中。华为多年来一直强调：资源是会枯竭的，唯有文化才会生生不息……这里的文化，不仅包含了知识、技术、管理、情操……也包含了一切促进生产力发展的无形因素。华为文化承载了华为的核心价值观，使得华为的客户需求导向的战略能够层层分解并融入所有员工的每项工作之中。不断强化'为客户服务是华为生存的唯一理由'，提升员工的客户服务意识，并深入人心。通过强化以责任结果为导向的价值评价体系和良好的激励机制，使得我们所有的目标都以客户需求为导

---

① 任正非：《华为公司的核心价值观》，《中国企业家》2005年第18期。

向，通过一系列流程化的组织结构和规范化的操作规程来保证满足客户需求。由此形成了静水潜流的、基于客户导向的、高绩效的企业文化。华为文化的特征就是服务文化，全心全意为客户服务的文化。" [1]

> "客户需要什么我们就做什么。卖得出去的东西，或略略抢先一点点市场的产品，才是客户的真正技术需求。"

1996年初，彭剑锋、黄卫伟、包政、吴春波、杨杜、孙健敏六位中国人民大学教授受任正非的邀请，参与《华为公司基本法》的草拟工作。

起草《华为公司基本法》的目的就是解决当时华为既面临发展方向选择的迷惘，又面临高速成长中管理链条被撕裂、组织乏力、管理体系与人才队伍跟不上发展等诸多问题。

回顾这段企业历史发现，《华为公司基本法》从1995年萌芽，到1996年正式定位为"管理大纲"，到1998年3月审议通过，历时数年。

在这期间，华为也经历了巨变，从1995年的营业收入14亿元、员工800多人，到1996年营业收入26亿元，再到1997年营业收入41亿元、员工5600人，到1998年员工8000人的公司了。正是《华为公司基本法》的起草，帮助任正非及华为高层管理团队完成了对企业未来发展的系统思考，确立了华为成为世界级企业的关键驱动要素和管理规则体系，使华为上下对未来的发展达成共识，形成凝聚力，力出一孔，走出混沌，同时也开启了华为全面管理体系建设的步伐。

当管理问题已经横亘在华为面前，成为制约华为无法突破的瓶颈，尤其当华为从

---

[1] 任正非：《华为公司的核心价值观》，《中国企业家》2005年第18期。

深圳湾一个中型企业向跨国企业转变时，要想突破瓶颈，必须从外部引入战略资源，以此击碎刚形成的小山头、惰怠和组织黑洞。

在当时，中国企业都在追赶西方国家的企业，逐步迈入世界500强行列。不得已，任正非开始向西看。此刻，对任正非来说，一个棘手的问题，就是西方国家的世界500强企业太多了，选择一个适合华为的世界级的"老师"就非常重要。

1997年，任正非肩负重要使命，考察几家西方世界500强企业。圣诞节前一周，当考察了休斯、朗讯和惠普3家世界级企业后，任正非按照之前的安排考察了IBM。

按照西方的假日安排，圣诞节前夕，很多美国大型企业都已经放假。让任正非吃惊的是，IBM却不太相同，包括时任CEO的路易斯·郭士纳（Louis Gerstner）在内的高层经理并没有放假，而是照常上班，还真诚而系统地向任正非介绍了IBM的管理实践。

在接待任正非的一整天时间里，IBM高层极为详尽地介绍了IBM的产品预研、项目管理、生产流程、项目寿命终结的投资评审等。

为了让任正非对集成产品开发有一个较为全面的理解，IBM副总裁特地送给任正非一本关于研发管理的书籍，书中介绍了朗讯、惠普等美国著名企业都实施了集成产品开发的研发模式。

与IBM的高层管理者接触一天后，尤其是这些高层管理者介绍IBM的管理实践后，任正非觉察到IBM的优势——有效管理和快速反应可以解决华为遭遇的瓶颈。

究其原因，此刻的华为，由于自身存在的缺陷，很难解决规模扩张中的管理不善、效率低下和浪费严重等问题。

考察IBM后，任正非清醒地意识到，IBM的优势可以解决华为的问题，起码可以让华为少走弯路。同年，在题为"自强不息，荣辱与共，促进管理的进步"的内部讲话中，任正非说道："我们产品中有些十分艰难的研究、设计、中试都做得十分漂亮，而一些基本的简单业务长期得不到解决，这是缺乏市场意识的表现。面向客户是基础，面向未来是方向。没有基础哪有方向？土夯实了一层再撒一层，再夯，才能大幅提高产品的市场占有率。"

任正非之所以做出这样的指示，源于当时的竞争环境。20世纪80年代末开始，中国电信业的飞速发展为中国民族通信企业的生存和发展提供了一个良好的土壤。

在诸多中国民族通信业中，华为由小变强，成为中国通信史的见证者。因此，由于中国民族通业的参与，许多领域的技术取得了快速发展，比如，在20世纪90年代初，中国的程控交换机就取得了群体性突破。

在当时，华为C&C08交换机的问世，就赢得了中国各地电信局的热切关注。1993年，C&C08交换机在浙江义乌首次开局时，时任电信局领导、专家都多次亲临机房，从机柜工艺、固定方式到支持远端用户等方面向华为年轻的开发团队提供了宝贵的指导意见。C&C08交换机在江苏邳州开局、参与建设深圳商业网、首次进入市话网、首次承建长途汇接局……

华为创造的一个个"第一次"奇迹，都赢得了客户的大力支持和宽容理解。使命感较强的任正非，没有辜负这份信任和支持。在研发和设计C&C08交换机时，华为充分地考虑了中国的国情特点，借鉴和吸收了大量专家意见和先进技术。

例如，华为研发和设计C&C08交换机时，就选择了光纤作为模块连接，主要是当时许多电信领导和专家都意识到，在农村的通信设备中必须解决防雷、功耗、远端模块等问题。

1999年，随着互联网的高速发展，这无疑给公共交换电话网路（PSTN）带来了巨大的压力。在当时，大量的拨号接入长期占用中继资源，造成了话务量的拥塞和呼损。针对此问题，华为和运营商开展联合研究，在C&C08交换机上开发了互联网接入单元，具体的办法是，内置接入服务器和话务旁路，C&C08交换机以此有效解决了拥塞的问题。经过这样的改良，C&C08交换机接入单元也可单独组网，成为电信级接入服务器，由此可以提供大容量接入和稳定连接。

正是因为华为考虑国情，C&C08交换机很快成为运营商的首选，迅速获得了全国市场过半的份额。正是解决了运营商的难题，华为人通过自主创新，不断地完善C

&C08交换机的功能，使其逐步成为中国通信建设的重要机型。

1998年，华为C&C08交换机全年销售1070万端口，一跃成为中国最受欢迎的程控交换机，与其他四种国产设备并称为"五朵金花"。

当国产交换机取得整体突破后，具有自主产权的通信设备开始从农村慢慢地进入城市，从底层网向高层网跃进。在当时，作为中国运营商，尽管自己对用户需求非常了解，却得不到厂家的支持，许多面向市场、满足客户的需求都无法一一实现。

1995年，作为改革前沿的广东电信，深刻地觉察到社会发展对电信新业务日益增长的需求，于是率先提出了为大客户建设商业通信网的概念。

1996年初，广东省局组织多方考察认证，最终选择华为C&C08交换机在深圳建设商业试验网。当然，商业试验网对于广东省局和华为而言，既是一个面向市场的选择，更是一次严峻的挑战。

商业客户的需求是什么？运营商如何满足这些需求？设备商又如何实现这些需求？……存在一大堆需要解决的问题。

为了真正地解决这些问题，华为深入调查客户需求，组织精兵强将艰难攻关。经过充分的调研，华为很快拿出了一个解决方案，并提交测试。不仅如此，广东省邮电科学技术研究院也在紧锣密鼓地设计并实施了多次测试。

1996年10月，深圳商业网建成并首次亮相，成功地开通并演示了多项商业网业务。当深圳商业网取得成功后，华为决定再接再厉，深入分析商业用户的通信需求，加上运营商的热情支持，华为又陆续开发出了Centrex特色业务、远端话务台、酒店通信解决方案，以及宽窄带融合的增值业务。

华为始终坚持需求在哪里，华为的产品研发就在哪里。比如，校园卡就是运营商与设备商通力协作的案例。

1997年，天津市电信局洞察到，中国高校通信市场潜力巨大，于是就向华为提出了如何满足预付费卡业务的需求。

对华为来说，需求就是命令。为了解决这个问题，华为工程师在C&C08交换机的已有业务基础上，针对校园特点，定制了业务流程和计费方式，由此推出了校园卡业务。

没多久，校园卡热销天津各大校园，且走出校园，迅速进入机关、医院、企业等市场，进而在中国各地得到用户的认可。

校园卡的热销，让运营商的创造力和市场潜能都得到了极大的释放："爱心卡""小区卡""202卡"……在C&C08交换机的支持下，层出不穷的卡类业务为运营商带来了可观的社会效益和经济效益，同时也为华为的研发提供动力。

华为在满足定制业务需求的同时，在C&C08交换机基础上再次创造性地引入了智能网的设计思路，为本地智能网提供解决方案，极大地促进了中国智能业务的发展。对此，任正非在内部讲话中总结道："技术在哪一个阶段最有效、最有作用呢？我们就是要去看清客户的需求，客户需要什么我们就做什么。卖得出去的东西，或略略抢先一点点市场的产品，才是客户的真正技术需求。超前太多的技术，当然也是人类的瑰宝，但必须牺牲自己来完成。"

> **"我们认为市场最重要，只要我们顺应了客户需求，就会成功。如果没有资源和市场，自己说得再好也是没有用的。"**

任正非与其他创业者一样，在创业初期阶段，其创办的企业生存和发展倍感艰难。对于当初的这段历程，任正非回应说："香港鸿年公司跟我们接触以后，考察了我的个人历史，找很多人调查我的历史。"

了解任正非的过往后，香港鸿年公司让华为代理交换机产品，这让华为真正地在ICT道路上迈出了自己的第一步。

2008年，在题为"逐步加深理解'以客户为中心，以奋斗者为本'的企业文化"的内部讲话中，任正非说道："我们要坚持以'为客户服务好'作为我们一切工作的指导方针。20年来，我们由于生存压力，在工作中自觉不自觉地建立了以客户为中心的价值观，应客户的需求开发一些产品，如接入服务器、商业网、校园网……因为那时客户需要一些独特的业务来提升他们的竞争力。"

任正非回忆说："在20世纪90年代后期，公司摆脱困境后，自我价值开始膨胀，曾经以自我为中心。我们那时常常告诉客户，你们应该做什么、不应该做什么……我们有什么好东西，你们应该怎么用。例如，在NGN的推介过程中，我们曾以自己的技术路标反复去说服运营商，而听不进运营商的需求，最后导致在中国运营商选型时，我们被淘汰出局，连一次试验机会都没有。历经千难万苦，我们苦苦请求以坂田的基地为试验局，都不得批准。我们知道我们错了，我们从自我批判中整改，大力倡导'从泥坑中爬起来的人就是圣人'的自我批判文化。我们聚集了优势资源，争分夺秒地追赶。我们赶上来了，现在软交换占世界市场40%，为世界第一。"

为此，任正非在内部讲话中告诫华为人说："客户的利益所在，就是我们生存与发展最根本的利益所在。我们要以服务来定队伍建设的宗旨，以客户满意度作为衡量一切工作的准绳。"

华为在坚持"以客户为中心"的战略路线上，有几次大的争论，但是经过多年的实践以后，华为已经明确了要以客户需求为方向，以解决方案为华为的手段。2001年，在题为"贴近客户，奔赴一线，到公司最需要的地方去"的内部讲话中，任正非说道："我们充分满足客户低成本、高增值的服务要求，促进客户的盈利，客户盈利才会买我们的产品。"

任正非解释说："我们的客户应该是最终客户，而不仅仅是运营商。运营商的需求只是一个中间环节。我们真正要把握的是最终客户的需求。最终客户需求到底是什么？怎么引导需求、创造需求？不管是企业市场，还是个人市场……真实需求就是我们的希望。"

事实证明，要想从跨国公司的虎口里夺食，其难度超出人们的想象。不过，也并不是没有一点办法，关键在于急客户所急、想客户所想，尽可能地满足客户的需求。正是因为让客户感觉到华为是真正 "以客户为中心"，华为才拓展了自己的市场。

通常来说，通信市场的客户们往往需要的不是某一个具体的产品，而是需要一整套解决方案。这就无疑提高了设备厂商的销售难度，因为只有清楚客户的真正需求，才能给客户提供一套完美的解决方案。

对此，任正非说道："我们从一开始和客户的沟通，就是去探讨我们共同的痛点，探讨未来会是什么样子。一上来就要让客户感知到这个就是他想找的，让客户看到他的未来，认同这个未来，然后和我们一起去找解决方案，看我们能给客户提供什么服务，帮助他走向未来。这样的沟通和探讨才能引人入胜，客户才会关注我们解决这一问题的措施和方案。"

基于此，任正非清楚地知道，要想赢得竞争，关键在于为客户提供一套行之有效的、专业的解决方案，真正地、有效地提升客户的产品竞争力。

正是任正非对客户需求的充分关注，使得华为在与跨国公司的竞争中抢得先机。当初，华为为了拿下郑州市的一个项目，不惜斥巨资聘请IBM专门做了一份郑州本地网的网络分析和规划。

当华为公司把该方案提交给河南省高层，河南省高层看后对华为的方案大加赞赏，这为华为赢得河南省的项目提供了一个极好的机会。

在欧洲市场上，华为也同样坚持"以客户为中心"。如华为拿下荷兰特尔福特公司项目就是其中一个。为了赢得荷兰特尔福特公司项目，华为真正地做到了"以客户为中心"，击败此前荷兰特尔福特公司的供应商爱立信。

当华为与荷兰特尔福特公司签约后，爱立信紧急约见荷兰特尔福特公司高层，并质询其拒绝爱立信的原因。荷兰特尔福特公司高层反问道："贵公司以前为什么没想到重视特尔福特公司呢？"

由于荷兰特尔福特公司是一个规模不大的运营商，其技术实力压根就算不上雄厚。基于此，荷兰特尔福特公司一直在犹豫是否要搞3G项目。

　　究其原因，是荷兰特尔福特公司担心自身能否拿出有针对性的3G应用。不仅如此，由于荷兰对环保的要求非常严苛，一旦要上新项目，特别是安装的基站和射频设备必须经过相关业主的同意，且需要支付高昂的费用。

　　在这样的背景下，面对激烈竞争的荷兰特尔福特公司苦恼万分。当华为得知这一情况后发现，荷兰特尔福特公司不仅需要设备商供应优质的产品，更需要设备商提供一套完美的解决方案。

　　然而，对过于自信和傲慢的巨头爱立信而言，为荷兰特尔福特公司这样的小型运营商花费太多的精力，显然是不划算的。正是爱立信的傲慢，给了华为一个难得的机会。

　　尽管荷兰特尔福特公司的规模相对较小，但是在"以客户为中心"的指导下，华为工程师尽力地调查了荷兰特尔福特公司的需求状况，为荷兰特尔福特公司量身定制了一套3G解决方案。

　　原本连荷兰特尔福特公司高层都认为无力解决的3G项目，居然在华为的帮助下完成了。这种由向客户销售产品，而向客户提供解决方案的转变，让客户感觉受华为真正地"以客户为中心"，更感受到华为的技术实力和服务精神。

　　华为针对客户需求而提供的解决方案赢得了中国和众多其他发展中国家的通信市场的认可。究其原因，由于运营商缺乏运营经验，对未来的技术发展判断非常不清楚，需要通信设备商提供更为具体的咨询和建设规划。这为华为的切入提供了一次难得的机遇。这就是为什么其他竞争者还在斤斤计较于产品价格等低级营销策略时，华为已经真正地把"以客户为中心"做到了实处，以完美的解决方案赢得了客户的信任，同时建立起一道技术壁垒，将竞争对手远远地甩在了后面。

第22章

抓住客户的痛点，
才能打动客户

要想继续引领行业，就必须"以客户为中心"进行创新，否则，创新就毫无价值。在企业经营中，作为创新者，其脚步之所以总快人一步，这是"以客户为中心"进行创新的积极意义。

在与行业巨头的竞争过程中，正是"以客户为中心"的创新让华为活下来，并且变得越来越强大，成为世界级企业。在内部讲话中，任正非一再告诫华为人："我们要认真地总结经验教训，及时地修正，不断地完善我们的管理，持续满足客户需求。当我们发展处于上坡阶段时，要冷静正确地看自己，多找找自己与世界领先水平的差距。"

正是坚持"基于客户的持续创新"、持续为客户创造价值，华为才能够高速发展。纵观华为的创新，不管是产品的核心技术，还是外观设计，以客户为导向的创新都是指导华为创新的航标。

"把所有的改进对准为客户服务，哪个部门报告说他们哪里做得怎么好，我要问'粮食'有没有增产，如果'粮食'没有增产，怎么能说做得好呢？"

不管是管理，还是创新，任正非始终坚持"以客户为中心"。有媒体记者问任正非："您也经常讲华为管理问题上的不足，但在媒体心目中，管理是华为的法宝，支撑华为发展到现在的规模。您认为华为管理不如西方国家企业的地方，以及华为管理的特色是什么？或者说，您认为华为管理的优劣势是什么？"

任正非毫不隐讳地回答称，管理的目的就是多产"粮食"。任正非回答说："你没注意到我今天讲演的主题，是在批判不要片面地理解'蓝血十杰'，我们要避免管理者的孤芳自赏、自我膨胀，管理之神要向经营之神迈进，经营之神的价值观就是以客户为中心，管理的目的就是多产粮食。"

任正非补充说："经营之神的目标是为客户产生价值，客户才会从口袋里拿出钱来。我们一定要把所有的改进对准为客户服务，哪个部门报告说他们哪里做得怎么好，我要问'粮食'有没有增产，如果'粮食'没有增产，怎么能说做得好呢？我们的内部管理从混乱走向有序，不管走向哪一点，都是要赚钱。我担心我们的管理若是孤芳自赏，企业的发展就会停滞。我并没有说我们已超越了西方国家企业，我们还是依托西方国家企业的管理经验。"

在企业经营中，管理和创新的目的就是创造利润，一旦偏离这个航道，那么管理和创新无疑就是镜中花、水中月。在内部讲话中，任正非说道："我们要调整格局，将优质资源向优质客户倾斜，可以在少量国家、少量客户群中开始走这一步，这样我们就绑定一两家强的客户，共筑能力。在这个英雄辈出的时代，我们一定要敢于领导世界，但是取得优势以后，我们不能处处与人为敌，要跟别人合作。"

正因为如此，华为才能够异军突起，在激烈竞争的手机市场拔得头筹。2017年5月，全球知名市场研究公司GfK集团发布了2017年4月中国智能手机零售监测报告。

根据该报告数据显示，2017年4月中国智能手机销量达到3552万台。其中，华为的销量高达808.3万台，位列第一，市场份额为22.8%。OPPO、vivo紧随其后，分列第二、第三，市场份额分别为16.5%、15.9%，曾经一度风靡中国市场的苹果和三星位居第四和第八，无缘前三。

根据GfK集团发布的报告数据显示，从市场份额来看，华为、OPPO、vivo三大品牌以55.2%的市场份额，占据了中国智能手机一半以上的市场份额。

在这个榜单上，最为耀眼的自然属于华为，以22.8%的份额占比成为唯一十位数为"2"的手机品牌企业，以较大优势获得中国手机市场冠军。

反观苹果手机，尽管市场份额占据11.6%，环比上升0.7%，由于苹果自身的保守和对中国市场缺乏应有的重视，其市场份额仅位列第四。在过去占据中国市场前列的三星，由于受到"电池爆炸门"的影响，其表现依旧没有起色，市场份额下滑明显，已经跌出了中国手机市场前五名。

从增速来看，在全球市场增长放缓的大背景下，2017年4月的智能手机整体呈下降趋势，整体销量环比下降1.2%。虽然OPPO和vivo在市场份额上排名第二、第三，但是同样呈现环比下降的趋势，其中OPPO环比下降0.6%，vivo环比下降0.1%。

与之相反的是，排名第一的华为手机逆势上扬，环比上升1.8%，成为2017年4月增速最快的手机品牌。

当然，华为手机的持续增长源于其在高端市场的持续投入，高端市场的提拉作用非常明显。根据迪信通发布的2017年4月手机零售指数报告显示，在中国手机市场3500~4000元的价格区间，华为手机销量远超其他品牌手机，占据了接近九成的市场份额。

不仅如此，在2017年4月的中国手机销量占比中，华为手机跃居4000元以上机型销量占比的第一位，首次超过苹果iPhone手机，取得阶段性胜利。这样的数据足以说明，华为手机在高端市场的持续耕耘，已经开始收获。

除了市场份额占比和增速，线上、线下销量占比也成为此次调查报告的一大看点。根据GfK集团的报告数据显示，2017年4月线上智能机整体销量819万部，环比增长8.2%；线下智能机整体销量2733万部，环比下降3.7%。随着中国手机市场的饱和，以及增速放缓，手机企业之间的竞争越发激烈。基于此，对手机企业来说，科技创新是每个企业品牌发展不竭的动力。

"我们认为，要研究新技术，但是不能技术唯上，而是要研究客户需求，根据客户需求来做产品，技术只是工具。"

纵观中外科技企业的创新，很多企业，特别是世界大型跨国企业，由于不重视客户需求，最终导致最先进的技术创新无法实现其商业价值，使得企业无法正常运转，因资金链断裂而走向没落。对此，任正非说道："我们认为，要研究新技术，但是不能技术唯上，而是要研究客户需求，根据客户需求来做产品，技术只是工具。"

客观地讲，作为技术驱动型公司，对技术的崇拜是无可否认的，但是因为过于崇拜技术，导致一些技术驱动型公司远离市场，结果消失在用户的视野中。纵观华为，同样也走过一段创新的弯路。任正非在内部讲话中坦言："对技术的崇拜不要到宗教的程度。我的结论是不能走产品技术发展的道路，而要走客户需求发展的道路。"

在任正非看来，只有把客户需求导向优先于技术导向，才是上上之策。任正非在内部讲话中告诫华为人说："重点客户、重点国家和主流产品的格局是实现持续增长的最重要要素，各产品线、各片区、各地区部都要合理调配人力资源。一方面，把资源优先配置到重点客户、重点国家和主流产品；另一方面，对于明显增长乏力的产品和区域，要把资源调整到聚焦重点客户、重点国家和主流产品上来。改变在重点客户、重点国家和主流产品上的竞争格局，以支持持续增长。"

2002年10月，对不景气的通信设备市场来说，联通CDMA二期招标可谓该年度中国电信行业的第一大采购单，因为仅二期招标总协议价格就达到100多亿元。对处于低迷状态的国内外电信设备商来说，这不啻一根救命稻草。国内外设备供应商对此期望很高，它们都跃跃欲试、摩拳擦掌。

由于电信行业自身调整，以及联通上市等重大事宜，让招标工作一再拖延，这对国内不少设备供应商的年度盈利带来不小的麻烦。

随着联通在A股上市，其CDMA二期招标突然加速，时任联通新时空总经理张云高介绍："招标已取得突破性进展。"

联通暗地布局二期工程后，其竞争策略也在悄悄发生变化：一方面业务扩张向纵深发展，另一方面则更看重集团用户。

在此次招标过程中，已有包括北电网络、摩托罗拉、朗讯、爱立信、贝尔三星、中兴等厂商签下合同。让业界震惊的是，来自深圳的华为却意外落标。

众所周知，华为作为国内电信设备供应商的领头羊，在错过联通CDMA一期招标后，华为全力进行CDMA研发，但终因价格因素未能中标。

当华为在中国联通CDMA项目招标中落选后，华为痛定思痛，反省此次失败时发现，其关键在于产品开发的战略思路不正确。在以往，产品开发都通常是由技术驱动，研发什么就制造、销售什么。

如今，趋势已经变化了，很多新技术的不断问世，早已大大超越了用户的现实需求，甚至一些超前太多的技术，一旦用户不能接受，企业就会因此付出大量的沉没成本，甚至可能导致企业破产。

基于此，作为华为来说，其研发战略必须从技术驱动转变为市场驱动，其宗旨是以新的技术手段满足客户需求。在华为看来，创新的动力源自客户的需求，在创新实践中必须坚持客户导向。具体的表现为，从产品研发的最初阶段就考虑到市场，甚至考虑到后期的客户如何维护等问题。

华为为此建立了一套具有特色的"战略与市场营销"体系，理解、分析客户的需求，并基于客户需求确定产品投资计划和开发计划，确保以客户需求驱动华为公司战略的实施。

尽管有些项目已立项，在开发过程的各个阶段中，华为都基于客户需求决定是否继续开发，或停止，或加快，或放缓。

为了更好地做好技术创新，从2000年开始，华为变革了集成产品的开发。这样的做法打破以前由研发部门独立完成产品开发的模式，变成跨部门的团队运作。任何产品一经立项，就成立一个由市场、开发、服务、制造、财务、采购、质量等人员组成的团队。该团队对产品整个开发过程进行管理和决策，做到产品一推到市场，就能满足客户的需要。

当然，华为通过服务、制造、财务、采购等流程后端部门的提前加入，在产品设计阶段就充分地考虑了安装、维护、制造的需求，以及成本和投资回报，使得市场驱动的研发战略拥有了制度和机制的保障。华为这样做不仅是适应市场，也是为满足客户需求而进行的创新。

第七部分

客户满意是衡量华为一切工作的准绳

公司将继续狠抓管理进步，提高服务意识，建立以客户价值观为导向的宏观工作计划，各部门均以客户满意度为部门工作的度量衡，无论直接的、间接的客户满意度都激励、鞭策着我们改进。后工序人员就是前工序人员的客户，事事、时时都有客户满意度对你进行监督。

——华为创始人任正非

华为始终坚持以客户的价值主张为导向，以客户满意度为标准。1999年，任正非在三季度营销例会上的讲话就剖析了这样的逻辑。任正非说道："我们把主要关系到公司的命脉、生死存亡的指标分解下去，大家都要承担，否则我们就没有希望，所以公司现在这个新的KPI体系就是要把危机和矛盾层层分解下去，凡是下面太平无事的部门、太平无事的干部就可以撤掉，不用考虑。"

为了更好地为顾客提供优质的服务，让客户满意。任正非坦言："我们必须以客户的价值观为导向，以客户满意度为标准，公司的一切行为都是以客户的满意程度作为评价依据。客户的价值观是通过统计、归纳、分析得出的，并通过与客户交流，最后得出确认结果，成为公司努力的方向。沿着这个方向，我们就不会有大的错误，不会栽大的跟头。所以现在在产品发展方向和管理目标上，我们都是瞄准业界最佳，现在业界最佳是西门子、阿尔卡特、爱立信、诺基亚、朗讯、贝尔实验室等。我们制定的产品和管理规划都要向他们靠拢，而且要跟随他们并超越他们。比如在智能网业务和一些新业务、新功能问题上，我们的交换机已领先于西门子了，但在产品的稳定性、可靠性上，我们和西门子还有差距。我们只有瞄准业界最佳才有生存的余地。"

"华为必须做到质量好、服务好、价格低，优先满足客户需求，才能达到和符合客户要求，才能生存下去。"

调查发现，很多中国企业之所以不愿意重视客户服务，一个最重要的因素是客户服务管理会产生诸多成本，降低了企业做好客户服务的动机。

然而，任正非不同意这样的观点。任正非认为，在企业经营中，企业比拼的就是服务和成本，一旦两者都占优时，那么企业的竞争优势就会很强。任正非说道："客户的要求就是质量好、服务好、价格低，且要快速响应需求，这就是客户朴素的价值观，这也决定了华为的价值观。但是质量好、服务好、快速响应客户需求往往意味着高成本，高成本意味着高价格，高价格客户又不能接受。所以华为必须做到质量好、服务好、价格低，优先满足客户需求，才能达到和符合客户要求，才能生存下去。当然，价格低就意味着必须做到内部运作成本低。此外，客户只有获得质量好、服务好、价格低的产品和解决方案，需求还能被合作伙伴快速响应，才能提升竞争力和盈利能力。"

正是这样的指导纲领使华为的服务赢得客户的认可。在这里，我们来分享一个华为服务的案例。2014年9月，康家郡与其他华为人一样，用他的话说"甫一出营，我就踏上了前往埃及的班机。刚到一线，我直接被分到给埃及E客户做PS（Packet Switch，常见数据业务）网络的维护"。

康家郡了解到，此PS网络已经运行多年，网关里的几万条数据需要配置。此刻，摆在康家郡面前的是，一方面要尽快地给客户提供解决方案，另一方面也必须适应一线的高强度工作。求知欲特别强的客户，对康家郡更是寄予厚望。

面对困难，康家郡没有时间多想，一旦遇到不懂的地方，就主动学习。在开始时，康家郡对一行行数据进行排查，"根据配置反向刷新拓扑，同时配合客户提供的现网跟踪消息，一点点捋顺现网的PS业务以及特性，网络的整体架构和细枝末节都开始在我的脑海里清晰地呈现"。[①]

康家郡举例说，在某次分析"深度报文检测"（Deep Packet Inspection, DPI）配置、用户跟踪和话单时，康家郡发现一些较为异常的计费问题，虽然此前没有识别出这些问题，但是康家郡觉得这些问题必须解决。

经过讨论和分析，康家郡得出结论，这个问题居然是系统里的用户恶意构造的、不符合规范标准的欺诈包，其中有的报文被故意地添加了一些特殊的字符，导致在深度报文检测时无法正常识别该欺诈包。通过这个欺诈包，这些用户就可以绕过正常的计费系统，达到不支付费用就可以免费使用流量的目的。

正当康家郡谈论此问题时，客户计费团队也发现此问题不合常理的逻辑。客户计费团队由此认为，此项问题可能是华为深度报文检测漏洞给该公司造成经济损失。

康家郡认为，此项问题是计费欺诈用户的欺诈包问题引起的，但是客户对此"将信将疑"。在无法打消客户疑虑时，康家郡根据现有的案例和研发一起分析，并根据计费欺诈用户的一些特点，配合华为的SmartCare平台，利用SmartCare系统每天对免费RG（费率组）流量进行统计，并观察是否有大量的免费流量，NOC（网络运维中心）对免费RG的排名靠前的用户进行用户面跟踪，识别出包中的异常结构并反馈给研发，研发根据包特征提供补丁或其他解决方案，形成了一套完整的流程。[②]

根据此流程，康家郡团队识别出计费欺诈用户，尤其是在E客户试行后，在一两天内就可以识别网络中的计费欺诈，通常在五天内即可得到明确的解决路标。

在康家郡团队不懈的努力下，他们把客户因为计费欺诈导致的损失降到了最低，客户更加认可华为的解决方案，同时华为由此构建了计费防欺诈专业服务能力。当从系统层面对整个网络了如指掌后，那些平时可能会被忽视的问题将更易被华为发现。

正是因为华为能够给客户提供解决方案，所以赢得了埃及客户的认可。网络虚拟

---

① 康家郡：《太阳照在尼罗河上——一个云核心网工程师的成长之路》，《华为人》2020年第2期。
② 同上。

化（Network Functions Virtualization, NFV）对网络的影响很大，甚至是颠覆性。这样的新技术自然会引起埃及客户的关注。不久，埃及客户与华为签订了相关合同，并要求华为快速实现交付。

由于代表处没有网络虚拟化交付经验，所以这项任务极具挑战性。接到这样的任务，康家郡没有退缩，而是主动请缨。在康家郡看来，自己作为代表处最年轻的PS工程师，没有理由拒绝一切未知任务。

当客户安排华为、E公司和N公司三家公司测试时，却给华为一个上电难、环境差的机房进行测试。此外，上电时间居然比另两家公司晚两周，这导致康家郡团队直接输在起跑线。当康家郡团队上电后，机房的空调和风扇也没有到位，设备温度时常超标，必须反复将设备下电，冷却后才能继续调测。这样的操作无疑多花了不少时间，要想赢得测试，康家郡团队就需要与时间赛跑。

在当时，华为遭遇的困难多如牛毛，再加上华为在网络虚拟化方面的技术不是很成熟，同时也没有像现在一样完备的工具，在网设、部署、调测到验收的流程中，只能依靠纯手工完成。在测试中，由于康家郡是首次接触网络虚拟化技术，面对nova、cinder、neutron等各种陌生的概念，他不得不求助中国国内产品技术部的专家们，同时自己在网上搜索和"恶补"相关的技术知识。

经过一个月的日夜奋战，华为赢得先机，比另两家公司早一个星期打通了首个电话，并且后续VoLTE、VoWiFi等测试顺利通过，技术得分第一。此项目的成功突围，为后续网络虚拟化项目的成功交付打下了坚实的技术基础。

客户的满意，让康家郡团队担负更大的压力。康家郡介绍，在埃及E客户的网络虚拟化交付项目中，客户质疑康家郡团队的产品FS（功能服务器）集成第三方APP的能力。面对来自客户的质疑，康家郡的态度很坚决。康家郡说道："客户越是质疑我们，我们就越要做好。"

客户提出自己的要求，在华为产品上集成某第三方APP，实现外置深度报文检测功能。既然客户提出要求，康家郡团队就不得不提出解决方案。像这样的第三方深度报文检测的集成，在当时研发没有相关的解决方案，此刻又是农历春节，无法在第一时间解决客户的需求。客户不满地称，一旦华为根本无法在巴塞罗那展会前完成集成，他们就打算用其他公司的产品替换华为的产品。

此刻距离巴塞罗那展会只有短短的14天，康家郡团队必须在半个月的时间内，完成一个从无到有的方案设计、部署、验证，压力之大不言而喻。

作为一个在NFV领域经验丰富的"专家"，其自信都是在战场上检验出来的，首要的问题是如何引流。与传统的外置DPI设备不同，"云化场景下，它以一个VM（虚拟机）的形式，和其他VM共同存在一个或几个host（主机）上，如何将流量引流到VM上，变得很是棘手"。 康家郡说："这就像是连体婴儿，想把它们分开，需要极其完备的方案以及极其复杂的手术。"

由于之前的积累，此次面临高难度问题，康家郡已经游刃有余了。对康家郡来说，只是需要更加缜密的思路梳理以及合理协调。

康家郡发现，该问题与数字通信和IT联系紧密，且攻关时间较短，康家郡不得不向NTD（网络技术支持部）部长求助，请其调派相关的数字通信专家。

当晚，康家郡团队在会议室通宵达旦地讨论各种方案的可行性，直到次日中午，终于找到了一种基本可行的方案，并与客户沟通，让本地TD（技术支持人员）下午先在客户处测试，晚上带回测试问题，康家郡团队继续研究讨论发现的相关问题。如此反复地更改、优化，康家郡团队终于一步步确定了引流、框内容灾、跨框容灾等一系列方案。最终在14天内完成了第三方APP在华为产品上的部署和集成，同时也形成了一套完整集成方案，后续被全球多个局点调用。[1]

几年后，康家郡回忆起这段经历说道："虽然过程很痛苦，但最终换来了客户的认可，打消了客户对FS集成第三方APP能力的质疑，还带出了本地TD可以独自承担NFV的交付，风雨中的那点痛就不算什么了。"

---

[1] 康家郡：《太阳照在尼罗河上——一个云核心网工程师的成长之路》，《华为人》2020年第2期。

的确，正是华为人的不懈努力，让华为的国际市场拓展进行得更加顺利，华为专家在前线的表现不仅让客户满意，同时也提升了客户的忠诚度。

在解决客户的需求中，华为总是在想尽一切办法让客户满意，因为华为明白，只有满足了客户的需求，才能真正地赢得客户的认可。

"客户100%满意，我们就没有了竞争对手，当然这是永远不可能的。企业唯一可以做到的，就是不断提高客户满意度。"

客观地讲，虽然很多中国企业都深谙"以客户为中心"这个道理，却不付诸实践。为此，任正非在《创新是华为发展的不竭动力》一文中写道："这十年，也是西方著名公司蜂拥进入中国的十年。他们的营销方法、职业修养、商业道德，都给了我们启发。我们是在竞争中学会了竞争的规则，在竞争中学会了如何赢得竞争。既竞争，又合作，是21世纪的潮流，竞争迫使所有人不停地创新，而合作使创新更加快速、有效。我们不仅与国内竞争对手互相学习，而且与朗讯、摩托罗拉、IBM、德州仪器等十几家公司在未来芯片设计中结成了合作伙伴关系，为构建未来为客户服务的解决方案共同努力。这十年，电信运营商始终是华为的良师诤友。他们在我国通信网络的大发展中，在与西方公司的谈判、招标、评标中，练就了适应国际惯例的职业化水平。没有他们的严厉和苛求，我们就不会感到生存危机，就不会迫使我们一天也不停地去创新，我们就不会有今天的领先。当然也由于我们的存在，迫使西方公司改善服务、大幅降价，十年来至少为国家节约了数百亿元采购成本，也算我们的一个'间接'贡献。"

虽然取得了业绩，但是任正非在思考新的问题，任正非反思道："在这种强烈竞争的外部环境下，华为如何提升自己的核心竞争力，使自己也可以持续生存下来呢？

华为矢志不渝地追求不断提升企业核心竞争力，从未把利润最大化作为目标。核心竞争力不断提升的必然结果就是生存、发展能力不断提升。我们认识到，作为一个商业群体必须至少拥有两个要素才能活下去：一是客户，二是货源。因此，首先，我们必须坚持以客户价值为导向，持续不断地提高客户满意度。客户100%满意，我们就没有了竞争对手，当然这是永远不可能的。企业唯一可以做到的，就是不断提高客户满意度。提升客户满意度是十分复杂的，要针对不同的客户群需求，提供实现其业务需要的解决方案，并根据解决方案开发出相应的优质产品，提供良好的售后服务。只有客户的价值观，通过我们提供的低成本、高增值的解决方案实现了，客户才会源源不断购买我们的产品。归结起来，就是企业必须不断改进管理与服务。其次，企业必须解决货源的低成本、高增值。解决货源的关键，必须有强大的研发能力，能及时、有效地提供新产品。由于IT产业的技术换代周期越来越短，技术进步慢的公司可能市场占有率会很快萎缩。因此，迫使所有的设备制造商必须做到世界领先。华为追赶世界著名公司最缺少的资源是时间，要在十年内走完他们几十年走过的路程。华为已有七种产品世界领先，四五种产品为业界最佳之一，这是一代又一代创业者的生命销蚀换来的。"

1999年，世界权威电信咨询机构Dittberner公司在其年度报告中指出，"华为的C&C08交换机在全球网上运行量在业界排名第九位"。华为因最新推出iNET综合网络平台，被Dittbermer公司称为"世界少数几家能提供下一代交换系统的厂家"。任正非坦言："'资源是会枯竭的，唯有文化才会生生不息。'这句话，是源于1996年，我和原外经贸部西亚非洲司司长石畏山、王汉江在迪拜转机，飞机降落时，他们说迪拜会是中东的香港，我不相信，怎么可能在沙漠里建一个香港呢。当时迪拜还是很破落的，不像今天这么好，但迪拜重视文化建设，国王把孩子们一批批送到欧美学习后再回来，提高整个社会文化素质水平。同时制定各种先进的制度及规划，吸引世界的投资。当时，我感到非常震撼，迪拜一滴石油都没有，所以要创造一个环境，这句话的来源是这样。华为公司也是一无所有，只能靠自己，和迪拜的精神是一样的。"

在这里，以华为拓展尼日利亚市场为例。2005年4月，华为公司与尼日利亚通信部在人民大会堂签订了《CDMA450普遍服务项目合作备忘录》及华为公司在尼日利亚投资协议，协议金额2亿美元。CDMA450由于使用低频段，其无线电波不受地理条件的限制，可以绕过山坡、树林、河流、湖泊，实现无线覆盖半径60千米以上。因此，该方案将快速地解决尼日利亚220个地方政府无通信覆盖的问题，使尼日利亚全国的通信覆盖率提高一倍以上，同时促进尼日利亚远程教育、远程医疗等服务的发展。[①]

华为之所以能够打开尼日利亚市场，是因为华为工程师的艰苦努力及自身过硬的产品质量。在这里，我们就来看看华为工程师是如何拓展尼日利亚市场的。

2007年10月，刚入职华为的柳阳春是一名新员工，完成了极其紧张的入职培训后，也没有阶段性休整，就接到前往尼日利亚的"作战命令"。由于项目紧急，柳阳春不得不在2007年12月31日奔赴非洲"战场"。

经过十几个小时的飞行后，柳阳春安全抵达尼日利亚。之前的见闻让柳阳春认为非洲贫穷落后，他甚至觉得自己所到的尼日利亚肯定还处于"通信基本靠吼"的阶段。

让柳阳春意外的是，领导和同事介绍称："这里通信建设正在蓬勃发展，仅新牌新网就有两三家，现网扩容的还有好几家。"

柳阳春设法尽快地融入代表处和项目。经过主动争取，柳阳春被分配到V项目组做督导。当时，尼日利亚当地的电信网络正在快速建设阶段，分包商的建设能力有限，安装和建设都需要华为工程师在现场督导。

当柳阳春跟随华为老员工对现场督导工作要求有所了解后，就被派到区域督导新建站点集成。

初到现场督导时，柳阳春曾写道："我心里直打怵：我这才学了几天，万一搞不定

---

① 中国驻尼日利亚拉各斯经商参处子站：《民营企业开拓尼日利亚市场的现状、存在问题及建议》，《国际技术贸易》2007年第3期。

怎么办。"柳阳春举例说："记得有次下区域协助站点集成，业务配置完了，站却迟迟没有通，查看Web（网络）终端发现有告警，我怀疑是配置错了。但是经过仔细检查，没有发现问题；删掉重新配置，还是没解决。正跨踌不展时，领导打来电话问为什么刚刚配置好的业务给删掉了呢？我答复说站没有通。领导说：'要对自己有信心，站点起不来也有可能是其他地方的问题呀，我们传输仅仅是提供一个管道，站点BTS（基站收发台）和机房BSC（基站控制器）都可能存在问题啊。'"

领导的指点让柳阳春明白，遇到棘手的问题时要有信心，同时还有华为团队在支援。柳阳春坦言："就这样，我一个人懵懵懂懂地在尼日利亚北部多个州边干边学，整天跑站点做集成、清告警，乐此不疲。看到新建站点上线越来越多，晚上给项目组同事汇报进展时，那清晰的通话质量让我们得意不已，这就是我们自己建的网络！"

柳阳春说得似乎很轻松，但是尼日利亚条件却异常艰苦，甚至可以听到"近在咫尺"的枪声。据柳阳春回忆道："2010年12月24日以来，尼日利亚多个城市接连发生炸弹爆炸或恐怖袭击事件。其间，我正和一个同事沿着骨干链路巡检站点，处理告警。傍晚，当我们落脚到尼国东北部边境小城的一家小旅馆时，突然听到外面响起密集的鞭炮声。还没有遇到过治安事件的我跟同事开玩笑说：'咦，真有意思！难道这里人也在欢庆圣诞吗？'于是我们跑到院子里探个究竟，结果发现旅馆的前台、保安都表情严肃地把收音机贴在耳边听广播。原来这不是鞭炮声，而是叛乱分子与政府军的交火声。刚刚还在开玩笑的我们，看到本地人都这么惊恐的表情，心里突然有些紧张了。"

由于此事件发生得很突然，尼日利亚政府随即有针对性地应对——发布宵禁令，不许车辆进出城。几乎就在同一个时间段，600千米之外的卡诺（KANO）也发生了非常严重的恐怖袭击事件，导致为华为尼日利亚公司开车的司机心急如焚，因为该司机的家就在卡诺。

在发生恐怖袭击事件的时候，该司机正在一个位于城郊的加油站给车加油。此刻已经发布宵禁令，不可能回到旅馆，更不可能回位于卡诺的家。在电话中，司机向柳阳春哭诉称，家里还有妻子和孩子让其担心。

司机的哭声，"近在咫尺"的枪声，让柳阳春辗转难眠。次日，柳阳春与同事们在军警的协助下，才成功返回仍然在执行宵禁命令的卡诺基地。柳阳春回忆说："街道上看不到一辆行驶的汽车，听不到任何小孩子的欢笑声，整个城市死一般安静，让人感到恐惧。"

柳阳春直言，他在尼日利亚工作了多年，也就渐渐地习惯了这样的工作环境。这可以看出，华为在海外市场拓展的艰难程度。这样的订单即使给爱立信和诺基亚，这些电信巨头也未必会做，因为按照他们的价值体系，他们绝对不会冒这样的险。

当然，华为能够赢得尼日利亚运营商的认可，并不是因为华为员工的到来，而是华为提供的极致的产品和服务。

柳阳春逐渐熟悉业务后，开始独当一面。此刻，柳阳春主动申请做另一个项目的TL（团队负责人）。该项目是一个位于首都的"友商"设备搬迁项目。

既然华为承接了该项目，就必须打消客户的诸多疑虑，如解决方案仍待完善、验收标准过于简单、交付计划不够详细、交付资源保障不足等。

为了完成该项目，柳阳春压力极大，一边学习，一边交付。据柳阳春介绍，"几乎每天都是凌晨4时完成网络迁移，睡两三个小时，上午8时起来正常上班，为下一批的业务网络迁移做准备"。

就这样，柳阳春连续坚持了近一个月的网络迁移。当第一批站点网络迁移完成后，华为交付的项目，其网络性能明显提升不少，客户对网络迁移结果非常满意。

2014年，柳阳春首次独立负责的一站式方案项目交付。在项目中，柳阳春为此编写项目预算，考虑到该项目价值一亿多美元，不仅要考虑收入，还要考虑成本。

经过精心的准备，项目从签订合同到现场到货，交付准备期就长达一个多月。在这期间，柳阳春把该项目按照不同的产品、不同的交付场景进行划分，让每个TL对准项目目标讲解决方案，对齐交付计划讲资源需求，对准交付质量讲关键风险点等，然后大家集体讨论，持续修改和优化其交付策略和交付计划。

天道酬勤，经过一个月的充分准备，该项目的交付非常顺利，合同签订半年内就完成了预算收入的90%以上，整体项目几乎是按预设计划执行，客户对该项目交付也是给予高度评价。当年底，项目团队获得了公司的总裁嘉奖令。

客观地讲，华为能够赢得客户的认可，源于一大批像柳阳春这样的华为工程师的艰苦努力。2016年，柳阳春参与M系统部的微波搬迁项目。

据柳阳春介绍，该项目交付规模超过10000跳，月交付量要比代表处历史最好水平翻了一倍。更为重要的是，该项目是一个影响现网微波设备格局的强竞争项目。此外，还有一点棘手的是，在搬迁"友商"设备后，搬迁后的网络，依旧是"友商"来负责维护。

要完成此项目，就需要协调客户、华为、"友商"之间的关系，也需要保证该设备顺利搬迁，还要让客户满意。

为此，柳阳春认真地分析了项目，了解客户真实的网络搬迁动机是什么；客户内部声音是否一致；如何让客户满意华为的交付；华为所提供的解决方案，交付方案是否已经最优，是否对齐客户的诉求；交付质量是否可靠，是否留有风险敞口；动了"友商"的"奶酪"，他们当前有什么动作；华为是否做好提前应对……

虽然诸多问题让柳阳春困扰不已，但华为还是承担了该项目，经过一番激烈争锋后，项目组最终达成完成该项目的一致意见。

据柳阳春介绍，M运营商作为本地区的第一大运营商，不仅建网早，其用户数量也较多。规划部门人员就职M运营商十多年，理论知识丰富，对现网了如指掌，更为关键的是，客户对"友商"的产品异常青睐。

面对此僵局，让客户能够尽快地接受华为产品，就是项目组当时面临的一个困难。当项目组给该客户提交网络规划时，客户总是一而再，再而三地指出其不足。

客户指出方案的不足，让项目组清醒地意识到，一旦解决方案没有做好，无疑会影响项目的实施。因此，必须确保项目组的规划方案相对最优。

为了解决这个问题，项目组坚持每天拜访客户，与客户沟通汇报其项目进展情况，以此来更好地分析客户的真正需求，并及时地完成交付计划。经过不懈的努力，柳阳春赢得了客户的认可。华为能够打开尼日利亚市场，只是"以客户为中心"的一个案例。

第24章

华为让世界绝大多数普通人
都能享受到低价优质的通信服务

欧洲一家通信制造商的高管在一个非正式场合这样讲道："过去20多年全球通信行业的最大事件是华为意外崛起，华为以价格和技术的破坏性创新彻底颠覆了通信产业的传统格局，从而让世界绝大多数普通人都能享受到低价优质的信息服务。"

在该高管看来，正是华为的破坏性创新，才使得华为在海外市场营业收入比例达到近六成。翻阅华为的资料，"创新"一词在华为的"管理词典"中并不多见，在任正非20多年来的上百次讲话、文章和华为的文件中，"创新"很少被提及。不过，在华为的内部讲话中，任正非有如下关于"小改进"与"大奖励"的论述。

> "在今年的'小改进，大奖励'中，一是提高了我们产品的质量；二是提高了我们的工作效率；三是降低了我们的成本。"

任正非在考察日本企业时，特别是在《北国之春》一文中，高度肯定了日本的"小改进"文化。众所周知，日本商业世界里，成千上万的中小企业，甚至百年企业凭借一项足够人性化的技术就可以保持比松下、索尼这些大公司还要健康的利润率。比如，有家日本公司做注射器，他们把针头做到极细，让患者感觉不到疼痛；有家公司做抽水马桶，能将冲水的声音降低到几乎听不见。[1]这些中小企业是如何把产品做到极致的呢？答案就是改良。

这里的改良就是慢慢地改进工艺，从而更好地制造更加贴近客户需求的产品。在这样的文化和历史背景下，日本企业坚持永不停歇地持续改善，取得了较为理想的效果。

公开资料显示，如今的虎屋依然保存着日本江户时代以来的近千份古文书。在这近千份古文书中，最早的一份古文书竟然是宽永五年，即公元1628年，购买广桥般町时的一张地契。

据其他文书显示，在日本战国末期以后，虎屋再次承办宫中御用差事。当时的掌门人是黑川圆仲，是虎屋名副其实的中兴之祖。在日本宽永十二年，即公元1635年，黑川圆仲逝世之后，黑川吉又卫门继承了家业，成为第二代虎屋掌门人。虎屋往后的继承人分别是，光成（第三代）、光青（第四代）、光富（第五代）。而今的虎屋掌门人是黑川光博，是虎屋的第十七代掌门人。

在虎屋的发展中，虎屋持续谱写了辉煌的历史。日本元禄年间，正是日本江户时代最繁华、最鼎盛的发展时期。虎屋第五代掌门人黑川光富扩大了业务经营范围，虎屋不仅承办宫中的差事，还接受其他订货，客户包括水户的德川家、德岛的蜂须贺家、彦根的井伊家等各地诸侯，以及京都的豪商们。

不仅如此，黑川光富还要求虎屋把当时的订货数量、价格等内容都详细地记录在《每月销售记》里。例如，以日本元禄三年（1690年）正月和二月为例，在正月，虎屋是这样记载的："大内九五一目五分、町七三八目二分，合计一贯六八九目七分。"而在

---

[1] 陈伟：《日本企业为何坚守"改良"》，《支点》2012年第8期。

二月，虎屋是这样记载的："大内一贯二三八目、町九六六目八分，合计二贯二零四目八分。"

在这里，需要说明的是，《每月销售记》记载的"大内"就是指宫中。从这份《每月销售记》不难可以，宫中的订货数量约占虎屋销售总额的60%。

在日本江户时期，货币单位称为"贯目"，1两银子等于60目。在虎屋1690年2月的营业收入是37两（如果用两来计算，1两银子相当于今日的10万日元）。

据资料显示，同等大小的羊羹，日本元禄时代的单价是六目，现在的单价是4800日元。不过日本元禄时代的木工工钱一天是四目三分，日本京都的高级旅馆一晚的住宿费是三目五分，但一根羊羹却要六目，这样的消费水平绝对不是普通老百姓能够承担的。

从这些销售记录不难看出，当时的虎屋也与如今相似，虎屋制作的日式糕点通常是馈赠礼品，并不都是天皇家自己独享，其多半用于宫中的宴会典礼，或者是作为礼物下赐给臣下。

尽管虎屋为宫中办差，但是对虎屋而言，制作御用糕点的身份没有任何特权。例如，虎屋第五代掌门人黑川光富曾被朝廷封为"近江大椽"，但这个官职仅仅是名义上的，并不拥有近江国的封地。对于虎屋的经营者来说，黑川光富还是十分珍惜"近江大椽"这个封号，以至后来使用"近江虎屋"的称号。

虎屋获得这样的荣誉当然离不开黑川家族客户至上的原则，以至于虎屋历代的掌门人都以制作御用糕点为荣，把维护这个荣誉作为黑川家族发扬家业的最高经营方针。例如，虎屋第十七代掌门人黑川光博社长在接待船桥晴雄调研时说："制作让顾客满意的日式糕点，这不用说当然是自己的使命了。但自己还有一个更为重要的使命，那就是要让虎屋的日式糕点达到登峰造极的地步。也许因为是有着悠久历史传统的虎屋，所以才会有这样崇高的使命感吧。但我知道完成使命不是一件容易的事情。"

对于传统，黑川光博社长也有自己的看法，他说："传统存在于连续不断的革新之中，既要保留传统中好的东西，又要敢于创新。这很重要，不能只凭嘴说，而是要在具体的经营中去发现和变革。这才是真正的继承传统。"

在人类社会中，黑川家族能够将虎屋这个家业技艺传承数百年，特别是在瞬息万变的商业社会里，其中的艰辛也只有虎屋历代经营者们才能真正地体会到。不过，在黑川光博社长看来，要想发展，就必须顾客至上，既要保留传统，又要敢于打破传统。正是这样的改良，才能让虎屋的日式糕点迈向登峰造极的境界。

从日本考察回来的任正非借鉴了日本企业的改良，由此拉开了华为"微创新"的大幕。在《在实践中培养和选拔干部》一文中，任正非高度评价了这种"小改进"需要"大奖励"的做法。任正非说道："如果我们在今年的'小改进，大奖励'中，一是提高了我们产品的质量；二是提高了我们的工作效率；三是降低了我们的成本，那么我们的市场竞争力就会大大提高。如果我们把航空公司的机票拿来给大家发工资、发奖金，大家将会有多大收益？但是，由于你们产品质量不好，本来可以给大家涨工资的钱，都花在维修产品旅途中的机票、酒店的费用中去了。你们在这个品管圈活动中漏下的那0.31个故障点，不知道需要买多少飞机票来补救。我们飞来飞去地去修设备，修的是什么？就是当时因为你操作马虎漏了一个焊点。正是这一个焊点使我们花出去将近一千倍、一万倍的代价。所以我们在工作中的每一项改进都直接关系到公司的生死存亡。"

任正非的观点是非常科学的。在产品的完善过程中，只有一点点地改进，才会使得产品质量更加有保证。

在任正非看来，"小改进"是提升华为核心竞争力的一个有效举措。在"第二期品管圈活动汇报暨颁奖大会"上，任正非说道："大家应该认识到，'小改进，大奖励'对我们华为公司来说，将是一个长远的政策，而不是一个短期的政策。为什么呢？我们最近研讨了什么是企业的核心竞争力，什么是企业的创新和创业。创业，并非最早到公司的几个人才算创业，后来者就不算创业，创业是一个永恒的过程。创新也是一个永恒的过程，核心竞争力也是一个不断提升的过程。大家可以想一想，发错货少一点，公司的核心竞争力不就提升一点了吗？订单处理速度提高30%，我们的整个业务运行速度不就提高30%了吗? 这些都有利于核心竞争力的提升。"

任正非解释道: "那么, 怎么办呢? 就是要坚持'小改进, 大奖励', 为什么? 它会提高你的本领, 提高你的能力, 提高你的管理技巧, 你一辈子都会受益。小改进, 大奖励, 但重要的是'小改进', 大家不要太关注'大奖励'。我们现在要推行任职资格考评体系, 因此你的每一次'小改进', 都是向任职资格逼近了一大步, 对你一生是'大奖励', 让你受用一辈子, 它将给你永恒的前进动力。我们坚持'小改进', 就能使我们身边的工作不断地优化、规范化、合理化。但是, 在坚持'小改进'的基础上, 如果我们不提出以核心竞争力的提升为总目标, 那么我们的'小改进'就会误入歧途。比如说, 我们现在要到北京去, 我们可以从成都过去, 也可以从上海过去, 但是最短的行程应该是从武汉过去。如果我们不强调提升公司核心竞争力是永恒发展方向, 我们的'小改进'改来改去, 只顾自己改, 就可能对周边没有产生积极的作用, 改了半天, 公司的整体核心竞争力并没有提升。那就是说, 我们的'小改进'实际上是陷入了一场无明确目标的游戏, 而不是一个真正增创客户价值的活动。因此, 在'小改进'过程中要不断瞄准提高企业核心竞争力这个大方向。当然, 现在你们的每个品管圈活动都是为了提高公司核心竞争力, 围绕着这一总目标。'小改进, 大奖励'将是我们华为公司在很长时间里要坚持的一个政策。"

任正非强调, 华为不仅需要坚持"小改进, 大奖励", 而且需要长期坚持不懈地改良, 同时应在"小改进"的基础上, 不断归纳, 综合分析。

"对客户的基本需求不予理会, 产品自然做得不稳定。盲目地自以为是创新, 认为做点新东西就是创新, 我不同意这个看法。"

在很多企业内部培训中, 一些学员总是在探讨一个非常古老而有趣的话题——为什么"鲜花"又插在了"牛粪"上。在这些学员眼中，总是看到很多漂亮的、高挑的女同事嫁给了"薪水不多""身高又不高""家庭又不富裕"的"三不牛粪男"。

于是，这些员工总是很困惑，甚至是不理解，这个世界到底是怎么了？其实，答案很简单。在"鲜花"看来，"因为牛粪能给鲜花养分，使鲜花能够更美、更艳"。在很多企业中，由于资源——资金、人才、技术积累等限制，这就要求在创新时，要尽可能地切合企业的实际发展。如华为曾在创新的道路上，盲目地学习与跟随西方公司，有过很多的教训。所以任正非曾在多次讲话中提到，华为长期坚持的战略，是基于"鲜花插在牛粪上"战略，不是离开传统去盲目创新，而是基于原有的存在去开发、去创新。鲜花长好后，又成为新的牛粪。华为要永远基于已有的基础去创新。[①]

可能读者不明白华为基于已有的基础去创新，在"第二期品管圈活动汇报暨颁奖大会"上，任正非对基于已有的基础去创新做了详细的介绍：

大家也很明确，华为的通信产品技术事实上好过西门子，但是为什么西门子没有我们这么多的销售人员，却有跟我们相差不大的营业收入呢？因为他们的产品稳定、问题少，而华为公司产品不够稳定，而且中央研究部不大愿意参加品管圈活动。什么叫作客户满意度？客户的基本需求是什么？客户的想法是什么？把客户的想法未经科学归纳就变成了产品，而对客户的基本需求不予理会，产品自然做得不稳定。盲目地自以为是创新，认为做点新东西就是创新，我不同意这个看法。

我刚才看的"向日葵"圈就是创新，因为这样把一个东西的不正确率大幅降低了。在付出了巨大的努力后，能够找到里面的规律，就是创新。特别是我们研发系统，一个项目经理上台以后，生怕别人分享他的成果，因此就说这个产品的所有东西都是他所在的项目组研究的。那我就跟中央研究部

---

① 中国企业家编辑部：《任正非总结华为成功哲学：跳芭蕾的女孩都有一双粗腿》，《中国企业家》2014年第10期。

的干部说一句话，像这样的人不能享受创业与创新奖，不能因为创业、创新就给他提升晋级，而且他不能做项目经理，他实在幼稚可笑。

华为公司拥有的资源，你至少要利用到70%以上才算创新。每一个新项目下来，就应当是拼积木，只有最后那一点点才是不一样的，大多数基础都是一样的。由于一些人不共享资源地创新，导致我们在很多产品上进行了大量的重复劳动，根本就不能按期投产，而且投产以后不稳定。

上一次我看了中央研究部有一个组织奖，这一次看来还有一个BOM（物料清单）组得奖，所以我想，我们很快要开展什么叫作核心竞争力、什么叫作创业、什么叫作创新的大讨论。我希望每个人都要发言，特别是你们做了"小改进"的。你光看他搞了一个新东西那不是创新。

我刚才讲了研发系统，有些项目研发的时候连一个简单东西都自己开发，成本很高，这不是创新，这是消耗、浪费了公司的宝贵资源。一个大公司，最体现降低成本的措施就是资源共享。人家已经开发的一个东西我照搬过来装进去就行了，因为没有技术保密问题，也没有专利问题，装进去就行了，然后再适当地做一些优化，这样才是真正的创新。那种满脑子想着大创新的人实在是幼稚可笑的，是没有希望的。

我们非常多的高级干部都在说空话，说话都不落到实处，"上有好者，下必甚焉"。因此产生了更大一批说大话、空话的干部。现在我们就开始考核这些说大话、空话的干部，实践这把尺子，一定能让他们扎扎实实干下去，我相信我们的淘汰机制一定能建立起来。

在这个讲话中，任正非始终在强调创新要坚持传统，基于原有的基础去开发、去创新，而不是去盲目创新。在任正非看来，企业的竞争实质不仅仅是专利技术的竞争，同时还是具体情况具体分析的创新。

任正非是这样解释的："我的一贯主张'鲜花是要插在牛粪上'。我从来不主张凭空创造出一个东西、好高骛远地去规划一个未来看不见的情景，我认为要站在现有的基础上前进……世界总有人去创造物理性的转变，创造以后，我们再去确定路线。我们坚持在牛粪上种出鲜花来，那就是一步一步的延伸。我们以通信电源为基础，逐步地扩展开。我们不指望天上掉下林妹妹。"

正因如此，华为的创新才取得累累硕果。2015年3月，夜幕下的荷兰最大的足球场——阿姆斯特丹球场在5万多球迷拥入后顿时淹没在阵阵呐喊和助威声中，与之交相辉映的 "HUAWEI"（华为）的巨幅广告随处可见。作为该球场的赞助商，华为为荷兰构建了最大的Wi-Fi网络，可为5万多球迷提供免费的无线网接入服务。

华为的成功，意味着中国制造成功地向中国创造转变，中国速度向中国质量转变，中国产品向中国品牌转变。当然，这个成功是以华为在170多个国家和地区扎根成长为基础的。在全球排名前50位的电信运营商中，有45家与华为保持长期战略伙伴关系，全球三分之一的人口在用华为提供的网络和设备打电话、上网、与世界连接，享受低价优质的信息服务。

华为是通过何种手段取得如此业绩的呢？答案就是推动有价值的创新。对任何一个企业来说，谁占领了技术和市场的制高点，谁就能够决胜未来。在当下的通信标准的制定上，中国企业不输西方企业，处于领先的地位，成为"通信技术的领跑者"。

任正非在内部讲话中曾说："华为是在最热门的行业中与最强大的欧美霸主竞赛的。过去10年，华为的创新发展彻底颠覆了全球通信业的格局，在超越摩托罗拉、阿尔卡特、朗讯等强劲对手的道路上，华为不仅没有倒下，反而成为领跑者，登上了行业的珠穆朗玛峰。"

"技术服务部在和客户的合作中，要注重与各个层面相关人员的普遍友好交往，要注重普遍客户关系，要百尺竿头更进一步，提高客户满意度。"

华为人需要重视普遍客户关系的建立，同时还需要拥有"以客户为中心"的长远眼光。2002年，在题为"认识驾驭客观规律，发挥核心团队的作用，不断提高人均效益，共同努力度过困难"的内部讲话中，任正非说道："我们一再告诫大家，要重视普遍客户关系，这也是我们的一个竞争优势。重视普遍客户关系是对所有部门的要求。坚持普遍客户原则就是见谁都好，不要认为对方仅是局方的一个运维工程师就不做客户关系维护、不介绍产品。在选择产品时，他也可以投一票。"

早在2000年，在题为"扩充队伍，准备大仗"的内部讲话中，任正非就解释说："技术服务部在和客户的合作中，要注重与各个层面相关人员的普遍友好交往，要注重普遍客户关系，要百尺竿头更进一步，提高客户满意度。"

与其他华为人一样，赵国辉在海外市场拓展也是极其艰难的，每奔赴一个新市场，遇到的首要问题就是都从零开始与客户建立关系。在建立关系的过程中，赵国辉遭遇了诸多难以想象的阻力和困难，却因为他的坚持最终赢得客户的认可。

在埃及市场拓展的六年中，赵国辉先后目睹了埃及政权两次更迭。深处乱局中，赵国辉团队却依旧"真心实意地为客户服务，使得曾一度降至冰点的客户关系逐步回温"。

据赵国辉介绍，他"去到A国时，那里刚刚结束内战，但政局不稳，武装冲突时有发生，两年多时间里，经历过许多'炮火'，甚至深入武装部落中与客户一起打枪、开炮。也许正是这种真诚打动了客户，最终对方回馈以极大信任"。

后来，赵国辉去到环境稍好的摩洛哥，但一直没有忘记：人心换人心，只有你诚心诚意地对待客户，客户才会诚心诚意地回馈你。

2008年，赵国辉前往埃及代表处报到，主管领导提醒赵国辉说，埃及市场潜力巨大，但是难度很大。

初到埃及，赵国辉雄心万丈，自然不能理解主管的告诫。不久，赵国辉才发现主管领导话中的言外之意。在埃及电信市场中，对手占据优势，当时华为的市场占有率较小。加上历史的诸多原因，埃及电信高层对华为的信任度也不高，合作处于低谷状态。

面对这样的局面，赵国辉首要的任务就是与埃及电信重建信任关系，其后才是从埃及电信那里争取到更多项目。起初，赵国辉给埃及电信客户发了无数短信、邮件、正式信函，但是都石沉大海。对方甚至拒绝华为员工进入他们的办公楼。

为了接触到客户CEO，赵国辉不得不改变策略，从不抽烟的他居然随身携带一包香烟，在地下停车场通过与客户CEO的司机聊天得知，客户CEO准备下楼。

赵国辉得知此信息，快步跑到电梯口，客户CEO刚出电梯，赵国辉就凑上前去，介绍华为的产品。客户CEO根本没有认真听赵国辉讲，一边应付赵国辉，一边往车的方向走，电梯到车上也就十几步的距离，每次赵国辉都介绍不了多少内容。

虽然开局艰难，但是赵国辉团队凭借真诚，逐渐改变了客户对华为的态度。虽然此刻距离打通客户高层的关系还很远，但是赵国辉团队与多名客户中层主管建立了良好的信任关系。

不久后，一名熟悉的客户中层主管升任首席技术官，赵国辉趁势继续拓展，双方联合成立保障组，每逢有重大节日或重大事件，华为尽全力保障网络畅通和安全。这为后来华为与埃及电信合作做了重要的铺垫。

当华为与埃及电信沟通有序进行时，2011年底的某天下午，埃及电信位于市区的一处机房发生火灾。这个机房是一个重要节点的传输机房，影响开罗城东南部上百万人的通信服务。

当客户和赵国辉一起赶到该机房时发现，三层楼约1000平方米的机房内一片狼藉，大火刚被扑灭，包括华为在内的三家供应商传输设备被烧毁。

此刻，客户始终联系不上另外两家"友商"，由于埃及刚经历政权更迭，政治局势不明朗，"友商"的管理层早已撤出。当"友商"不能及时提供服务时，华为当场表态，不管是"友商"的设备，还是华为的设备，华为都会站在用户和客户的角度，以最快的速度恢复网络。

于是，华为把所有能够从仓库调出的设备全部拿出来。在现场，赵国辉负责协调各种资源，请代表处将所有在埃及的工程师全部派出，其他系统部的技术骨干二话没说立即紧急支援。一时间，整个埃及代表处的维护团队几乎全员出动，30多名工程师忙里忙外。此外，赵国辉团队调来传输设备，拉上光纤，汇集到临时架设的设备上，凌晨一点多，算是组装好一套临时电路，确保网络通畅。

在赵国辉团队抢修的过程中，客户CEO来到火灾的机房现场检视受损情况，当他看见地上摆满了印有华为Logo的木箱，以及被熏得全身黑乎乎的华为工程师们。这位平时需要赵国辉假装抽烟才能"偶遇"的客户高层，握着赵国辉的手表示，在这个时候才能看出来，只有华为真正在帮他们。

此次事件让客户开始重视与华为的合作。在客户看来，当时埃及局势动荡，华为依旧能及时提供服务，并没有因为危险而撤离，在关键时刻，"华为能顶上去，客户有难，华为拼死相救。这之后，原本排斥华为进入的几个大项目也敞开了大门"。

从那以后，华为与埃及客户的关系逐渐升温，从之前的谷底变为常态，又从常态变为密切。2013年初，在赵国辉团队的不懈努力下，他们拿下接入网项目的大单，接入网格局从"友商"占优到华为独家，实现了扬眉吐气的逆转。

在埃及市场的拓展，只是赵国辉市场拓展的缩影。其后，赵国辉在A国市场的拓展堪称传奇。2014年7月，接到公司调令，赵国辉奔赴A国，担任A国代表。

据了解，A国刚刚经历动乱，由于刚平息大战乱，局部的小规模武装冲突仍在继续。即便如此，A国的市场拓展依旧要做，不然公司也不会发出调令。抵达A国的赵国辉发现，此前受到战争的毁灭性破坏，A国的通信设施设备亟待恢复。

正是基于这样的形势，赵国辉抓住机会，与某客户高层取得了联系。赵国辉日后回忆了他与这位客户的见面："这位客户是部落武装首领出身，行踪谨慎，第一次与他会面时，他在电话里指定一个地点，代表处司机将我送到，过一会儿来一辆车，车上跳下两名持武器的男人，示意只许我一人上车。两人将我夹在座位中间，车子七转八转到了一个废弃园区，全是半塌不塌的楼房。客户已在一个房间等我，房间没有窗户，墙边坐着三四个人，每人手里一杯茶，旁边靠着一杆枪。我也不敢给同事打电话，怕对方误会我在泄露会面地点。头一次经历这样的场景，我的心里那叫一个颤抖啊，可后来每次见面都是类似情节，我的神经也变得'大条'了。" ①

短暂的接触让客户高层人员了解了华为的服务。此外，该高层人员还教赵国辉打枪。某个周末，客户突然打电话给赵国辉，让赵国辉去指定地点。此次，客户亲自开了一辆防弹车接赵国辉。

经过两个小时车程的长途跋涉，车子拐进了客户老家的一个部落。因为在这里，可以练习打枪——大海里竖着几十根绑了麻绳的粗壮木桩，一排人对准大木桩"嘣嘣嘣"地练枪法。

抵达练习场后，客户拿起一把枪开始射击，百发百中地射中靶标。然后，他递给赵国辉一把AK-47突击步枪。赵国辉回忆说道："我接也不是，不接也不是，犹豫了一下，硬着头皮把枪拿过来，看来今天不开两枪是不行了，不然对方会觉得你不尊重他。"

赵国辉开了两枪后，之前的恐惧感渐渐地消退。赵国辉又拿起一把枪，架在沙滩上开始射击。经过一通盲目射击，赵国辉才适应射击。其后，客户拉着赵国辉来到一排皮卡车前面。赵国辉才看到，车后架设着武器，炮弹很大、很粗，像下臂那么长。

"打这个。"客户指了指皮卡车。

赵国辉都蒙了，问："往哪儿打？"

"海里。"说罢，客户直接跑上车，摇动摇臂，将武器架起来，每打一炮，皮卡车周围的灰尘就猛地扬起一阵。赵国辉模仿他的动作，开了四五炮，耳朵都震麻了。打完后，客户把粗壮的炮弹壳送给了赵国辉。

射击练习结束后，客户领着赵国辉等人去帐篷吃饭。除了赵国辉，每人都靠着一支长枪。客户们习惯了枪声，镇定自若地大口嚼着肉，只有赵国辉，吃两口就望一下海滩方向，生怕哪里冒出来流弹。

---

① 赵国辉：《硝烟中的信任——客户说，"男人必须得会打枪"》，《华为人》2018年第5期。

赵国辉吃完饭后，打算离开，客户告诉赵国辉，刚刚接到消息，沿途有武装势力火拼，今天肯定是回不去了。听到这个消息，赵国辉虽然心里打鼓，却不像之前那么紧张了，此外还可以在客户的部落里打电话报平安。于是，赵国辉给当时负责解决方案的副代表打电话报平安，并叮嘱他隔段时间就要跟自己联系一次。然后，赵国辉胡乱凑合了一宿，几乎整夜无眠。

也正是这段"魔幻"的经历，迅速拉近了赵国辉和客户的距离，赵国辉敢和他一起打枪、开炮，在一个帐篷里吃肉，足以表明赵国辉的真诚。后续赵国辉团队又和客户接触了几次，双方的信任逐步加深，客户将该国西部地区的大部分新建站点都给了华为。基于此，任正非强调，只有将"以客户为中心"落到实处，才能保证华为的生存和发展。

第八部分

客户的成功
成就华为的成功

我们坚持以客户为中心，快速响应客户需求，持续为客户创造长期价值进而成就客户。为客户提供有效服务，是我们工作的方向和价值评价的标尺，成就客户就是成就我们自己。

——华为创始人任正非

第25章

持续为客户
创造长期价值

在21世纪，服务至上的理念已经深入人心。在企业日常经营过程中，影响企业业绩的不仅仅是价格、质量等因素，服务的优劣已然成为重要的影响因素。在服务管理中，做好服务工作不仅能缓解企业与客户之间的矛盾，还能加深企业与客户之间的了解，进而提高服务水平。

从这个角度讲，企业经营者只有把服务做好了，才可能提升客户的忠诚度。因此，能否赢得重点客户，不仅取决于产品质量、产品标准、产品价格等因素，服务也同样重要，甚至可以说，谁重视服务，谁就能赢得未来。在内部讲话中，任正非说道："我们坚持以客户为中心，快速响应客户需求，持续为客户创造长期价值进而成就客户。为客户提供有效服务，是我们工作的方向和价值评价的标尺，成就客户就是成就我们自己。"

"把自己的梦想与客户的梦想相结合，视客户的梦想为自己的使命。这是以客户为中心理念在企业发展目标上的体现。"

研究华为发展史就不难发现，华为的使命非常清楚，20世纪90年代初，华为就较早地提出了自己的使命和追求：实现客户的梦想。

历史证明，这已成为华为人共同的使命。自从自主研发成功后，华为就开始在中国通信行业参与竞争，虽然自主研发的脚步跌跌撞撞，但是此刻的华为已经初露头角。1997年10月，在北京举办的"第二届国际无线通信设备展览会"上迎来了一个中国制造商——华为。当然，华为之所以首次参展，是因为自己已经成功研发GSM解决方案，同时打通了中国首个自主研发的GSM通信网络的电话。

在这个古都的秋天，和煦的阳光伴随天高云淡的爽爽初秋，人山人海的华为展台上有一个精致的"小盒子"上写着"中国人自己的GSM"。

从这个细微的蹒跚起步的状态来看，华为敢于押注自主研发电信基础设备，其雄心已初显。然而，此刻华为的品牌和知名度较低，自主研发的消息淹没在历史的尘埃中，而之前的轰动效应已经归零，这意味着华为成功研发的GSM解决方案的销售前景存在诸多不确定性。其中一个重要的原因是，跨国企业垄断了当时的中国电信基础设备市场。相比于跨国企业，华为的实力十分弱小，GSM项目的全部研发人员还不足500人。另外一方面，缺乏商业经验的华为，起步之艰难难以想象，甚至一度连一个试验局都找不到。

艰难的历程磨炼着华为，不得已，华为开始了证明自我和寻求合作的第一步。几经交涉，中国移动成为接纳华为的运营商客户之一。1998年底，华为GSM商用技术通过了中国移动内蒙古公司的鉴定，实现了突破。

在成功打开中国移动的大门后，华为把GSM产品覆盖到高、中、低端，在进入市场的华为迅速迭代的"一路进击"中，背后总有中国移动提供的扶持与联合创新合作，也让"同舟共济"四个字写进了中国通信征途的不灭往事。[①]

2004年，任正非在内部文件《华为公司的核心价值观》一文详细地介绍道："以

---

① 人民邮电报：《砥砺奋进20载　中国移动携手华为再启新征程》，《人民邮电报》2020年4月23日，第4版。

客户需求为导向，保护客户的投资，降低客户的Capex（资本支出）和Opex（运营成本），提高了客户竞争力和盈利能力。至今，全球有超过1.5亿电话用户使用华为的设备。我们看到，正是由于华为的存在，人们的沟通和生活变得更加便捷。今天，华为形成了无线网络、固定网络、业务软件、传输、数据、终端等完善的产品及解决方案，给客户提供端到端的解决方案及服务。全球有700多个运营商选择华为作为合作伙伴，华为和客户将共同面对未来的需求和挑战。华为人把自己的梦想与客户的梦想相结合，视客户的梦想为自己的使命。这是以客户为中心理念在企业发展目标上的体现。"

其后，华为与中国移动的合作书写了一系列的传奇，改写了中国通信的历史：

2007年，华为与中国移动合作，实现了从中国珠穆朗玛峰向北京发回第二代移运通信技术（2G）首条彩信。

2008年，华为与中国移动合作。在"5·12"汶川特大地震后，华为全力抢修其移动网络，在第一时间内实现了灾区人民发出报平安短信。

2010年5月10日，华为与中国移动合作，全程保障上海世博会的4G网络通信。

2019年，华为与中国移动合作，顺利地全程5G多角度直播了国庆70周年阅兵。

2020年，华为与中国移动合作，在"疫情"期间进入武汉方舱医院快速部署5G网络，保障远程医疗网络系统和数字化办公网络建设。

2020年，中国移动联合华为将5G信号覆盖到珠穆朗玛峰峰顶。

…………

在如今的万物互联的5G时代，"5G +"有着广阔的创新空间，如煤矿、港口、医疗、教育、高清直播……大力赋能商业数字智慧，让万物互联落脚在每个触手可及的社会角落，给人们提供观察世界的崭新方式。未来无法预测，但永远值得重构想象。在这样的机遇下，"敢于先行"的中国移动与"锐意进取"的华为，还势必共同写下一个又一个"风雨同舟"的新故事。[1]

---

① 人民邮电报：《砥砺奋进20载 中国移动携手华为再启新征程》，《人民邮电报》2020年4月23日，第4版。

"华为公司之所以能够在国际竞争中取得胜利，最重要的一点是'通过非常贴近客户需求的、真诚的服务取得了客户的信任'。"

华为因为自己的企业文化被哈佛大学商学院的教授作为教学案例。案例中写道："坚定的领导人会让员工有使命感，而任正非正是这样的领导人。他最关心的就是客户。许多公司都号称以客户为重心，但有多少真的做到呢？华为正是由于这一点从竞争中脱颖而出。在我们的访谈中，任正非不断重复提到，在华为发展早期，公司每个员工都必须眼看客户、背对主管。"

据任正非介绍，"客户为先"的例子在华为初创阶段也是举不胜举，甚至已成为华为的传奇故事。"在中国落后的乡村地区，常常会有老鼠啃坏通信电缆、阻碍通信的情况。当时提供通信服务的各大跨国通信公司都不觉得这是自己的问题，而认为这应该是客户自己解决的问题。但华为认为这种老鼠造成的问题应由公司负责解决，在解决问题的过程中，他们积累了丰富的经验，研发出更坚固耐用的设备及材料（例如防啃电缆）。后来中东地区也遇到类似问题，其他跨国公司束手无策，而华为因此顺利抢下几笔重要订单。在那之后，华为还接过需要面对过各种严酷的天气考验的工程，例如要在珠穆朗玛峰海拔6500米的地方建设全世界最高的无线通信基地，以及要在北极圈里打造第一个GSM网络。同样，这些工程也让华为获得重要的知识。"

在华为创业初期，由于产品质量差，不断地出问题，所以华为人就必须贴近客户，做好售后服务。媒体引用华为老员工的话称之为"守局"，此处的局就是指邮电局，是如今电信运营商的前身。

众所周知，设备随时可能会出问题，这就意味着华为那些年轻的研究人员、专家，经常在一台设备安装后，十几个人守在偏远县、乡的邮电局（所）一两个月。

由于白天设备在运行，只能晚上到机房检测和维护设备。这就为华为倡导"微创新"打下坚实的基础。有一个例子就很有意思，当年华为把交换机销售给湖南某地，一到冬天，许多设备就发生短路故障。为此，华为技术人员不得不把其中一台出故障的设备搬回深圳，研究该设备到底出了什么问题。

最后，技术人员发现，设备外壳上有不知道是猫还是老鼠的尿渍。于是，技术人员在该设备上撒尿，通电后发现没问题，只得继续苦思冥想。

第二天，有技术人员突然说想起来昨天撒尿之前喝了水，于是技术人员几个小时不喝水，再次尝试。果不其然，这次撒完尿，设备一通电就短路了。最终确定，尿液所含的成分导致设备短路。

当找到原因后，华为的工程师们就针对该问题，进行了产品改造，不久就解决了该问题。

2005年，任正非在题为"加强职业化和本地化的建设"的内部讲话中说："哈佛大学写的华为案例中，总结华为公司之所以能够在国际竞争中取得胜利，最重要的一点是'通过非常贴近客户需求的、真诚的服务取得了客户的信任'，这就是整个华为公司的职业化精神。"

第26章

从客户视角定义解决方案的价值主张，帮助客户实现商业成功

任正非始终强调，为客户创造价值，就必须倾听客户的需求，从客户视角提供解决方案。当华夏基石发表了一篇名为《华为的宿敌思科，诞生爱情土壤中的技术之花》的文章后，华为心声社区管理栏目转发了，且作为创始人的任正非亲自撰写了如下按语："我不如钱伯斯。我不仅倾听客户声音不够，而且连听高级干部的声音也不够，更不要说员工的声音了！虽然我不断号召以客户为中心，但常常有主观臆断。尽管我和钱伯斯是好朋友，但我真正理解他的多少优点呢？"

任正非认为，洞察客户的需求才是华为的当务之急。因此，在内部讲话中，任正非说道："在客户面前，我们要永远保持谦虚，洞察未来，认真倾听客户的需求，从客户视角定义解决方案的价值主张，帮助客户解决他们关心的问题，为客户创造价值，帮助客户实现商业成功。"

"为更好地服务客户，我们把指挥所建到听得到炮声的地方，把计划预算核算权力、销售决策权力授予一线，让听得见炮声的人来决策。"

事实证明，但凡一个企业想江山永固、永续经营、基业长青，就必须以客户为中心。遗憾的是，在当前时代，一些企业家总是在制造和炒作概念，一大堆诸如"产品周期说"、商业模式、战略管理、绩效考核、团队建设、管理创新与技术创新等概念横空而出。当我们分析这些商业概念时发现，一旦背离"以客户为中心"，这些商业概念都无疑是空中楼阁。

正是基于对商业本质的理解，任正非才把"以客户为中心"作为制定一切战略的基础。面对如何对待客户的问题，任正非居然用了"宗教般的虔诚"的词语，无数次地用"唯一""只能"这样的话反复定义华为"以客户为中心"的价值主张。

在这个主张中，华为把"人、组织链条、业务流程、研发、产品、文化，都注入了生命——面向客户生，否则便死。在这里真实代替幻想，执行超越创造，绩效高于过程，没有什么东西、什么人能够摆脱一个烙印：客户需求导向"。

回望华为30多年的发展历程，任正非从未动摇过华为一贯的价值观，即使遭遇美国的"封杀"，被列入"实体清单"也是如此。针对外界诸多不确定性，任正非说道："为更好地服务客户，我们把指挥所建到听得到炮声的地方，把计划预算核算权力、销售决策权力授予一线，让听得见炮声的人来决策。打不打仗，后方决定；怎么打仗，前方说了算。由前方指挥后方，而不是后方指挥前方。机关是支持、服务和监管的中心，而不是中央管控中心。"

对此，任正非非常明确，到底由谁来呼唤炮火，那就是让能够听得见炮声的人来决策。这样做的优势在于，听得见炮火的人知道客户的需求，从而尽可能地满足客户要求，成就客户的理想，也就成就了华为自己。

为了让听得见炮火的人知道客户的需求，谭木匠更是大胆地将总部搬到江苏句容。面对媒体和研究者的好奇，谭木匠创始人谭传华在接受媒体采访时解释道："谭木匠搬迁总部，直接原因是看重南京及其所在的整个长三角地区的物流、信息流以及人力资源方面的优势。"

在搬迁总部之前，谭传华已经在南京周边的句容市设立了谭木匠的电商部门。长三角的区位优势促使谭传华决定将总部东迁。

当谭木匠的电商部门尝到甜头后，尤其是上海自贸区的设立，加速了谭传华融入整个长三角地区的决心。

众所周知，作为企业的经营者，搬迁企业总部多数是为了企业更好地发展。究其原因，经营者往往根据企业自身的战略发展需要，以及综合的战略角度考量。在权衡利弊之后，经营者会做出有利于企业发展的战略。一般来说，搬迁总部对企业来说，通常有如下三个作用：

（1）借助更优质的平台提升企业的竞争力。一个企业搬迁总部大多是为了更好地获得发展的机会，尤其是为获取大范围内的资源。

当企业发展到一定阶段后，经营者会根据企业的实际情况，决定总部区域的选址。在中外企业中，搬迁总部可谓是司空见惯，不是什么新鲜事情。例如，为了提升自己的品牌影响力，欧普照明曾经就将总部从广东中山搬迁到上海。

再如，中国联想集团在收购IBM个人计算机事业部后，就将企业总部迁往美国纽约（现在设立中国北京、美国北卡罗来纳州罗利市、新加坡三个总部），这是为了更好地获取更多的战略资源。当然，联想通过总部搬迁，更加具备了全球化竞争思维和管理思维，联想不仅获取了全球的金融、人力、科技资源，同时也通过并购实现了国际化的战略意图。

（2）离市场更近。企业总部离市场的距离通常有如下三个层面：

第一，物理意义上的距离。从这个角度上讲，企业总部必须更贴近市场。企业总部所在的市场必须是一个潜力巨大、容量巨大的利基市场。

第二，组织层面的距离。由于当下处于"互联网+"时代，任何企业的组织架构必须适度扁平化，尽可能将大企业做"小"，尽量使得企业的每一个"细胞"都贴近一线市场。

第三，观念和文化层面的距离。企业在生存和发展的过程中，由于规模变大，使得企业的观念和文化开始官僚化。这就要求企业必须保持谦卑的"推销员"和"创业者"的心态。

回顾谭木匠的总部搬迁，很好地解释了上述三个层面：在物理层面，从偏安西南的重庆，搬迁到了经济更为发达的南京，谭木匠融入了中国经济最具活力的长三角经济带。这不仅有效地推动谭木匠融入长三角经济带，而且可以有效地参与市场竞争。在组织层面，谭传华通过谭木匠的组织变革，有效地实现了扁平化。在观念和文化层面，谭传华通过总部搬迁"激活休克鱼"，激发员工和加盟商二次创业的热情。

（3）推动组织变革，解决小企业的大企业病。尽管谭木匠的品牌知名度较高，从规模的角度来分析，谭木匠不过是中国众多中小企业中的一个。由于谭木匠一直保持稳定发展，大企业病被严重忽视。比如，谭木匠的管理层级较多，金字塔结构的组织压制了员工的创造力。同时，信息在组织中的传递路径也受到一些阻碍，甚至存在"老板成为最后一个知道坏消息的人"的情况。

基于此，搬迁总部就成为谭传华启动组织变革的一个重要的契机。谭传华把谭木匠的总部搬迁到江苏句容后，减少了原有的管理层级。

在谭木匠的组织架构上，谭传华采用的管理层级是董事长—总监（设三名总监，分别负责线上、线下和配套服务）的组织架构。

在沟通方式上，针对原有沟通方式中存在的信息失真等问题，谭传华在原有员工和直线领导沟通的基础之上，鼓励员工间横向沟通，提升谭木匠对市场的反应速度。为此，谭传华在接受媒体采访时直言："其实搬总部，最重要的目的还是推动变革。"

当谭木匠搬迁到江苏句容后，为了尽可能让听得见炮火的人呼唤炮火，一线的变化较为明显。在传统的管理体系中，与管理扁平化相对应的就是管理"层级结构"。所

谓 "层级结构"，是指金字塔结构，见图26-1。

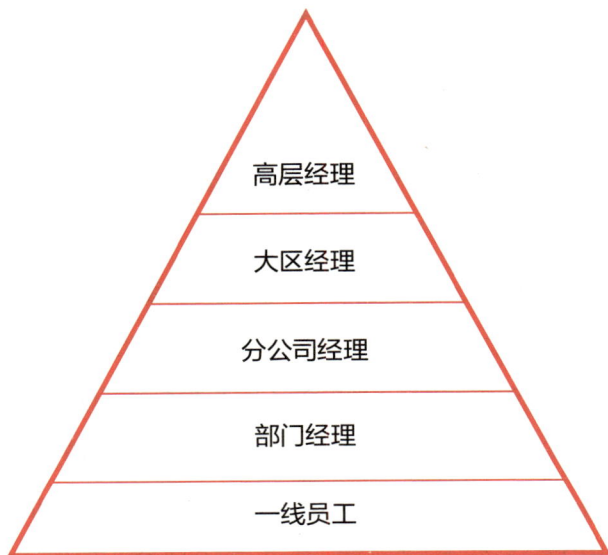

图26-1　金字塔形的组织成员配置

从图26-1可以看出，位于塔尖的高层经理，向位于金字塔中上位置的大区经理发布指令，然后通过一级一级的管理层，最终传达到一线员工来执行；相反，当一线员工搜集到相关企业信息同样通过一层一层向上传递，最后到达最高决策者。

为了提高工作效率，谭木匠的执行董事谭力子大幅地压缩了谭木匠的组织层级，以前的 "员工—部门负责人—分管副总—总裁—董事长" 五个层级简化为"员工—总监—董事长"三个层级。①

此次组织结构变革后，谭木匠不再设大量的中层干部，而是以市场为导向，只有线上、线下、行政三个总监。如此变革，意味着谭木匠各部门间的壁垒已被打破，谭木匠的员工都不再只是对职能负责，而是对用户和结果负责。

---

① 王宇航：《谭木匠：一个上市公司的管理重建》，《商界评论》2017年第8期。

谭木匠以前繁杂的流程处理起来非常缓慢，办事效率极其低下，甚至可能出现两个月都办不下来的情况。如今，所有流程最慢的也仅需要两天就可以处理完毕。

如今的谭木匠，部门与部门间联系更为密切，不再是一个个信息孤岛，甚至抬头就能交流。[①]比如，现在，谭传华每周一的上午8时都会出现在公司例会的会议室里。8:00—11:30的三个半小时里，谭传华会坐在谭力子旁边，一起听工作汇报。一旦发现有需要改进的地方，谭传华会直接指出，但是更多时候，谭传华只是在一旁默默地听谭力子处理问题。

为了更好地了解市场，谭力子也会经常走出自己的办公室，与各个部门的员工交流。几十分钟就可以了解七八个部门的研发和生产动态。一旦员工有什么情况，或是有什么问题需要回报，可以直接找总监，总监找不到，也可以马上找谭力子。谭传华说，一旦发生什么事或者有什么需要解决的事，他基本上都可以马上知道。

> **"通过研发提供全世界最优质的产品，通过制造生产出最高质量的产品，还必须有优质的交付，从合同获取到交付、售后服务。"**

2014年，在"任总在解决方案重装旅第一期学员座谈会上的讲话"中，任正非告诫华为人说："将来的竞争会越来越复杂，特别是服务也会越来越复杂。我们通过研发提供全世界最优质的产品，通过制造生产出最高质量的产品，还必须有优质的交付，从合同获取到交付、售后服务。我们赚了客户的钱，就要提高服务质量，如果服务做不好，最终就会被客户边缘化。"

在这个思想指导下，华为工程师遍及世界，为世界各地的客户提供优质的服务。

---

① 王宇航：《谭木匠：一个上市公司的管理重建》，《商界评论》2017年第8期。

在这里，介绍一个真实的案例。2018年12月初的某个晚上，菲律宾运营商P的CTO在自己的办公室里通过Speedtest软件测试办公区所在基站的性能指标。

当测试结果出现400ms网络延迟数据时，这位CTO有些不淡定了，因为在非高峰期，基站的时延指标为50ms。此外，400ms的网络延迟会影响用户拨打电话、浏览视频，以及游戏的体验。

据了解，菲律宾运营商P是一个综合运营商，在无线业务这块的能力和技术相对较弱。在无线业务这块，其竞争对手G就要强大很多。运营商P有意提升无线业务，目的是超越自己的对手G。鉴于此，移动网络的体验也就摆在较为重要的位置。

战略目标提出后，运营商P的CTO就牵头组建了一个端到端性能优化的组织。运营商P的CTO和运维部各级成员要求在手机上安装第三方测速软件，随时了解和体验P网络的实时性能，每周测试数十个到上百个基站。

运营商P的CTO发现问题后，把问题反馈给华为服务团队，并要求协助解决该问题。对华为服务团队来说，要解决问题，就必须理顺移动业务中涉及的手机、基站、承载网和核心网等众多网元问题。据了解，运营商P的现网虽然是集成性能管理系统，但是无法自动分析和精准地识别网络容量的瓶颈点。

当无线基站性能指标出现波动或异常问题时，华为服务团队通常核查基站参数配置、覆盖范围、信号强度等。如果这些指标都没有问题则会怀疑传输链路有问题，比如拥塞、丢包、抖动等。但传输问题的定位非常复杂，以一个用户浏览视频为例，从基站到网站之间可能有多条通路，每一条通路可能经过数十个传输节点。由近及远在现网逐段抓包分析，工作量非常大。[①]

正是因为如此，在耗费了21天的时间后，华为服务团队和客户运维团队依旧没能彻底地解决此问题，因为现网运行的看网工具能够有效监控的指标实在太少。

不得已，华为服务团队和客户运维团队提出一种新的解决办法——移动业务流

---

① 李长泰：《被客户追是怎么一种体验》，《华为人》2020年第4期。

量压抑自动分析。该方案是通过对端到端网络拓扑的自动还原，获取到基站和承载网络拓扑的完整链接关系，再利用承载网络各链路的实时性能数据进行关联分析，由此自动分析出"问题基站"的传输链路。

实现这样的解决方案，就必须通过海量数据资源采集、数据分析逻辑、根因判断和决策等方面进行相关的系统工程设计。为了尽快解决此问题，华为产品管理分部团队和路由器、微波、网管等研发专家一起，从10月到11月放弃了所有周末，争分夺秒地画流程图、确定方案，以便让开发团队能尽早交付供公共测试的Beta版本，并上网验证。当地的李长泰团队负责场景分析和总体方案设计。所幸，经过前后方的高效协作，赶在圣诞节客户封网前的一周，网络性能数字化分析系统Beta版本上线了。①

几天后，首批现网数据中已经可以分析出客户所在区域的基站与承载网拓扑关系、承载网发生拥塞的链路等。就这样，分析和解决基站延迟劣化的问题也就顺理成章。当获得基站编码后，华为服务团队通过系统分析出拓扑和拥塞链路数据，把所有可能影响"问题基站"的链路找出来。在当时，技术解决方案还没有全自动化处理的能力，只能通过人工手段找出所有链路，一条条进行有效性的匹配分析和排除，最后找到了与该基站延迟劣化相关的四条位于骨干层的"问题链路"，这四条链路一到晚上7时就流量暴涨。

当地的李长泰团队现网的维护工具看到链路的平均利用率达到70%。当时服务团队认为70%利用率是一个潜在风险因素，但链路利用率没有到90%～100%，并不会严重影响业务性能。而在网络性能数字化分析系统Beta系统里，可以很明显地看出这几条链路在平均利用率大于70%时，拥塞、丢包数在急速地增加，从而会成倍地放大业务的端到端延迟，这与客户在第三方测试工具上观察到的，50ms上升到400ms延迟的现象是吻合的。

当得知监测和分析的结果后，服务团队在当晚8时基于李长泰团队指出的四条链

---

① 李长泰：《被客户追是怎么一种体验》，《华为人》2020年第4期。

路,在设备上进一步查看端口详细的性能数据统计,也发现了流量暴增、端口丢包数急速增加的现象。通过流量分担等试验操作、数据测试等,客户办公室这边的基站不拥塞了,时延从400ms下降到60ms。由于影响该基站性能劣化的链路并不在该商业区附近,而是在汇聚全网流量的骨干侧,全网流量的高峰期仍然是晚上8时。这个分析结果可以百分之百地解释基站在非业务高峰期出现性能劣化的现象。经过反复对比,持续观察两周后,CTO也认为该问题得到了准确定位和彻底解决。[①]

　　为了更好地做好交付和售后服务,让客户更加满意,2009年1月,任正非在"销服体系奋斗颁奖大会上的讲话"中谈道:"北非地区部努力做厚客户界面,以客户经理、解决方案专家、交付专家组成的工作小组,形成面向客户的'铁三角'作战单元,有效地提升了客户的信任,较深地理解了客户需求,关注良好有效交付和及时回款。"

　　所谓"铁三角"是由客户经理、解决方案经理、服务经理三个角色组成,见图26-2。

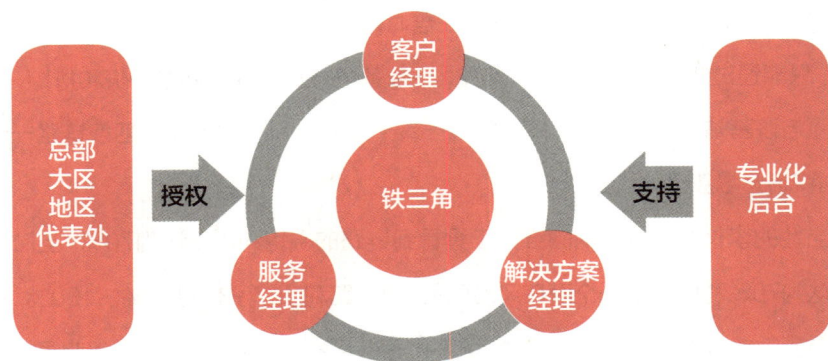

图26-2　华为"铁三角"

　　在华为"铁三角"中,客户经理承担"商务关系",包括"报价""维护客户""疏通各方关系"等职责;解决方案经理承担在"功能""性能""兼容性""匹配度"等方面

---

①　李长泰:《被客户追是怎么一种体验》,《华为人》2020年第4期。

帮助客户解决问题的职责；服务经理承担"交付"和"后期维护"职责，具体的工作就是把承诺给客户的服务如期交付，由此提升客户的满意度。

任正非解释道："'铁三角'的精髓是为了目标打破功能壁垒，形成以项目为中心的团队运作模式。公司业务开展的各领域、各环节，都会存在'铁三角'，三角只是形象说法，不是简单理解为三角，四角、五角甚至更多角也是可能的。这给下一阶段组织整改提供了很好的思路和借鉴，公司主要的资源要用在找目标、找机会，并将机会转化为结果上。我们后方配备的先进设备、优质资源，应该在前线一发现目标和机会时就能及时发挥作用，提供有效的支持，而不是拥有资源的人来指挥战争、拥兵自重。"

任正非以美国军队的特种部队举例：以前前线的连长指挥不了炮兵，要报告师部请求支援，师部下命令，炮兵才开炮。现在系统的支持力量超强，前端功能全面，授权明确，特种部队通信呼叫支援，飞机就开始攻击，炮兵就开打。前线三人一组，包括一名信息情报专家、一名火力炸弹专家、一名战斗专家。他们互相了解一点对方的领域，都经过紧急救援、包扎等训练。当发现目标后，信息专家利用先进的卫星工具等确定敌人的集群、目标、方向、装备等信息，火力炸弹专家配置炸弹、火力，计算出必要的作战方式，按其授权许可度，呼唤炮火，打击敌人。美军作战小组的授权是以作战规模来定位的，例如：5000万美元，在授权范围内，后方根据前方命令就及时提供炮火支援。任正非说道："我们公司将以毛利润、现金流，对基层作战单元授权，在授权范围内，甚至不需要代表处批准就可以执行。军队的目标是消灭敌人，我们的目标是获取利润。'铁三角'对准的是客户，目的是利润。'铁三角'的目标是实现利润，否则所有这些管理活动是没有主心骨、没有灵魂的。当然，不同的地方、不同的时间，授权是需要定期维护的，但授权管理的程序与规则，是不轻易变化的。"

2019年5月16日，美国把华为列入"实体清单"，犹如一声炮响把那些以为用钱可以购买全世界产品的企业家从睡梦中打醒。华盛顿上空飞扬的星条旗，使世界上所有企业家心惊肉跳。

这种让企业家们恐慌的情绪迅速传遍了全世界的各个角落，各大媒体的头条都在报道来自中国的华为陷入"美国陷阱"中，舆论界的论调感染了自新世纪以来一直为中国制造前途奔走的众多中国知识精英。

随后，美国再次把中国企业和机构列入"实体清单"。截至2020年12月22日，中国共有300多个实体被列入"实体清单"，其中包括企业、高校、科研机构、政府机关/机构及自然人……

2020年5月15日，美国再次升级对华为的限制措施，所有采用美国公司技术的公司，必须经由美国同意才能和华为合作，美国此举是为了打击华为的芯片供应。

美国为什么一而再，再而三地要置华为于死地呢？又是什么样的"秘诀"让华为从创业之初的一个只有6个人，注册资金2万元的小公司，发展到拥有19.7万名员工，营业收入达8914亿元的超级巨头呢？又是什么样的毅力让任正非和19.7万华为人面临美国的打压越战越勇呢？华为30多年成功的关键是什么，还能持续吗？年营业收入8914多亿元，华为的赚钱密码是什么？下一步华为会走向哪里？华为会崩溃或消亡吗？

为了解开读者关心的诸多问题，作者采访华为数十名高管，查阅数千万字的华为相关资料，删繁就简，不断提炼。本书分为26章，作者以任正非400多次讲话为主，梳理了1987年以来华为30多年中的"以客户为中心，以奋斗者为本，长期坚持艰苦奋斗"的华为核心价值观，以及华为在国际市场开拓中所采用的营销策略。期望给中国4500万家企业的企业所有者、高管、员工提供一个可以借鉴和反思的样本，同时也为教授、培训师，以及有志于了解华为战略的华为"粉丝"提供一个了解真实华为、接近华为的介质和途径。

这里，感谢参与创作"财富商学院书系"的优秀人员，他们参与了本书的前期策划、市场论证、资料收集、书稿校对、文字修改、图表制作。

以下人员对本书的完成亦有贡献，在此一并感谢：周梅梅、吴旭芳、吴江龙、简再飞、周芝琴、吴抄男、赵丽蓉、周斌、周凤琴、周玲玲、周天刚、丁启维、汪洋、蒋建平、霍红建、赵立军、兰世辉、徐世明、周云成、丁应桥、金易、何庆、李嘉燕、陈德生、丁芸芸、徐思、李艾丽、李言、黄坤山、李文强、陈放、赵晓棠、熊娜、苟斌、佘玮、欧阳春梅、文淑霞、占小红、史霞、陈德生、杨丹萍、沈娟、刘炳全、吴雨来、王建、庞志东、姚信誉、周晶晶、蔡跃、姜玲玲，等等。

在撰写本书过程中，笔者参阅了相关资料，包括电视、图书、网络、视频、报纸、杂志等资料，所参考的文献，凡属专门引述的，我们尽可能地注明了出处，其他情况则在书后的参考文献中列出，我们在此向有关文献的作者表示衷心的谢意！如有疏漏之处还望原谅。

本书在出版过程中得到了许多教授、专家，上百位华为人、业内人士和出版社编辑人员的大力支持和热心帮助，在此表示衷心的谢意。

由于时间仓促，书中难免存在纰漏，欢迎读者批评斧正，请发送至zhouyusi@sina.com。

此外，财富书坊同时也欢迎相关课题和出版社约稿、讲课和战略合作、联系方式：E-mail: 189188871@qq.com；微信号: xibingzhou；荔枝讲课: 周锡冰讲台；公众号: caifushufang001。

周锡冰

参考文献

[1] 常雨明. 华为员工智利地震日记[J]. 商界, 2010（04）：72-74.

[2] 程婧. 阿里都上市了, 这些牛企为何誓死不上市? [J]. 商界, 2014（09）.

[3] 陈伟. 日本企业为何坚守"改良"[J]. 支点, 2012（8）.

[4] 弗雷德里克·皮耶鲁齐, 马修·阿伦. 美国陷阱[M]. 北京：中信出版社, 2019.

[5] 华为. 华为公司基本法（定稿）[N]. 华为人报, 1998-04-06（1）.

[6] 华为. 华为投资控股有限公司2008年年度报告[R/OL]. （2009-04-23）[2021-06-10]. https://www. huawei. com/cn/annual-report?page=2.

[7] 华为. 华为投资控股有限公司2009年年度报告[R/OL]. （2010-03-31）[2021-06-10]. https://www. huawei. com/cn/annual-report?page=2.

[8] 华为. 华为投资控股有限公司2013年年度报告[R/OL]. （2014-03-31）[2021-06-10]. https://www. huawei. com/cn/annual-report/2013.

[9] 华为. 华为投资控股有限公司2018年年度报告[R/OL]. （2019-03-24）[2021-06-10]. https://www. huawei. com/cn/annual-report/2018?ic_medium=hwdc&ic_source=corp_banner1_annualreport.

[10] 华为. 华为投资控股有限公司2019年年度报告[R/OL]. （2020-03-31）[2021-06-10]. https://www. huawei. com/cn/annual-report/2019?ic_medium=hwdc&ic_source=corp_banner1_annualreport.

[11] 华为. 没有任何不当, 相信法律体系最终给出公正结论[EB/OL]. （2018-12-06）[2021-06-10]. http://www. chinadaily. com. cn/interface/zaker/1142822/2018-12-06/cd_37360014. html.

[12] 黄卫伟. 价值为纲: 华为公司财经管理纲要[M]. 北京：中信出版社, 2017: 序言.

[13] 黄卫伟. 以客户为中心[M]. 北京：中信出版社, 2016.

[14] 黄卫伟. 为客户服务是华为存在的唯一理由[J]. 企业研究, 2016（09）: 20-25.

[15] 黄卫伟. 为客户服务是华为公司存在的理由——在与新员工交流会上的讲话[N]. 华为人, 2001-07-30（1）.

[16] 侯骁韬. "邮票上的空战记忆"系列——海湾战争"沙漠风暴""空中战局"（下）[J]. 航空世界, 2009（01）: 77.

[17] 贾珺. 高技术条件下的人类、战争与环境——以1991年海湾战争为例[J]. 史学月刊, 2006（01）: 115-124.

[18] 季美华. 卡尔·本茨: 现代汽车工业的先驱者[J]. 智慧中国, 2016（11）: 73-74.

[19] 李超, 崔海燕. 华为国际化调查报告[J]. IT时代周刊, 2004（10）: 26-40.

[20] 李良川. 这一次, 我们撞线了[J]. 华为人, 2019（12）.

[21] 李长泰. 被客户追是怎么一种体验[J]. 华为人, 2020（04）.

[22] 康家郡. 太阳照在尼罗河上——一个云核心网工程师的成长之路[J].华为人, 2020（02）.

[23] 纳西姆·尼古拉斯·塔勒布. 黑天鹅: 如何应对不可预知的未来管理[M]. 万丹, 刘宁, 译. 北京: 中信出版社, 2019: 33-35.

[24] 倪光南. 倪光南: 保护科技人员知识产权是提升企业创新能力的关键[EB/OL].（2018-12-23）[2021-06-10]. https://baijiahao. baidu. com/s?id=1620631327335063064&wfr=spider&for=pc.

[25] 彭兴庭. 床垫文化——被异化的企业文化[J]. 管理与财富, 2006（07）: 46.

[26] 稻盛和夫. 稻盛和夫: 经商的根本, 在于"取悦顾客"[J]. 中国储运, 2019（07）.

[27] 佐藤光政, 陈文芝. 从日本长寿企业看日本式经营（下）[J]. 现代班组, 2017（12）: 22-23.

[28] 船桥晴雄. 日本长寿企业的经营秘籍[M]. 北京: 清华大学出版社, 2011.

[29] 任正非. 华为公司的核心价值观[J]. 中国企业家, 2005（18）: 10-18.

[30] 任正非. 华为的冬天（上）[J]. 企业文化, 2001（10）: 10-13.

[31] 任正非. 任正非达沃斯演讲实录: 我没啥神秘的, 我其实是无能[EB/OL].（2015-01-22）[2021-06-10]. https://tech. ifeng. com/a/20150122/40955020_0. shtml.

[32] 任正非. 实事求是的科研方向与二十年的艰苦努力——在国家某大型项目论证会上的发言[J]. 华为人，2006（12）.

[33] 任正非. 逐步加深理解"以客户为中心，以奋斗者为本"的企业文化 ——任正非在市场部年中大会上的讲话纪要 [EB/OL]. （2008 −07 −15）[2021−06−10]. https://zhuanlan. zhihu. com/p/183128181.

[34] 任正非. 华为的红旗到底能打多久——向中国电信调研团的汇报以及在联通总部与处以上干部座谈会上的发言[N]. 华为人报，1998−06−20.

[35] 任正非. CEO致辞[EB/OL]. （2010−03−31）[2021−06−10]. https://it. sohu. com/20100331/n271235433. shtml.

[36] 任正非. 任正非在人力资源管理纲要第一次研讨会上的发言提纲[J]. 管理优化，2010（09）.

[37] 宋士锋. 《国际歌》中文译配版权应属瞿秋白[J]. 文史精华，2014（14）：8−12.

[38] 桑晓霓. 摩托罗拉是如何错失华为的? [N]. 英国金融时报，2019−03−01.

[39] 田涛，吴春波. 下一个倒下的会不会是华为[M]. 北京：中信出版社，2012：2−3.

[40] 吴洪刚. "床垫文化"的昭示[J]. 销售与市场，2006（07）：16−17.

[41] 吴润荣. 花王石碱公司[J]. 现代化工，1985（06）：61−62.

[42] 王紫薇. 花王的商品开发[J]. 财讯，2017（31）：164.

[43] 王斌. 逐梦南太 我心依旧[J]. 华为人，2019（12）.

[44] 王亦丁. 阿尔斯通的新征程[J]. 财富，2010（12）：128−130.

[45] 王宇航. 谭木匠：一个上市公司的管理重建[J]. 商界评论，2017（08）.

[46] 吴婷. 美国的上市公司数为什么那么少? [EB/OL]. （2016−02−23）[2021−06−10]. http: //www. sohu. com/a/60146041_371463.

[47] 薛美娟. 华为名列1998年电子百强第18名[N]. 华为人报，1998−04−06（1）.

[48] 黄卫伟. "走在西方公司走过的路上"的华为为什么没有倒下? [EB/OL]. （2017−08−21）[2021−06−10]. https://www. sohu. com/a/166242068_178777.

[49] 杨杜. 文化的逻辑[M]. 北京：经济管理出版社，2016：35−37.

[50] 徐勇. 华为SingleRAN Pro让运营商不惧三大5G现实挑战[N]. 人民邮电报，2018−

04-27（7）.

[51] 叶志卫, 吴向阳. 胡新宇事件再起波澜 华为称网友误解床垫文化[N]. 深圳特区报, 2006-06-14.

[52] 殷塔华. 最特别的圣诞礼物[J]. 华为人, 2020（01）.

[53] 泽伟, 晓红. 海湾战争: 联合国安理会授权的一次滥用——对一位美国学者观点之评介[J]. 法学评论, 1996（1）: 23-26.

[54] 张锐. 日本电器的中国"病灶"[J]. 南风窗, 2006（07）: 100-102.

[55] 张钰芸. 尼康D600拍出照片黑斑点点[N]. 新民晚报, 2014-03-16（4）.

[56] 赵国辉. 硝烟中的信任——客户说, "男人必须得会打枪"[J]. 华为人, 2018（05）.

[57] 驻尼日利亚拉各斯经商参处子站. 民营企业开拓尼日利亚市场的现状、存在问题及建议[J]. 国际技术贸易, 2007（03）: 55-56.